本书系上海市教育科学研究项目（上海高校哲学社会科学研究专项）
（2023ZSD032）的研究成果。

高校"一站式"学生社区育人：
一场时代性的创新行动

杨智勇

杨艳红　李　玲　王小莉　王　鑫

著

华东师范大学出版社

·上海·

图书在版编目(CIP)数据

高校"一站式"学生社区育人:一场时代性的创新行动/杨智勇等著. —上海:华东师范大学出版社,2023
 ISBN 978-7-5760-4275-7

Ⅰ.①高… Ⅱ.①杨… Ⅲ.①高等学校-学生-社区建设-研究 Ⅳ.①G647.4

中国国家版本馆 CIP 数据核字(2023)第 213252 号

高校"一站式"学生社区育人:一场时代性的创新行动

著　　者　杨智勇　杨艳红　李　玲　王小莉　王　鑫
责任编辑　刘　佳
审读编辑　林青荻
特约审读　余林晓
责任校对　陈梦雅　古小磊　时东明
装帧设计　刘怡霖

出版发行　华东师范大学出版社
社　　址　上海市中山北路 3663 号　邮编 200062
网　　址　www.ecnupress.com.cn
电　　话　021-60821666　行政传真 021-62572105
客服电话　021-62865537　门市(邮购)电话 021-62869887
地　　址　上海市中山北路 3663 号华东师范大学校内先锋路口
网　　店　http://hdsdcbs.tmall.com

印 刷 者　浙江临安曙光印务有限公司
开　　本　787 毫米×1092 毫米　1/16
印　　张　16.5
字　　数　248千字
版　　次　2024 年 1 月第 1 版
印　　次　2024 年 1 月第 1 次
书　　号　ISBN 978-7-5760-4275-7
定　　价　68.00元

出 版 人　王　焰

(如发现本版图书有印订质量问题,请寄回本社客服中心调换或电话 021-62865537 联系)

序　章

新时代高校学生社区育人模式的改革创新[①]

伴随高校扩招、学分制以及后勤社会化等改革的持续深化,传统班级、党团等组织载体的教育管理服务功能受到了一定的挑战。学生社区作为高校高质量人才培养的重要空间,其承载的育人功能日益凸显。2019年教育部启动"一站式"学生社区综合管理模式建设工作,陆续推出了系列举措,如2020年教育部等八部门发布了《关于加快构建高校思想政治工作体系的意见》,2021年教育部扩大"一站式"学生社区综合管理模式建设试点高校范围,2022年"一站式"学生社区综合管理模式建设列入教育部工作要点,2023年教育部召开"一站式"工作推进会等,不断推进学生社区育人模式的优化。高校学生社区功能历经管理主导型、教育管理并重型,再到"一站式"学生社区综合管理模式建设型的发展过程,其功能内涵不断丰富。学生社区是以学生共同生活为特征的聚居区,以服务学生成长成才为目标,是学生校园生活、思想交流和能力培养的重要场所,也是教育者从事思想政治教育的重要空间。学生社区承载着重要育人功能,高校要不断改革创新学生社区育人模式,主动识变、应变、求变,将学生社区打造成以党建为引领、以学生发展为中心、以社区功能拓展为支撑的育人空间,实现学生社区育人模式从"单一化"生活空间向"全景式"育人空间、从"碎片化"资源投入向"聚合式"供需贯通、从"信息化"支撑缺位向"数字化"赋能协同的转变。

[①] 序章来源自杨智勇.新时代高校学生社区育人模式的改革创新[J].思想理论教育导刊,2023(7):145—150.

一、从"单一化"生活空间向"全景式"育人空间的转变

党的二十大报告中指出:"坚持以人民为中心发展教育,加快建设高质量教育体系,发展素质教育,促进教育公平。"①高等教育发展水平是一个国家综合水平的重要标志,是国家培养人才的战略举措,构建高质量教育体系是推动高等教育发展和加强高校自身建设的内在需要。作为教育管理服务学生的重要空间,实现高质量发展是对学生社区育人模式改革创新的本质要求。简言之,高校要以"一站式"学生社区建设为契机,以高质量人才培养为价值旨归,推动学生社区从"单一化"生活空间向"全景式"育人空间转变。

(一) 学生社区要实现向党建示范空间的转变

习近平强调,"要加强高校党的基层组织建设,创新体制机制,改进工作方式,提高党的基层组织做思想政治工作能力。"②高校学生社区要加强党的组织建设,充分发挥战斗堡垒作用,以党的建设为引领,将党的领导贯穿在学生社区建设的各领域、各环节,打造学生党建高地。一是以党的建设引领学生社区的有效治理。高校学生社区育人模式的改革创新和学生社区育人质量的提升,关键在于党建引领。高校要加强学生社区党组织建设,以党建引领推动学生社区教育管理服务提质升级。学生社区党组织要实现对楼宇、楼层的全覆盖,建立学生党员网格化管理体系,发挥党组织的政治功能与组织功能,把党的组织优势转化为学生社区的治理优势。二是以党的建设引领学生党员培养。"人的需要是思想政治教育的逻辑起点"③,高校要探索符合学生社区特色及需求的党组织设置模式,如建立楼宇党支部、功能型党组织、临时性党支部等,通过线上线下责任区、先锋岗、工作坊等

---

① 习近平.高举中国特色社会主义伟大旗帜 为全面建设社会主义现代化国家而团结奋斗——在中国共产党第二十次全国代表大会上的报告[M].北京:人民出版社,2022:28.
② 习近平在全国高校思想政治工作会议上强调:把思想政治工作贯穿教育教学全过程 开创我国高等教育事业发展新局面[N].人民日报,2016-12-09(1).
③ 冯刚,等.新时代高校思想政治教育学原理[M].北京:人民出版社,2021:102.

机制,把组织优势转化为育人成效,保障育人资源直达学生一线;激发基层党组织的育人效能,建立"接诉即办""接件即办"等工作机制,引导学生党员以身示范;将入党积极分子、党员发展对象、学生党员等的社区日常表现、作用发挥情况纳入党员发展、培养等过程性管理环节,激活学生社区基层党组织在党员培养方面的效能。

(二) 学生社区要实现向思想引领空间的转变

人才是第一资源,"世间一切事物中,人是第一个可宝贵的"[①],育人的根本在于立德。高校学生社区是开展思想政治教育的重要空间,教育者通过组织不同类型的思想政治教育活动,将教育内容有效地传递给受教育者,而受教育者在朋辈教育的影响下,可以促进教育内容的内化。一是以思想引领促进学生社区空间的优化。空间是学生群体生存与发展的重要场所,也是进行人际交往、实践活动的重要场地。马克思、恩格斯从唯物史观出发,分析了自然空间、社会空间和历史空间对人类生存和发展的重要性,如"人靠自然界生活"[②],"只有在社会中,自然界对人来说才是人与人联系的纽带,才是他为别人的存在和别人为他的存在"。[③] 学生社区作为学生成长成才的重要空间,其思想引领功能的实现需要以空间优化为保障。高校要探索社区空间形态的改造,供给类型多样的功能空间,创设有益于提升学生参与体验意愿的教育空间,以期实现师生交流互动以及学生之间的思想交流、诉求表达、人际关系构建等。同时,学生社区作为高校思想政治教育的重要空间,要理顺其与第一课堂、第二课堂以及校内外实践基地、数字化空间等不同类型思想政治教育空间的关系,准确把握学生社区在思想政治教育中的功能定位,从而优化资源配置,推动社区空间与各育人空间的优势互补。二是以思想引领促进学生综合素养的提升。习近平指出:"必须坚持在发展中保障和改善民生,鼓励共

---

① 毛泽东.毛泽东选集:第4卷[M].北京:人民出版社,1991:512.
② 马克思,恩格斯.马克思恩格斯文集:第1卷[M].中共中央马克思恩格斯列宁斯大林著作编译局,译.北京:人民出版社,2009:161.
③ 马克思,恩格斯.马克思恩格斯文集:第1卷[M].中共中央马克思恩格斯列宁斯大林著作编译局,译.北京:人民出版社,2009:187.

同奋斗创造美好生活,不断实现人民对美好生活的向往。"①学生社区既是学生生活的物理空间,也是青年学生创造"美好生活"更具基础地位的实现空间。高校要按照以实现美好生活为导向的社区功能设定,立足高质量人才培养要求,全方位优化社区软硬件设施,把优质育人资源汇聚到学生身边,以潜移默化的"浸润式"方式,为学生成长提供个性化、全方位、专业性的教育服务资源。如有的高校探索在学生社区建立学业帮扶体系、学生综合素养课程体系等,以志愿服务、勤工助学岗、体育锻炼项目、美育实践、劳动教育等方式,将"五育"元素融入社区空间,满足学生对校园美好生活的向往。

(三) 学生社区要实现向防范不良社会思潮空间的转变

高校是各种社会思潮、社会舆论较为活跃的地方,要防止不良社会思潮在学生社区对学生思想的侵蚀。我们要认识到,不良社会思潮会产生一系列负面影响,导致大学生信仰缺失、信念动摇、信心迷失,严重影响学生的思想和校园的安全稳定。习近平指出,"学校是意识形态工作的前沿阵地,可不是一个象牙之塔,也不是一个桃花源。"②一是学生社区要警惕错误思潮传播风险。学生社区是学生高度集中的场所,信息传播快速,一旦不良社会思潮或舆论传播开来,易产生鼓动效应,目前不少校园舆情都起源于学生社区社交群的讨论和情绪宣泄。学生社区应发挥其信息采集的"探头"作用、风险分析的预警作用和危机处理的化解作用,及时精准掌握学生思想困惑和诉求,有效处置,避免风险外溢,提升高校舆情引导的主动权。二是学生社区要建立风险防范工作机制。面对隐形风险,高校要从"被动应战"向"主动出战"转变,建立健全社会思潮和舆情分析研判工作制度,提前做好预判;通过智慧社区平台建设,主动、及时通报治理信息,避免由于信息不对称造成学生不信任的问题;践行一线理念和原则,各思想政治教育队伍要深入社区一线,通过社区讲坛、师生面对面、主题教育等方式,为学生剖析错误社会思

---

① 习近平.高举中国特色社会主义伟大旗帜 为全面建设社会主义现代化国家而团结奋斗——在中国共产党第二十次全国代表大会上的报告[M].北京:人民出版社,2022:46.
② 习近平.思政课是落实立德树人根本任务的关键课程[J].求是,2020(17).

潮的本质,引导学生理性认识各种社会思潮;加强学生党员的培养,以朋辈力量在学生中传递正能量,及时研判倾向性、苗头性问题,在学生社区构建有利于学生成长成才的学生自助自治支持系统。

二、从"碎片化"资源投入向"聚合式"供需贯通的转变

高校学生社区是一个育人综合体,兼具思想政治教育、学习生活服务、沟通交流互动、能力锻造培养等功能。习近平指出,"要坚持把立德树人作为中心环节,把思想政治工作贯穿教育教学全过程,实现全程育人、全方位育人。"[①]高校要精准围绕学生、关照学生和服务学生,将各育人资源和育人力量精准投入学生社区,实现资源供给从"碎片化"向"聚合式"转变,保障学生社区各类育人功能的充分发挥。

(一)学生社区治理模式要从分散管理到多维联动转变

育人队伍的多种聚合、育人资源多维整合、育人力量多方动员是高校学生社区育人模式改革创新的核心要素。综观高校学生社区的建设现状,学生社区管理中协同性不足,导致育人供给与学生成长需求未能精准匹配。学生社区空间布局功能单一、育人队伍分散单一、资源投入"粗放""重复"等问题,制约着社区育人作用的发挥,学生社区治理模式的迭代升级势在必行。一是优化社区治理模式的基本遵循。高校要推动学生社区内容供给与方法运用的改革创新,"从'大水漫灌'到'漫灌+滴灌'转变,构建供需匹配、高度耦合、良性互动的育人场景"。[②] 具体而言,高校要不断创新领导组织机构,构建党委领导、一部门牵头、多部门联动协同的学生社区工作领导机构;创新管理服务机制,探索建立"社区+院系、社区+部处、社区+网络"等常态化联动协同机制,实现跨层级、跨部门、跨校区、跨网络的

---

① 习近平在全国高校思想政治工作会议上强调:把思想政治工作贯穿教育教学全过程 开创我国高等教育事业发展新局面[N].人民日报,2016-12-09(1).
② 孙楚航.着力推动思想政治工作贯通人才培养体系[N].光明日报,2023-02-14(6).

全员协同,保障社区治理的协调联动、高效运转。二是注重激发社区治理内生动力。高校要注重优化学生社区工作理念,推动"管理"与"育人"从"相加"到"相融"的转变,在推动育人队伍下沉社区协同育人的同时,也要激活社区治理内在动力,以共识、共治、共享为理念,搭建学生社区公共事务参与治理平台,激发学生主人翁意识,构建群策群力的良性学生社区管理模式。

(二)学生社区育人方式要从被动参与到主动服务转变

高校学生社区育人功能的日益拓展,需要全体师生主动回应学生社区育人诉求,提高育人意识,变被动管理为主动服务。一是要实现多主体全员育人意识的提升。学生社区是"三全育人"工作的实践园地,应践行"三全育人"理念,强化教职员工的育德意识和育德能力,使学生社区育人工作的开展符合时代发展要求。学生社区具有天然的育人优势和广阔的育人空间,高校要以学生全面发展为逻辑起点,加强空间综合改革、完善激励机制,为全员育人夯实物质基础;要通过制度引导、榜样示范等方式,牵引师资队伍及相关部门等主动深入一线,探索实施教师队伍常态化结对学生社区工作机制,如有的高校探索通过"驻楼导师工作站"制度,引导知名教授学者常态化深入社区,用大师资源启智润心、培育新人。二是要以考核评价激发育人主体延展社区空间。评价是指挥棒,高校要加强学生社区育人工作考核评价,形成工作闭环,激发育人主体主动将育人空间延展到学生社区。如设立协同育人贡献指标,将学生社区工作效果作为学校领导干部述职评议,专任教师及职能部门工作人员的年终考核、职称评聘、职级晋升、评优奖励、绩效考核等的重要指标,形成全员参与学生社区育人的良好氛围。

(三)学生社区育人主体要从单一主体向多元共同体转变

高校要压实各育人主体在学生社区的育人责任,盘活全链条育人资源。一是推动育人主体的协同。为满足高校学生社区所承载的育人功能,高校要整合领导力量、专家力量、管理力量、思政力量、服务力量以及朋辈队伍等多方育人力量,压实到学生培养一线,促进教育管理服务与学习生活自治相融通,推动育人主体的协同。通过线下线上空间转换，整合不同育人资源、育人力量嵌入社区思想政治教育工作中，让思想政治教育既符合培养目标又贴近学生生活，通过"面对面"实现育人队伍与学生在话语体系、思维意识和理论知识上的贴合，形成环绕学生的"全景式"育人空间。二是厘清育人主体的职责。各队伍育人职能各有侧重，又相辅相成。高校要将学生社区育人纳入全体教职工的职责范畴，明确各类人员在社区育人中的职责和任务，如校院领导班子要深入学生社区联系学生，帮助学生解决思想之惑、学业之困、就业之难；知名教授学者担任驻楼导师，通过"学术沙龙""成长问诊""师生对话"等方式，将知识传授与价值引领相结合；辅导员入驻社区，统筹协调各育人力量，以"心理体验站""乐业空间""学业指导站""主题教育"等为载体，做好学生的引路人和知心朋友；杰出校友或各行业先进人物参与社区育人，开拓学生视野，帮助学生了解社会需求。

（四）学生社区教育内容要从生活服务向提升综合素养转变

高校要拓展学生社区育人功能，不断增强学生社区育人的针对性和实效性。一是要加强对学生成长的关照。作为学生日常生活的居住空间，传统学生社区承担的功能以"生活服务"为主，育人力量以后勤社区管理人员为主体，管理服务内容以生活环境和生活服务设施提供与维护为主。这一现状使得学生社区的育人功能未能得到充分释放，对被服务对象的价值观念、精神情感以及所需的公共育人空间等关注不多、供给不足，因而学生社区要实现从单一的生活服务向培育时代新人转变，将社区作为提升学生综合素养的重要空间。二是要以文化涵养浸润构建育人新阵地。随着传统班级标签的逐步弱化，学生社区成为学生最经常、最稳定、最熟悉的聚集交流场所，高校要善于创设交流情境，鼓励学生通过交流互动提高自身的语言表达能力、人际交往能力，让学生社区成为锻炼学生身心素养的"练兵场"。高校要充分发挥学生社区楼宇的"思政细胞"功能，将理想信念、学风建设、校园文化等与学生成长紧密相关的育人内容通过课程设计、实践活动、空间布局等方式融入楼宇，建成一批主题鲜明、育人成效显著的楼宇教育基地。同时，学生社区作为生活化的空间，高校要有效利用学校的历史传统、文化特色、校风校训等内在精神开展"一楼一品""一舍一品"等社区文化活动,利用重大纪念日、开学迎新、毕业典礼等节点开展相应的主题教育,让学生接受思想洗礼和熏陶。

三、从"信息化"支撑缺位向"数字化"赋能协同的转变

党的二十大报告指出:"教育、科技、人才是全面建设社会主义现代化国家的基础性、战略性支撑。"①当前,信息化、智能化、数字化变革不断促进治理体系和治理能力的现代化,高校学生社区要主动适应教育数字化发展趋势,以数字化赋能学生社区建设,打造智慧学生社区、数字学生社区,以精准服务更好满足学生成长成才需求。

(一)学生社区要注重从生活社区到智慧社区的转变升级

智慧学生社区是指通过数字网络,围绕学生全面发展,构建更为广阔的教育服务场景,利用"互联网+",建设线上线下相结合的智慧学生社区育人圈,满足学生的实际需求。一是要树立精准化服务的理念。智慧学生社区是一种社区管理和服务的创新模式,其核心不是管理而是精准教育服务学生,以满足学生成长发展需求为出发点和落脚点,高校要挖掘自身育人资源与人才优势,构筑"全生命周期"数字思政平台,实现"信息化"育人从"单一""孤立""缺位"到"多元""共生""赋能"的转变,以智能化、数字化提升社区思政育人质量。二是要集合日常事务的办理平台。高校要建立连接学生工作系统、后勤管理系统等为一体的智慧学生社区教育服务平台,聚焦日常事务办理,打通从新生入学到毕业离校各环节,实现在线支付、一键报障、信息发布、学生入住、调宿、退宿一键办理等功能。依托人脸识别系统、寝室房门卡式门锁系统、学生公寓消防巡检系统、动态人脸识别热成像测温系统等实现学生社区智慧安防,及时发现社区管理潜在风险。三是要加强多元主

---

① 习近平.高举中国特色社会主义伟大旗帜 为全面建设社会主义现代化国家而团结奋斗——在中国共产党第二十次全国代表大会上的报告[M].北京:人民出版社,2022:33.

体的智慧协作。高校要建好信息网络和学生社区组织结构,形成信息技术网格化格局,加强顶层设计,明确社区治理组织架构,各育人主体等各司其职,建立平等协同合作机制。同时,落实"一线规则",校领导、各职能部门、院系领导定期深入社区,及时解决学生实际困难,为线上服务资源整合提供保障。

(二)学生社区要注重从传统工作矩阵到数字化赋能的提质增效

高校学生社区管理面临学生数据庞大冗杂、易产生信息孤岛、缺乏统一性和规范性等问题。此外,鉴于学生社区区域大、分布散,各片区管理人员专业能力差异大、流动性大等现状,学生社区传统工作矩阵难以满足育人需求。一是构建线上线下综合空间。高校要协同集合学校多部门资源建设学生业务办理"一站式"网络门户,围绕学生评奖评优管理、勤工助学管理、出国出境交流管理、心理咨询预约、职涯规划等学生日常事务,打造学生事务网上服务平台。同时,贯通线上线下两个平台,建设综合服务"一站式"线下大厅,提供多项智能自助服务。二是打造智慧网络育人平台。立足学生全面发展,通过线上育人平台,以学生在校期间的活动组织经历及思政教育、创新创业、国际交流、志愿服务、社会实践、校园文化等内容,打造"记录学生大学成长的年轮",探索学生多元评价体系。三是注重后端数据分析运用。智慧学生社区从本质上来说是利用大数据进行精准思政,学校在尊重数字伦理的前提下,通过各类学生"数据池"的深入分析,发挥智慧学生社区"捕捉"功能,对社区存在的风险见微知著、提早应对。

(三)学生社区要注重传统方式与创新手段的综合运用

当前,思想政治教育数字化转型是时代发展的要求。"数字化"的交互共生是学生社区改革创新的发展趋势,但我们在借助数字化推动传统思想政治教育方法提质增效的同时,也要统筹好"传统"与"创新"两者之间的关系。一是要将"键对键"与"面对面"相结合。智慧学生社区数据资源的挖掘、数据伦理的思辨、数据真实的鉴别、数据失误的修正等,并不能完全离开传统思想政治教育工作,面对面的场景、心对心的沟通必不可少,只有如此,才能使"数据"从"屏幕"走进"社区"。学生社区既要通过信息化手段,充分发挥其功能优势、便捷优势,也要与学生保持常态的线下交流,更好地贴近学生,贯通线上与线下两个平台,实现虚拟与现实的交互,精准赋能学生发展。二是要将"数字化治理"与"主体性治理"相结合。智慧学生社区建设,要避免唯数据论和唯数字论,而忽视了落实到育人主体的治理和"人的参与",其后果就是:问题频出,人不知数,数不知人。因而,智慧学生社区建设,在强调数字化治理的同时,也要强调现代治理中治理主体的作用,即教育者和学生主体的价值和作用,以人为本、以技术为基,教育者通过数字化治理平台,及时进行信息共享、协同联动,为学生社区育人做好信息和技术支撑;学生通过运用数字平台,成为学生社区治理的重要力量,发挥主人翁作用,提升参与感、幸福感、获得感。

目 录

序 章

第一篇　中国共产党高校学生社区育人的基本经验　1

第一章　新民主主义革命时期学生社区育人的基本经验　3
第一节　中国共产党主导创办并实际领导的第一所正规大学：
　　　　上海大学　3
第二节　中国现代史上第一所培养革命军队干部的军事学校：
　　　　"黄埔军校"　6
第三节　中国共产党创办的第一所高级党校：中共中央党校　9
第四节　造就革命人才的大熔炉："窑洞大学"　12
第五节　新民主主义革命时期学生社区育人模式初探　21

第二章　社会主义革命和建设时期高校学生社区育人的基本经验　25
第一节　着力构建学生社区育人队伍　25
第二节　优化调整学生社区育人场所　29
第三节　开拓创新学生社区育人机制　31
第四节　社会主义革命和建设时期高校学生社区育人的模式初建　33

第三章 改革开放和社会主义现代化建设新时期高校学生社区育人的基本经验　39

第一节　高校学生社区空间的专属性趋势　39

第二节　高校学生社区育人主体的专门化　47

第三节　高校学生社区教育管理进入制度化建设　52

第四章 中国特色社会主义新时代高校学生社区育人的基本经验　58

第一节　高校学生社区育人的背景　59

第二节　高校学生社区育人的模式创新　63

第三节　高校学生社区育人的要素　66

第二篇 新时代高校"一站式"学生社区育人的实践探索　71

第五章 新时代高校"一站式"学生社区育人中的党建引领　73

第一节　高校学生社区育人中党建引领的内在要求　73

第二节　高校学生社区育人中党建引领的现存问题　76

第三节　高校学生社区育人中党建引领的实践理路　80

第六章 新时代高校"一站式"学生社区育人中的队伍协同　86

第一节　高校学生社区育人中队伍协同的内在要求　86

第二节　高校学生社区育人中队伍协同的现状分析　89

第三节　高校学生社区育人中队伍协同的优化路径　93

第七章　新时代高校"一站式"学生社区育人中的学生参与　　99
　　第一节　高校学生社区育人中学生参与的价值意蕴　　99
　　第二节　高校学生社区育人中学生参与的现存问题　　102
　　第三节　高校学生社区育人中学生参与的实践路径　　108

第八章　新时代高校"一站式"学生社区育人中的心理健康教育　　114
　　第一节　高校学生社区育人中心理育人的逻辑内涵　　115
　　第二节　高校学生社区育人中心理育人的现实境遇　　119
　　第三节　高校学生社区育人中心理育人的实践方向　　123

第九章　新时代高校"一站式"学生社区育人中的文化育人　　128
　　第一节　高校学生社区育人中文化育人的内涵功能　　128
　　第二节　高校学生社区育人中文化育人存在的问题　　133
　　第三节　高校学生社区育人中文化育人的践行路径　　136

第十章　新时代高校"一站式"学生社区育人中的空间营造　　142
　　第一节　高校学生社区育人中空间营造的价值指向　　142
　　第二节　高校学生社区育人中空间营造的现实瓶颈　　147
　　第三节　高校学生社区育人中空间营造的优化路径　　150

第十一章　新时代高校"一站式"学生社区育人中的数字赋能　　158
　　第一节　高校学生社区育人中数字赋能的内在要求　　158
　　第二节　高校学生社区育人中数字赋能的发展瓶颈　　162
　　第三节　高校学生社区育人中数字赋能的优化路径　　166

第三篇　新时代高校"一站式"学生社区育人的创新发展　175

第十二章　新时代高校"一站式"学生社区育人的理论视域　177
  第一节　马克思主义的空间理论　177
  第二节　西方经典理论探析　183
  第三节　马克思主义中国化的理论创新　190

第十三章　新时代高校"一站式"学生社区育人的效果评价　200
  第一节　高校学生社区育人中效果评价的价值意蕴　200
  第二节　高校学生社区育人中效果评价的要素分析　203
  第三节　高校学生社区育人中效果评价的主要措施　208

第十四章　新时代高校"一站式"学生社区育人的比较视野　214
  第一节　国(境)外高校学生社区育人的演进与特点　214
  第二节　高校学生社区育人的比较　220
  第三节　比较经验对我国高校学生社区育人的经验启示　223

第十五章　新时代高校"一站式"学生社区育人的未来展望　227
  第一节　高校学生社区育人功能纳入人才培养体系　227
  第二节　高校学生社区育人能力全方位激活　229
  第三节　运用信息技术实现精准学生社区育人　232
  第四节　未来学生社区适配全新治理理念和管理模式　234

主要参考文献　237

后　记　245

第一篇

中国共产党高校学生社区育人的基本经验

中国共产党领导的高校学生社区育人是一个长期而持续的进程,经历了多个阶段。中国共产党高校学生社区育人是从新民主主义革命时期开始的,在这个时期,学生社区注重培养学生团结互助、勇于奉献的集体主义精神,提高政治觉悟;在社会主义革命和建设时期,高校学生社区通过学生组织开展军事理论讲演、生产劳动、社会实践等"德智体"活动,引导学生全面发展。在改革开放时期,中国共产党高校学生社区育人注重培养学生的创新精神和实践能力。新时代以来,为适应高校考试招生制度改革、"大类培养"的实施,高校纷纷探索"一站式"学生社区综合管理模式创新发展,注重党建引领、推进"三全育人"、技术赋能社区、建设平安校园。

在不同的历史时期,中国共产党领导的高校始终把立德树人的成效作为检验工作的根本标准,围绕全面提高人才培养质量这个核心点,经过长期的实践总结,形成了具有中国特色的育人理念和实践经验,构建了全员、全过程、全方位育人的大格局。

第一章 新民主主义革命时期学生社区育人的基本经验

1919 年到 1949 年的新民主主义革命时期,在革命的大环境下,学生社区注重培养积极向上、勇于拼搏、自力更生的精神风貌,强调团结互助、勇于奉献的集体主义精神。通过开展各类活动,如集体读书、学习党史、组织政治实践活动、开展政治教育等方式,引导学生认识到当前国家的政治状况、社会问题以及革命的必要性,激发学生投身革命事业的热情,加强学生之间的交流与合作,形成浓厚的革命氛围。

第一节 ‖ 中国共产党主导创办并实际领导的第一所正规大学:上海大学

上海大学于 1922 年 10 月 23 日成立,是中国共产党主导创办并实际领导的第一所正规大学。学校艰难办学、克服重重难关,吸引天下四方一大批热血青年,为中国革命与建设培养了一大批优秀人才,赢得了"文有上大,武有黄埔""北有五四时期的北大,南有五卅时期的上大"的美誉。

一、创办背景:"进步青年的摇篮"

上海大学的创办背景可追溯到 1922 年,当时中国正处于新民主主义革命的时期,在教育改革、教育资源、教育发展政策与革命教育理念的推动下,由中国共产党成立创办并领导第一所正规大学——上海大学。

当时,中国社会呼吁进行教育改革,以满足人民对教育的需求,建立一所现代化的综合性大学成为迫切需求。与此同时,上海作为中国的经济、文化中心,拥有丰富的教育资源和先进的教育理念,上海地区教育界有着重要的影响力,为创办一所具有国际化水平的大学提供了有利条件。而当时的革命教育理念主张以马克思主义为指导,培养革命事业所需的人才,推动社会进步和革命事业的发展。在这样的背景下,上海大学于1922年由中国共产党领导的进步知识分子创办。初期,上海大学以培养革命干部和革命理论研究为主要任务,致力于推动中国的革命事业和社会进步。随着时间的推移,上海大学逐渐发展成为一所综合性的国立大学,积极培养各领域的人才,推动学术研究。

二、教育理念:"养成建国人才,促进文化事业"

上海大学在20世纪20年代确立了"养成建国人才,促进文化事业"的办学宗旨。这一宗旨凝聚了上海大学的办学理念和教育目标,旨在推进人才培养和文化事业发展。

(一)发展学生自治组织,开展革命实践活动,培育建国人才

上海大学鼓励学生组织自己的自治机构,如学生会、社团等,培养学生自我管理和领导能力,同时也帮助学生更好地参与校园建设和革命实践。同时,中国共产党还十分重视培养革命事业中的先进分子和领袖,以各类方式进行选拔和培养,如组织各类革命实践、设立先进分子班等,并通过各种途径向学生宣传革命理念、开展革命文化活动、发行革命报刊等,引导学生树立正确的思想和政治方向。

上海大学致力于培养具有高尚品德和深厚理论基础的建国人才。在该时期,中国社会亟需各领域的专业人才来推动国家的建设和发展。上海大学认识到教育是社会发展的基石,承担着培养人才和推动社会进步的重要使命。

上海大学肩负着培养具有高度社会责任感的学生的任务。学校积极推动学生参与社会实践、志愿服务和社会创新活动,使他们深入了解社会问题并通过自身行动为社会作出积极贡献。上海大学通过全面的教育培养学生的理论水平、实践能力和社会责任感,使他们成为能够为国家和社会做出贡献的人才。

(二) 加强思想政治教育宣传工作,促进文化事业

在上海大学建立初期,中国共产党开展了大量的思想政治教育工作,主要包括组织学生读书会、讲座和辩论会,引导学生阅读革命书籍,学习马克思列宁主义理论和革命经验,提高上大学子的思想政治素质和组织能力。文化事业的兴盛对于社会的进步至关重要,上海大学重视培养学生的文化素养和艺术修养,以推动文化事业的发展。上海大学通过开设文学、艺术、历史等相关专业,培养学生对于文化事业的热爱和才华,并通过学术研究和文艺创作来推动文化的繁荣。

上海大学的"养成建国人才,促进文化事业"的办学宗旨体现了学校对于培养德智体全面发展的学生和为国家和社会做出贡献的使命的高度重视。通过积极的教育教学和社会实践,上海大学努力培养有志向、有责任心、有文化修养的新一代人才。

三、宿舍育人:青云路上的"弄堂大学"

上海大学最初位于上海市青云路。最初的校舍是一些简单的砖瓦建筑,包括教学楼、实验楼、图书馆、学生宿舍等。校舍的规模较小,无法满足日益增长的学生人数和教学需求。教室内设有黑板和简单的座椅,学生们在这里接受各类学科的教育。学校努力提供一些基本的教学设备和实验器材,但由于资源有限,设备设施相对较为简陋。学校的图书馆是青云路校舍的重要组成部分,提供了一定数量的图书和学术资料供师生借阅和研究。然而,图书馆的藏书规模较小,无法满足学生们日益增长的学术需求。上海大学在青云路校舍内设置了学生宿舍,为学生提供基本的住宿条件。宿舍设施相对简单,学生们通常多人合住,共享公共卫生设施。

中国共产党积极倡导学生自治,并帮助学生组建了学生会和社团。这些学生组织承担了很多校园事务,如协助教务处组织考试、处理学生宿舍卫生等,同时开展了各种文化和体育活动,举办文艺晚会、组织运动会。此外,为了更好地管理学生宿舍,中国共产党在上海大学设立了学生宿舍管理委员会,委员会成员由学生

自己选举产生,负责宿舍安全、卫生等方面的工作。

尽管青云路校舍的条件相对简陋,但上海大学的教职员工和学生们在这里努力学习、探索知识。随着时间的推移,上海大学逐渐发展壮大,校舍的建设也逐渐得到改善和扩充,为学校的发展奠定了基础。

通过这些思想政治教育与学生社区管理的工作,中国共产党成功地引导了上海大学的学生走上了革命道路,树立了正确的世界观和人生观,为中国共产党和中国革命事业培养了大量的革命人才和领袖。

第二节 ‖ 中国现代史上第一所培养革命军队干部的军事学校:"黄埔军校"

黄埔军校是近代中国著名的一所军事学校,培养了许多在抗日战争和国共内战中闻名的指挥官。1924 年,孙中山在中国共产党和苏联的帮助下,在广州东郊的黄埔建立"陆军军官学校",1926 年改组为"中央军事政治学校",通称"黄埔军校"。

一、创办背景:"中国革命火种的培养地"

黄埔军校是在中国共产党人的建议下,国民党一大决定创办的一所重要军事学校,其创办背景与中国革命密切相关。1924 年,孙中山领导的中国国民党开始组织和建设国民革命军,为推翻北洋政府和实现国家独立而努力。为了提高国民革命军的战斗力和素质,建立一支有纪律、有组织的现代军队,创办军事学校成为迫切需求。中共一大提出:革命军队必须与无产阶级一起推翻资本家阶级的政权。黄埔军校作为中国共产党培养军事干部的重要基地,中国共产党选派、动员各地共产党员和共青团员积极报考黄埔军校,造就了革命武装的骨干力量。黄埔军校的创办旨在传播革命军事理论,培养和训练军事干部,为革命事业提供坚强的领导力量。重视革命政治工作,是黄埔军校与旧军校的一个根本区别。在创办初期,共产党人在校内能够相对自由地开展宣传教育活动,传播马克思主义和列宁主义的革命理论,培养具有坚定信仰和政治觉悟的革命军事干部,这对于中国革命的成功至关重要。

黄埔军校的创办,反映了中国革命的历史背景和时代需求。黄埔军校军事与政治并重,理论与实践结合,在中国近代军事史上具有重要地位。通过黄埔军校的培养和训练,大批优秀的革命军事干部和政治人才得以产生,为中国共产党领导的革命事业创造了重要条件。

二、教育理念:"创造革命军队,来挽救中国的危亡"

黄埔军校初期的教育理念可以概括为"创造革命军队,来挽救中国的危亡",这一宗旨体现了"黄埔军校"作为革命军事学校的使命和责任,旨在通过培养出一支具有纪律、组织和政治觉悟的现代化军队,来拯救中国于危难之中。

(一)专业化的训练,创造革命军队

黄埔军校的首要任务是创造一支真正的革命军队,通过军事教育和训练,培养出忠诚于国家和人民、具有坚定信仰和革命精神的军事干部。这些军事干部将成为革命军队的骨干力量,推动革命事业的发展和革命目标的实现。

(二)加强思想政治教育"宣传"工作,提升学生政治觉悟与纪律要求

黄埔军校注重培养学生的政治觉悟和纪律要求,效仿苏联设立了党代表和政治部。当时,由于国民党缺少政治工作人才和工作经验,学校政治工作实际上由中国共产党人负责,各级党代表和政治部人员,多数由共产党人或国民党左派人员担任。为了加强学员的思想政治教育,促进其革命觉悟和政治素质的提高,学校注重宣传和普及革命理论,学生除了学习革命的理论和历史,还学习国际政治和军事知识。同时,学校组织学生开展批判封建思想的活动,促进学生的革命思想觉悟和道德品质的提高。值得一提的是,黄埔军校在建立初期就开始开展党的组织工作,成立了以周恩来为代表的党小组,他们领导并指导学员进行政治思想教育,党组织也成为学员之间进行思想交流和探讨的重要平台。学生们被教导要

具备坚定的革命信仰和党性,忠诚于中国共产党的领导,服从军事纪律,为革命事业献身,并在行动中表现出高尚的品质和道德标准。

(三) 时代背景下的革命事业发展与推进

黄埔军校将培养的军事干部视为革命事业的中坚力量,为革命事业的发展提供坚实支持。通过培养出具有卓越领导能力和军事素养的军事干部,黄埔军校为中国共产党领导的革命事业提供了重要的战斗力量和战略支持。黄埔军校是在中国处于半殖民地半封建社会时期成立的,坚决和帝国主义、封建军阀作斗争,是军校的责任与使命。共产党人在开展思想政治教育工作时尤为注重结合时代主题,培养学员爱国思想和革命精神。《中央军事政治学校政治教育大纲草案》中明确提出:"借政治工作阐明本党的学说和主张,养成士兵确定革命观点,方可以保证军队的统一与为主义奋勇作战的革命精神。"① 在"中国民族革命问题""社会发展史""帝国主义侵略史""中国近代民族革命史"等政治课程中,政治教官为学员们讲述了中国受外国侵略、受帝国主义压迫、中国为什么贫穷等内容,不仅让全校师生了解了当时中国的实际情况,而且增强了师生的革命信念,明确了革命的目的是打倒帝国主义、军阀和贪官污吏,让学生懂得为什么要革命、革命的对象是谁,从而立志做一个有觉悟的军人。政治部编辑出版各种革命刊物,如《黄埔日刊》《中国军人》,成为军校师生对内对外宣传革命主张,揭露帝国主义、封建军阀罪恶的主要阵地。并且,通过开展纪念活动、展览、演讲等形式,弘扬黄埔军校的光荣传统和革命精神,激励学生学习革命先烈的奋斗精神,强化学生的爱国主义情感和革命信念。学校也设立了奖学金和荣誉称号,以激励学生的优秀表现和先进行为,提高学生的荣誉感和使命感。

三、宿舍育人:"井井有条的内务"凸显"坚韧不拔的革命意志"

黄埔军校最初的校舍是由旧时的广东陆军训练营改建而成,校舍主要是一些

---

① 陈锡增,廖隐林主编.黄埔将帅:黄埔军校的历史变迁[M].北京:当代世界出版社,2005:72.

简陋的砖瓦建筑,包括教学楼、学生宿舍、办公楼等。由于校舍的条件有限,许多临时和简易的建筑物被用作教学和生活设施。据记载,黄埔军校第三队的营房是海军军校旧址,一间寝室住数十人,睡的是木制双层床。学校校舍规模相对较小,只能容纳有限的学生和教职员工。随着时间的推移和学生人数的增加,校舍规模逐渐扩大,新的建筑和设施被添加到校园中。图书馆和实验室设备相对有限,但随着军校的发展,设施逐渐改善和扩充。

学校组建学生军事训练团,通过军事训练和竞赛活动增强学生的集体意识和纪律性,也为将来成为军官的学生提供训练机会,促进了学生之间的交流和合作。同时,学校成立了学生自治委员会,学生代表通过民主选举产生,代表学生权益和利益。这种学生自治的形式,也为学生宿舍工作的发展提供了保障,促进了学生之间的民主交流和协作。黄埔军校在学生宿舍工作中,充分发挥了组织的领导作用,不断完善学生宿舍的组织机构和管理制度,加强对学生的教育和管理,保障了学生社区工作的有效推进。

通过这些措施,黄埔军校成功地培养了一大批优秀的军事将领和政治干部,他们在革命战争中发挥了重要的作用。同时,黄埔军校也成为了中国新型军队的重要代表,其培养的军事干部和政治干部也成为了中国革命和建设的重要力量。

第三节‖中国共产党创办的第一所高级党校:中共中央党校

1933年3月13日,中共中央在江西瑞金苏区创办了马克思共产主义学校,标志着中央党校的诞生。在国民党军队重重围剿的战争形势下,学校为党和革命事业培养了许多优秀的领导骨干。1935年10月,中央党校随中央红军长征到达陕北,党中央决定党校恢复办学,定名为中共中央党校。1937年2月中央党校随中共中央进驻延安。[①] 中央党校是党中央用来培养和选拔干部的最高学府之一。

---

① 中共中央党校(永远的丰碑·红色记忆)[N].人民日报,2007-02-18(2).

一、创办背景："适应革命形势的红色战斗堡垒"

由于红军长征后的战争形势和革命局面的变化，中国共产党面临着干部队伍的重建问题，为此，中央决定在瑞金建立中央党校，负责党的理论、政治、组织等方面的培训。1937年初又随中共中央迁到延安，校址初在城东桥儿沟，1939年初移到北关。1947年3月，国民党军胡宗南部侵犯延安时，中央党校跟随中共中央撤离延安，转战陕北，校舍遭到严重破坏，现仅存山上一排当年作为校部的11孔石窑洞。

中共中央党校成立初期，条件极为艰苦。学校没有固定的教学场所，经费也非常匮乏，学生、教师都要自谋经费。学生在生活、学习、工作上都面临极大的困难，但是通过全体师生的共同努力，学校还是坚持下来了。

二、教育理念："实事求是，不尚空谈"

中共中央党校早期的校训是"实事求是，不尚空谈"，这不仅是党校教育的基本原则，也是中国共产党的价值观和行动准则之一。通过贯彻"实事求是，不尚空谈"的校训，中共中央党校为党员干部提供了坚实的理论基础和实践指导，推动了中国共产党的发展和事业的进步。

"实事求是"强调实践和实际问题的重要性。中共中央党校倡导学员们在学习和研究中坚持实事求是的思维方法，即根据实际情况进行准确地分析、判断和决策。这反映了党校对于党员干部具有务实精神和实际能力的培养要求。实事求是的思维方法培养了学员们扎实的实践能力和解决问题的能力，使其能够在复杂的现实环境中运用理论知识，取得实际成果。在教育内容方面，党校讲授的课程非常丰富，包括马克思主义基本原理、中国共产党历史、中国革命史、政治经济学、社会主义理论和实践、党的组织原则、军事理论等多个方面。党校教育以理论教育为基础，实践教育为重点，注重将理论和实践相结合，强调让学生走进群众、深入基层,了解群众的实际需要和矛盾,掌握解决问题的实践方法。

"不尚空谈"强调理论与实践的结合。党校鼓励学员们不要在纸上谈兵,而是将学习的理论知识与实际工作相结合,注重解决实际问题和推动工作的实际效果。不尚空谈意味着要把理论运用到实践中,通过实际行动来验证和实现理论。不尚空谈的要求使得学员们在学习中更加注重实践应用,将理论内化为行动力,为党和人民的事业做出实实在在的贡献。在教育形式方面,党校采取了多种形式的教学方式,包括理论讲授、讨论、演讲、实践活动等。在讲授和讨论中,学校注重发挥学生的主体性和积极性,让学生充分参与到教学中来,提高他们的学习兴趣和思考能力。在实践活动中,学生被要求深入社会实践、基层工作中,以此提高自己的实际工作能力和革命素质。

三、宿舍育人:"烽火中的战斗堡垒"孕育团结、好学、艰苦精神

中共中央党校最初设立于江西瑞金,采用了当地的一些建筑作为校舍,包括一些旧式的民房、庙宇或官署。这些校舍多数是简陋的建筑,用于临时的办公和教学活动。教学设施也比较简单,主要设有教室、讲堂和辅助设施,教室内配备了黑板和简单的桌椅,用于授课和学习。教学设备相对简陋,教材和学习资源主要依靠党的文献和文件。其办公设施包括办公室、会议室和图书馆等。这些设施用于党校领导和教职员工的工作,以及党内会议和学术研讨活动。党校的宿舍设施一般是简单的砖木结构建筑,宿舍房间较小,基本设施比较简单,如床、桌椅等。宿舍采用集体生活的方式,学员们共同居住在一个宿舍区或楼栋内。学员在集体生活中,共同解决起居、饮食等问题,形成了紧密的团结合作关系。

宿舍生活不仅是学员们的居住场所,也是学习交流的场所,学员们在宿舍内进行共同学习,相互讨论和交流党的理论知识、政策方针等内容,促进思想的交流和相互学习。与此同时,党员学员在宿舍管理中起到领导和榜样作用,他们负责组织宿舍的学习、生活管理和卫生整洁等工作,同时带领非党员学员进行学习和思想教育,带领大家参与一些共同劳动活动,如卫生清扫、维修宿舍设施等。通过

共同劳动,增强了学员之间的团结合作意识,培养了劳动精神和集体荣誉感,推动形成党校宿舍的良好氛围。

中共中央党校建立初期的宿舍生活条件相对简陋,但通过集体生活、共同学习和劳动等方式,学员们形成了紧密的团结合作关系,并在宿舍生活中加强了党性修养和政治教育,这种宿舍生活模式为后来的党校建设和党员培养奠定了基础。同时,党校通过讲授理论知识和实践教育相结合的方式,培养和选拔了一批优秀的干部,成为中国共产党干部教育培训的重要基地,对于中国革命和建设事业做出了重要的贡献。

第四节 ‖ 造就革命人才的大熔炉:"窑洞大学"

中共中央在延安时期,延河两岸坐落着多所学校,当地群众称它们为"窑洞大学",其中有"中国人民抗日军政大学""陕北公学""鲁迅艺术学院""中国女子大学"等 30 多所院校。延安 13 年,中共中央把延安打造成造就革命人才的大熔炉,使延安不仅成为革命圣地,更成为人才圣地,培养了一大批德才兼备的高素质干部,为我们党创造辉煌、成就伟业奠定了强大人才基石。

一、人民军队的将才摇篮:"中国人民抗日军政大学"

抗日战争时期,中国共产党在延安地区于 1937 年创办了"中国人民抗日军政大学"(以下简称"抗日军政大学"),旨在为抗日战争培养各级领导干部和军政干部。学校成立初期面临着各种困难和挑战,主要包括人员、经费、场地等问题。但是,在党和军队的大力支持下,学校逐渐取得了一定的发展。

(一)创办背景:战争形势和军队建设所需

"抗日军政大学"是在抗日战争时期创办的一所军事学校,其创办背景与抗日战争的形势和需要密切相关。抗日战争是中国抵抗日本侵略的全面战争,由于战争的紧急性和严峻性,中国急需培养大批优秀的军事干部和指挥员,以应对日本侵略者的挑战,而中国军队由于历史原因和军事实力的不足,在战场上遭遇了一系列挫折。为了提高军队的军事指挥水平,培养出更多的军事干部,迫切需要设立一所专门的军事学校。

"抗日军政大学"的成立培养了许多优秀的军事指挥人才,加强了中国军队的战斗力,为抗日战争的胜利奠定了坚实的基础。同时,学校也为中国解放战争后期和中华人民共和国成立后的军事建设提供了宝贵的经验和人才支持。

(二)教育理念:"坚定正确的政治方向,艰苦朴素的工作作风,灵活机动的战略战术"①

"抗日军政大学"建立初期坚持以"坚定正确的政治方向,艰苦朴素的工作作风,灵活机动的战略战术"为教育方针,开展了一系列学生思想政治教育工作以及组织了相关的学生活动,通过政治课程的设置、党员的带领和教育、学生自治组织的建设、实践活动的组织等方式,成功地培养了一批思想政治坚定、具有实践能力的革命干部,也为之后高校学生社区育人提供了一定的基础经验。

1. 坚定正确的政治方向

"抗日军政大学"强调培养军事干部坚定正确的政治方向,即对中国共产党的领导和毛泽东思想的信仰和拥护。在抗日战争的特殊历史背景下,中国共产党是领导抗日战争的核心力量,毛泽东思想是中国革命的指导思想。抗日军政大学重视学员的政治教育,培养学员忠诚于党和国家,坚定为民族独立和人民解放而奋斗的信念。

"抗日军政大学"在建立初期十分注重学生的思想政治教育,强调政治课程的重要性。学校要求学生必须进行马克思列宁主义、毛泽东思想等理论课程学习,通过党员的带领,加强了学生对革命思想的理解和信仰。学校鼓励学生积极参加革命实践,通过参与军队工作和社会实践活动,提高学生的革命意识和实践能力。同时,学校十分重视党员的作用,鼓励学生积极申请入党,并为他们提供必要的教

---

① 中国人民抗日军事政治大学(永远的丰碑·红色记忆)[N].人民日报,2007-01-27(2).

育和培训。党员们还要担任学生的思想政治教育工作,帮助学生加深对革命思想的理解和信仰。

2. 艰苦朴素的工作作风与灵活机动的战略战术

"抗日军政大学"不仅强调学员们要具备艰苦朴素的工作作风,而且注重培养学员灵活机动的战略战术能力。抗日战争是一场长期的、残酷的战争,战场上的环境和条件十分艰苦。在这样的战争环境下,学员们必须有勇于吃苦、顽强拼搏的精神,能够适应艰苦的工作条件,勇于战斗,不怕牺牲;需要军事干部具备灵活应变的能力,能够根据敌情我况灵活调整战略战术,有效地指挥作战。

"抗日军政大学"注重学生的体能训练,特别是军事体能训练。通过严格的体能训练,学生们锻炼了身体,增强了体力和耐力,为艰苦的战斗和工作条件做好了准备。为了培养学生的战略战术能力,学校开展了大量的实战演练和战场模拟。学生在实地进行模拟战斗,通过实际操作锻炼战略战术的应用能力,提高了灵活应变的能力。同时,为了让学生更好地了解实际战争和工作环境,学校组织了前线实习和实践活动。学生赴前线部队实习,亲身体验战斗,感受战场的紧张和艰苦,从而增强了对战争和工作的认识和理解。并且,学校采取实践教学和战地教学相结合的方式,使学生学以致用,将理论知识与实际操作相结合,培养学生在战场上灵活运用战术战略的能力。

通过这些教育和训练措施,"抗日军政大学"成功培养了大批政治素养高、艰苦朴素、灵活机动的军事干部,他们在抗日战争中发挥了重要作用。同时,这些培养方法也成为中国军队后来军事教育和训练的重要参考,对于中国军队的建设和现代化发展产生了深远的影响。

3. 学生自治管理培育革命精神

为了鼓励学生积极参与学校的管理和组织工作,学校建立了学生会、"红色先锋队"等学生自治组织。这些组织为学生提供了一个自我管理和自我教育的平台,也培养了学生的组织能力和革命意识。同时,学校组织学生参加军队工作、社会实践活动等各种形式的实践活动以加强学生的实践能力和革命意识,这些实践活动从不同程度上能够使学生更好地理解和信仰共产主义理论,并锻炼了他们的实践能力。

（三）宿舍育人："艰难险阻中燃烧着的战火"

"抗日军政大学"建立初期的宿舍情况虽然简陋，但宿舍的设计和管理都是基于学员的军事训练和学习需求，通过艰苦的集体生活和军事训练，培养了学员们坚强的意志品质和军事素养，为他们投身抗日战争和国家建设奠定了坚实基础。

1. 艰苦的校舍条件培养坚韧不拔意志品格

由于处于战时状态，资源紧缺，学校宿舍条件相对简陋。宿舍一般采用简易的砖瓦结构，多为平房或独立小楼，宿舍内设有基本的床位、桌椅和储物柜等基本生活用具。由于学校的特殊定位和任务，"抗日军政大学"的宿舍主要用于安排军事和政治学员的居住。宿舍按照军事编制进行管理，学员被分配到不同的宿舍楼和宿舍房间，通常按照班级或者军事单位划分。考虑到学员的训练和学习需要，宿舍内设有相应的学习区域，供学员进行自习和讨论。

此外，宿舍楼周围通常设有军事设施和训练场地，以便学员进行军事训练和实践活动。尽管宿舍条件相对简陋，但"抗日军政大学"的学员们在这种环境下培养了坚韧不拔的意志和纪律精神。他们通过集体生活和共同训练，建立了深厚的战友情谊和团队合作意识。

2. 文艺活动与学生自治凸显学生社区文化

"抗日军政大学"建立初期，因学校成立时间较短，学生社区的形成相对比较困难。不过，随着学校的不断发展，学生社区逐渐形成。学校领导非常注重学生的团结和交流，积极组织各类文艺、体育、知识竞赛等活动，促进学生之间的相互了解和交流。此外，学校还建立了各种学生组织，如共产主义青年团、学生自治会等，为学生提供了参与校园管理和社会实践的机会。这些组织在学生社区建设和学生思想政治教育中发挥了重要作用。

二、抗战烽火中的革命先锋队："陕北公学"

1937年"七七事变"以后，为造就成千上万的革命干部，满足抗日民族解放战争的需要,中共中央于 1937 年 7 月底决定创办"陕北公学"①。学校实行党团领导下的校长负责制,直属中央组织部、中央宣传部领导,是中国共产党中央直接领导创办的一所革命的大学。

(一) 创办背景:"抗战烽火中的革命先锋队"

"陕北公学"的创办背景与中国共产党在抗日战争时期的特殊历史背景和教育需求密切相关。学校创办于 1935 年,当时中国共产党领导的红军正处于长征途中,为了应对日本侵略者的侵略和中国内战的严峻形势,党需要培养更多的革命干部,提高党员干部的政治觉悟和组织纪律性。"陕北公学"设立在陕西省安塞县,(当时正值中国共产党的中央领导集中在陕北地区,建立了中央苏区,是中国革命的重要根据地。)在长征途中,中国共产党对党内的思想教育和纪律建设非常重视。在艰苦的战斗条件下,为了增强党员干部的坚定革命信念和共产主义理想,建立一所专门的学校进行政治理论教育和实际工作培训,成为必要之举。

在这样的背景下,"陕北公学"成立,成为中国共产党培养党员干部的重要学校。在"陕北公学"的培养下,大量优秀的革命干部脱颖而出,他们在中国革命和抗日战争中发挥了重要作用。同时,"陕北公学"也成为中国共产党在陕北地区的坚实根基,对于中国革命的发展产生了深远的影响。

(二) 教育理念:"实施国防教育,培养抗战人才"

"陕北公学"办学坚持党的领导,培养具备坚定的革命信仰和共产主义理想的优秀党员干部,实行"实施国防教育,培养抗战人才"的办学宗旨,与时俱进,严格纪律,艰苦朴素。这一办学宗旨在"陕北公学"的教育实践中得到了充分体现,并为中国共产党的革命事业培养了大批优秀的干部人才。

"陕北公学"和"抗日军政大学"有所区别,"抗日军政大学"主要培养军事干部,教学计划安排原则是七分军事、三分政治。而"陕北公学"主要培训政治干部,教学计划安排原则是七分政治、三分军事,注重理论联系实际,主要内容有:社会科学概论、抗日民族统一战线与民众工作、游击战争与军事常识、时事演讲。

---

① 尹恒.革命干部培养的摇篮——简述陕北公学发展史[J].陕西档案,2021(1):15.

（三）宿舍育人：窑洞里的艰苦生活培养出奋斗精神

"陕北公学"的宿舍情况非常简陋，由于当时的历史背景和条件，延安地区资源匮乏，学校建立初期的宿舍条件相对艰苦。"陕北公学"的学生最初住在窑洞里，目前陕北公学旧址位于湫坡头镇看花宫村，现存窑洞140多孔、房屋70间，包括当年的校部、图书馆、学员教室和宿舍等。学生们在窑洞宿舍里过着朴素的生活，共同度过了艰苦的学习和革命斗争时期。

延安时期"陕北公学"的学生们在过着朴素而艰苦的集体生活，但正是在这样的艰苦条件下，学生们培养了顽强的意志和共产主义精神。这段历史也成为了学校和学生们坚持办学宗旨、发扬优良传统的重要基石。

三、中国革命文艺的摇篮："鲁迅艺术学院"

鲁迅艺术学院成立于1938年，是抗日战争时期中国共产党为培养抗战文艺干部和文艺工作者而创办的一所综合性文学艺术学校，1940年更名为"鲁迅艺术文学院"，简称"鲁艺"，具有光荣的办学历史和优良传统，为国家培养了一大批优秀人才，得到了国际国内的普遍认可和赞誉，是中国文艺界的丰碑。

（一）创办背景：为满足早期艺术教育需求

20世纪20年代，中国社会面临巨大的变革和现代化的挑战。中国著名文学家鲁迅对美术教育的重要性有着深刻认识，他曾多次呼吁创办一所真正意义上的美术学院。鲁迅认为美术学院应该致力于培养具有民族精神和国际视野的美术人才，推动中国现代美术的发展。为了培养专业化、现代化的美术人才，满足国家建设和社会发展对美术专业人才的需求，中国亟待建立一所高水平的艺术学院。

1938年4月10日，鲁迅艺术学院在延安正式成立，毛泽东出席成立大会并讲话，他说："要在民族解放的大时代去发展广大的艺术运动，在抗日民族统一战线方针的指导下，实现文学艺术在今天的中国的使命和作用。""鲁迅艺术学院"的创办为中国现代艺术教育的发展做出了重要贡献，也推动了中国艺术事业的蓬勃发展。

（二）教育理念：艺术为人民

"鲁迅艺术学院"秉承鲁迅先生的文艺宗旨，强调艺术的使命是"为人民服务，为人民创作"。学院的办学宗旨是培养具有革命精神和人民情怀的艺术家，让艺术为人民群众所喜闻乐见，为革命事业服务；此外，注重培养艺术家的革命性和现实主义精神，要求学生深入社会实践，反映社会生活，关注人民疾苦，创作符合时代要求和革命斗争需要的艺术作品。

"鲁迅艺术学院"建立初期积极引进西方现代艺术教育的经验和理念，学院创立了一套现代化的艺术教育体系，包括绘画、雕塑、设计、书法等专业课程。这些课程旨在培养学生的创作能力、审美能力和艺术思维。为了确保教学质量和学术水平，学院鼓励学生进行创作和实践，参与各种艺术活动，如绘画、雕塑、设计展览等，展示他们的作品和才华，促进了学生之间的艺术交流和创作成长。

（三）宿舍育人：凸显群体凝聚力，营造浓厚艺术氛围

"鲁迅艺术学院"建立初期的宿舍主要以简易的平房为主，由于学院的创办时间较早，当时的宿舍建设条件受到限制，宿舍楼大多为简单的砖瓦结构平房。宿舍内设施相对简单，主要包括基本的床铺、桌椅和储物柜等。宿舍面积较小，学生需要共享公共区域，如洗漱区、洗衣区等。由于当时学院的创办背景和学生群体的特点，宿舍生活充满了活力和创造力。学生们互相交流艺术思想，分享学习心得，形成了紧密的学术和人际关系。他们在宿舍内进行创作、讨论，彼此扶持，相互激励，共同追求艺术的进步。学院对宿舍管理进行了规范和监督，以保证学生的生活秩序和学习环境。宿舍楼通常有宿舍管理员负责管理和维护，确保宿舍的基本卫生和安全。

尽管当时的宿舍条件简陋，但"鲁迅艺术学院"的学生们通过共同的学习和生活经历，形成了紧密的群体凝聚力和艺术氛围。他们在简陋的宿舍环境下共同成长，互相启发，为中国现代艺术的发展和繁荣奠定了基础。随着学院的发展和进步，宿舍条件逐渐改善，为学生提供了更好的学习和生活环境。

四、革命妇女干部的摇篮:"中国女子大学"

"中国女子大学"建立初期是在20世纪初,为女性高等教育的兴起和发展提供了重要的机会。"中国女子大学"的建立是在中国社会对女性地位和教育机会逐渐重视的背景下实现的。传统上,女性教育受到限制,女性很少有机会接受高等教育。然而,随着社会变革和女性解放思潮的兴起,对于女性高等教育的需求逐渐增加。

(一)创办背景:延安时期培养革命妇女干部

"中国女子大学"的创办背景与当时的历史背景和社会需求密切相关,在延安时期,中国共产党高度重视妇女问题和女性教育。女性在共产党的革命队伍中发挥着重要作用,需要有一所高等学府来培养优秀的女性革命干部和知识分子。

中国女子大学的创办旨在培养一批具有革命意识、政治觉悟和专业素质的妇女干部,使她们成为中国共产党和革命事业的骨干力量。为了满足女性高等教育需求,提高女性社会地位,培养优秀的女性革命干部和知识分子,中国女子大学在延安创办,并在革命根据地发挥了重要作用。

(二)教育理念:"培养抗战建国的妇女干部人才"[①]

"中国女子大学"的办学宗旨是培养具有高度革命意识和政治觉悟的女性干部和知识分子。学校致力于为女性提供高等教育的机会,培养她们成为中国共产党和革命事业的骨干力量。学校注重学员的党性教育,培养她们忠诚于党的领导,为国家和人民的解放事业奠定牢固基础。"中国女子大学"在建立初期注重培养女性的综合素质和专业能力,学校设立了广泛的学科,包括文学、科学、社会科学、教育、医学等。这些学科的设置旨在满足女性学生在不同领域的兴趣和发展需求。为了提高教学质量和培养优秀的女性人才,"中国女子大学"致力于招聘和

---

① 梁怡.延安中国女子大学校史始末[C]//北京中国抗日战争史研究会,中国人民抗日战争纪念馆.北京中国抗日战争史研究会建会20周年学术论文集.北京出版社,2011:44.

培养优秀的女性教师和学者。这些教师和学者不仅在学术上具有丰富的经验和专业知识,还在性别平等和女性权益方面发挥着积极的作用,为女性学生提供榜样和支持。

"中国女子大学"的办学宗旨是"培养抗战建国的妇女干部人才"。学校致力于培养具有高度革命意识和政治觉悟的女性干部和知识分子,同时推动妇女解放运动,提高女性的社会地位和素质,为中国的革命事业和妇女解放事业画上浓墨重彩的一笔。尽管学科范围相对有限,但为女性提供了接受高等教育的机会,促进了女性教育的发展和女性地位的提升。随着时代的变迁,中国女子类高校逐渐发展壮大,为女性提供更广泛的学科选择和深造机会。

(三)宿舍育人:窑洞里溢出的女子情怀与团结

"中国女子大学"建立初期的宿舍情况比较简陋,但也体现了当时的艰苦奋斗和共产主义精神。由于延安处于战乱时期和边远地区,资源匮乏,学校的办学条件相对艰苦。"中国女子大学"的学生最初住在窑洞里,这是当时延安普遍的住房形式。窑洞是一种在土坡上凿成的洞穴,具有保暖、防寒的特点,虽然简陋但较为实用。学生在窑洞宿舍里过着简朴的生活,共同度过了艰苦的学习和革命斗争时期。

在学校创办初期,宿舍条件非常朴素,学生的生活很艰苦。学生要自己动手修理和保养宿舍,用简单的家具和设施。然而,学生都怀着对共产主义事业的热情和信念,克服困难,共同努力。宿舍生活充满了团结、友爱和互助的氛围。学生在宿舍内共同生活,互相支持和帮助。她们一起学习、交流和分享经验,形成了高度的群体凝聚力。学校对宿舍管理进行了规范和监督,以确保学生的生活秩序和学习环境。宿舍楼通常有宿舍管理员负责管理和维护,确保宿舍的基本卫生和安全。

尽管当时的宿舍条件相对简陋,但"中国女子大学"的学生通过共同的学习和生活经历,形成了紧密的友谊和团结精神。她们在宿舍内相互扶持,共同面对学业的挑战,并为性别平等和女性权益的实现做出了积极努力。随着时间的推移和教育条件的改善,"中国女子大学"的宿舍条件逐渐得到提升,为学生提供了更好的学习和生活环境。现代的女子大学宿舍设施更加完善,配备了现代化的设备和便利设施,为学生创造了更好的学习和生活条件。

第五节 ‖ 新民主主义革命时期学生社区育人模式初探

新民主主义革命时期,中国共产党开展了大量的学生社区育人初步探索和实践,积累了许多宝贵的经验,为其后开展专门化的社区育人提供了宝贵借鉴。

一、社区育人模式的初探

在新民主主义革命的大环境下,高校学生社区育人注重培养积极向上、勇于拼搏、自力更生的精神风貌,强调团结互助、勇于奉献的集体主义精神。高校将思想阵地驻扎在学生生活、日常活动的场所中,同时组建了社区育人的工作团队,通过开展集体读书、学习党史、组织政治实践活动、政治教育演讲活动等方式,引导学生认识到当前国家的政治状况、社会问题以及革命的必要性,激发学生投身革命事业的热情,加强学生之间的交流与合作,形成浓厚的革命氛围。

在学生社区育人方面,中国共产党还注意到学生的生活问题。中国共产党组织学生开展文娱活动,如文艺晚会、运动会等,改善学生的生活环境和心理状态。此外,中国共产党还为学生提供了精神和物质上的支持,如为学生提供食宿、借贷等。中国共产党通过多种方式,为学生提供全面的思想、文化和生活支持,为后来的教育事业奠定了坚实的基础。

二、多元化的团队组织架构

新民主主义革命时期的学校社区育人队伍组成是多元的,涵盖了教师、学生干部、社区工作者和爱国主义教育工作者等不同角色的成员。他们共同致力于开展思想教育、劳动教育、实践教育等工作,培养学生的全面发展和社会责任感。

教师是早期社区育人队伍中的核心成员,他们负责教育教学工作,包括开展思想政治教育、劳动教育、实践教育等内容。教师在队伍中具有专业知识和教育技能,并承担着培养学生全面发展的责任;学生干部也扮演着重要的角色,他们通常由学生选举产生,负责组织和协调学生事务,促进学生自治和集体生活,队伍中具有一定的领导才能和管理能力。除此之外,早期社区育人队伍中还包括一些社区工作者与爱国主义教育工作者,他们负责指导和协助学校内的社区育人工作,社区工作者通常具备较高的理论水平和实践经验,能够提供专业的指导和支持,而爱国主义教育工作者主要在社区内负责组织纪念活动、开展红色教育、宣传革命传统等,激发学生的爱国热情和责任感。

三、时代性的教育形式与内容

新民主主义革命时期的学校社区育人具有鲜明的时代性,着重强调思想政治教育、集体主义精神、实践教育和领导力培养的特点。这些特点在当时的社会背景和革命建设的需求下,塑造了一代代青年学生的思想品格和社会责任感。

由于该时期社会正处于革命和建设的关键时期,培养具有正确的政治立场和思想觉悟的青年学生对于国家和社会的发展至关重要。学校内社区通过开展集体讨论、政治讲座、党团活动等方式,加强学生的思想政治教育,培养他们的党性和集体观念。同时向学生强调集体利益高于个人利益的观念,鼓励大家团结互助、积极参与集体事务,共同推进学校发展和社会进步。

此外,根据时代背景学校鼓励学生多参与社会实践活动,如劳动实践、社会服务等,以提高实际工作能力;通过实践教育,使得学生能够将理论知识与实际工作相结合,增强实际操作能力。并且,学校内社区组织常设学生代表会议和班委会等机构,通过选举和任期制度培养学生的领导才能和组织能力。学生代表和班委会成员负责组织学生活动、解决问题和代表学生发言,培养了学生的领导素质和团队合作能力。

中国共产党建立初期,开展了大量的学生思想政治教育工作。在这一时期,中国共产党认为,教育青年是革命事业的重要任务之一,通过思想政治教育,可以提高青年的政治觉悟,增强青年的革命意识,培养一批忠于革命事业的青年干部和人才。

在新民主主义时期,高校学生社区育人经历了艰苦卓绝的探索和实践,积累了宝贵的经验。学生社区育人的基本经验体现在党的坚强领导下,注重培养学生的政治觉悟和社会责任感,重视学生全面发展和自主能力培养,推崇以实践为基础的育人方式。学生社区育人强调政治教育,培养学生的政治觉悟和社会责任感。通过开展各类政治教育活动,鼓励学生热爱党和国家,投身国家建设和社会主义事业。高校学生社区育人注重学生全面发展和自主能力培养。鼓励学生参与社会实践和社区服务,提高学生的综合素质,培养学生独立思考和创新能力。

新民主主义时期高校学生社区育人的基本经验对今天的教育事业仍然具有重要启示意义。坚持党的领导,加强政治教育,注重学生全面发展和实践能力培养,培养德智体美劳全面发展的社会主义建设者和接班人,推动我国高等教育事业迈上新台阶。

附录

表1-1 新民主主义革命时期学生社区育人

序号	年份	事件	内容
1	1919	五四运动	五四运动是中国学生运动的一个重要节点,学生们反对帝国主义和封建主义,要求教育制度的改革。宿舍改革成为运动中的一个重要议题,学生们要求改善宿舍条件,提高居住环境与生活待遇。
2	1923	北京大学宿舍改革	在北京大学,学生们组织了一次规模较大的宿舍改革行动,他们抗议宿舍条件恶劣,要求提供更好的住宿设施和改善生活环境。这次改革行动引起了广泛的关注和支持。
3	1920—1930	学生自治运动	在这一时期,学生自治运动兴起,学生们要求参与学校的管理和决策,包括宿舍管理。他们积极组织学生自治组织通过自我管理和自我教育来改善宿舍条件和生活条件。
4	1930	教育改革运动	在1930年代的教育改革运动中,高等院校宿舍改革成为一个重要议题。部分高校(北京大学、清华大学、南京大学、复旦大学等)试图改善宿舍条件,提供更好的住宿设施和生活待遇,以提高学生的学习积极性和生活质量。
5	1947	《中国共产党中央关于新民主主义学校问题的指示》	中国共产党中央发布的指示,提出了新民主主义学校的办学原则和方针,包括以培养劳动者、劳动知识分子为目标,注重实践教育等。

第二章　社会主义革命和建设时期高校学生社区育人的基本经验

在社会主义革命和建设时期，高校学生社区育人是党领导下的一项重要工作，主要从育人队伍、场所和机制三个方面进行开展，以培养学生成为建设社会主义事业的合格人才。高校学生社区育人始终坚持党的全面领导，成立了学生工作部门，重视培养辅导员团队与学生干部，推进高校学生社区育人队伍的建设。高校改善学生宿舍条件，提供良好的居住环境，保障学生的基本生活需求；建设学生活动室、学生社团活动场所等，为学生提供自主学习、文娱和交流的空间。此外，高校倡导学生自治，鼓励学生自我管理，建立学生干部选举制度等增强学生对社区育人工作的主动参与度。

通过从育人队伍、场所和机制三方面开展高校学生社区育人工作，可以有效地加强对学生的思想政治教育和管理，培养学生爱党爱国、明理守正、服务社会的优秀品质，推动建设社会主义事业。

第一节 ‖ 着力构建学生社区育人队伍

社会主义革命和建设时期是中国高校学生社区育人队伍建设的重要时期，中国共产党高度重视这一事业的发展，为其提供了制度保障和人才支持，使得高校学生社区育人队伍得以健康发展和壮大。

一、社区育人队伍力量的初步形成

新中国成立后，为了满足新社会对高等教育的需求，中国的高校得到了快速发展。高校教师队伍迅速扩大，从数千人增加到几万人的规模。这为高校学生社区育人队伍的建设提供了有力的人才支持。这一时期，中国共产党把学生社区育人作为重要的思想政治工作之一，积极开展了相关工作，高校学生社区育人的队伍建设得到了大力重视和支持，许多青年教师投身于这一事业，积极参与学生思想政治教育和生活指导。

为了统一领导和管理学生社区育人工作，各高校相继成立了由学校领导、教师和学生代表组成的学生社区育人委员会或者组织委员会。由于当时新中国的育人工作需要有专业的人才来从事，各高校相继成立了学生社区育人工作人员的培训班或者研修班，为育人工作队伍的建设提供了人才储备。同时在育人工作方面，各高校逐步建立了一系列制度，如社区建设制度、学生考核制度、学生管理制度、思想教育制度等，确保了学生社区育人工作的正常进行。为了借鉴和推广各高校育人工作的先进经验，各高校之间相互交流、学习，还通过学术会议、研讨会、刊物等形式，向全国推广各高校的育人经验。

二、组建专业化的育人队伍，提供针对性的培养内容

在社会主义革命和建设时期，高校学生社区育人从育人队伍的角度着重培养辅导员队伍和学生干部，以确保学生思想政治教育和日常管理工作的有效开展。

（一）培养辅导员队伍，提高高校学生社区育人稳定性与优势性

首先，建立辅导员培训计划，为新任辅导员和有培训需要的老辅导员提供专业化的培训，包括政治理论知识、思想政治教育技巧、心理辅导等方面的培训，提高辅导员的综合素质。

其次，通过选拔考核，选拔优秀的教师和干部担任辅导员，确保辅导员队伍的政治觉悟和业务能力。注重选拔具有革命精神和人民情怀的人才，能够积极引导学生，起到榜样作用。

此外，鼓励辅导员参与学生实践活动，深入学生中了解实际情况，加强对学生的思想政治教育和关心爱护，增强辅导员与学生的亲近感和信任感。鼓励辅导员

之间开展团队合作,分享经验,相互学习,共同解决学生工作中的问题,形成合力。并且针对不同学生的不同需求,开展个性化辅导,注重帮助学生解决学习、生活和心理方面的问题,关心学生的成长和发展。辅导员的培养是一个持续的过程,学校要不断加强对辅导员的培养和培训,使他们能够适应不断变化的学生需求和社会形势。

通过以上措施,高校学生社区育人能够培养出一支政治坚定、业务精湛、关爱学生的优秀辅导员队伍,为学生的全面发展和成长提供有力的支持和指导。辅导员队伍的良好培养和管理对于高校学生社区育人工作的开展具有重要意义。

(二)培养学生干部,为高校育人队伍注入年轻骨干力量

在社会主义革命和建设时期,高校学生社区育人非常重视学生干部的培养,学生干部是学校学生社区工作的骨干力量,起到组织、引领和服务学生的重要作用。

首先,高校建立了学生干部培养计划,明确学生干部的选拔和培养目标、内容和方法。制订不同层次的干部培训计划,针对不同学生干部的需求进行培训,提高他们的组织领导能力和服务能力。通过选拔考核,选拔具有优秀品质和组织能力的学生担任学生干部,确保学生干部队伍的政治觉悟和业务能力。鼓励学生积极参与学校社区活动,并通过表现来选拔干部。

其次,高校鼓励学生干部参与实践活动,深入学生群体了解实际情况,加强与学生的沟通交流,增强对学生的思想政治教育和关心爱护,增加学生对干部的信任感;同时鼓励其加强团队合作,分享经验,相互学习,共同解决学生工作中的问题,形成合力。

此外,高校为学生干部提供资源支持,包括政治理论知识、组织管理能力、团队合作等方面的培训,让他们能够更好地履行干部职责。学生干部还要进行职务轮换,以培养他们获得更广泛的经验和开阔的视野。

通过以上措施,高校学生社区育人能够培养出一支政治坚定、组织能力强、服务意识强的学生干部队伍,为学生的全面发展和成长提供有力的组织保障和服务支持。学生干部的培养和管理是高校学生社区育人工作的重要组成部分,对于推

动学生社区育人工作的有效开展具有重要意义。

（三）培养学生自治能力，建立多元化的高校社区育人队伍

倡导学生自治，让学生自觉地参与社区育人管理，培养学生自我约束和自我管理的能力。建立学生会组织，让学生通过选举产生学生会干部，自主参与学校管理和服务。

在社会主义革命和建设时期，高校学生社区育人非常重视学生自治能力的培养，学生自治是培养学生主动参与学校管理、自我约束和自我管理能力的重要途径。

学校建立健全学校学生自治组织和管理体制，如学生会、学生自治委员会等，让学生有组织地参与学校事务和决策，发挥学生的主体作用。通过学生会选举产生学生会干部，让学生在竞选和投票中体验民主参与，培养学生对学校事务的关心和责任心。鼓励学生自主组织和参与各类学生自治活动，如学生议事会、社团活动等，让学生在实践中锻炼组织能力和团队合作意识。

此外，学校制定学生自治规章制度，让学生自觉遵守学校规定，自觉约束自己的行为，培养学生的自我纪律和自我管理能力。鼓励学生参与学校管理工作，如学生评教、学生宿舍管理等，让学生感受到自己的参与和贡献对于学校发展的重要性。并且通过开展学生自治意识培养活动，如学生自治教育讲座、学生自治主题班会等，引导学生认识到学生自治的重要性和意义。

通过以上措施，高校学生社区育人能够培养出一批自主自立、自觉遵纪守法、关心集体的学生，为学生的全面发展和成长提供更好的平台和环境。学生自治能力的培养是高校学生社区育人工作的重要内容，它能够增强学生的主体意识和责任感，推动学生社区育人工作向更高水平发展。

通过从育人队伍的角度开展工作，高校学生社区育人能够建立一支政治坚定、业务精湛、服务优质的辅导员队伍、学生干部队伍与学生自治组织，为学生社区育人提供专业化、有针对性的引导和管理，使学生能够在学校生活中更好地发展成长。

第二节 ‖ 优化调整学生社区育人场所

高校学生社区育人的环境建设是十分重要的,社区环境的好坏直接影响着学生的身心健康和学习成果,在社会主义革命和建设时期,中国高校学生社区育人注重创造优良的环境,在住房建设、餐饮服务、医疗卫生、文化娱乐、安全保障等多方面进行了建设改造,同时也注重强调高校学生社区环境文化的建设与宣传。

一、学生社区生活圈基础设施空间与布局的优化

新中国成立后,清华大学致力于改善学生宿舍条件,学校修建了新的学生宿舍楼,并对旧的宿舍进行了改造和扩建,以满足学生的住宿需求。宿舍楼设有公共设施,如浴室、厨房、洗衣房等,提供基本的生活便利。在宿舍管理工作方面,学校建立了规范的宿舍管理制度,安排专门的宿舍管理人员,负责宿舍的日常管理和维护。宿舍管理人员督促学生遵守纪律,保持宿舍环境整洁和安全。

随着国家的工业化和城市化进程,高校的规模逐渐扩大,学生社区的楼宇数量也相应增加。此外,在社会主义建设的大背景下,许多新的教学楼、图书馆、实验楼等建筑也相继落成。在楼宇设计上,注重了学生社区的功能性和舒适度。例如,学生宿舍楼布局合理、通风采光好、设施齐全,为学生提供了良好的居住条件。此外,许多学校还设立了活动中心、食堂、体育馆等公共设施,为学生提供了各种便利。20世纪50年代,各地高校医院陆续建成,提供基本医疗服务以及预防接种、保健指导等方面的服务。还设立了各种安全保卫机构,并加强对学生财产的保障,如防盗、保险等措施,以确保学生的生命财产安全。

在楼宇管理方面,高校学生社区采取了民主管理、自我管理的方式,促进学生的自治和自我教育。例如,学生宿舍楼通常设立有学生管理委员会,由学生自行选举产生,管理楼内的卫生、安全等事宜,并组织各种文娱活动和志愿服务。同时,高校学生健康状况也密切关系到其学习和生活,为此政府非常重视高校学生

的医疗卫生问题。可见,高校学生社区的楼宇建设为学生提供了良好的居住和学习环境,同时也促进了学生的自我管理。

二、学生社区课堂日益凸显"宣传"氛围,建设社区文化

社会主义革命和建设时期,清华大学注重宿舍文化建设,鼓励学生开展各种文化和艺术活动。清华学生宿舍内设有读书角、音乐室、绘画室等文化设施,为学生提供学习和艺术交流的空间。在宿舍里,学生们共同生活、学习和娱乐,形成了紧密的团结和友谊。他们互相帮助、互相学习,共同面对生活和学习的各种挑战。此外,学生宿舍也是学术交流和学习氛围的重要组成部分。学生们在宿舍内进行学术讨论、共同研究和知识分享,形成了浓厚的学术氛围。这种学术氛围促进了学生之间的学习互助和学术进步。中国高校学生社区育人工作在该时期内得到了全面发展,其环境文化宣传也得到了重视和推广。在这个时期,各个高校都积极进行宣传和文化建设,加强了校园文化氛围的营造,激发了学生的爱国热情和学习热情。

一方面,高校学生社区中普遍设立了文艺活动室、阅览室、音乐室等,提供了多种文化活动和场所,鼓励学生参与各种文化艺术活动。学校还经常组织学生进行文艺比赛和展览,如诗歌朗诵、书法展览、绘画比赛等。这些活动不仅促进了学生文化水平的提高,而且增强了他们的创造力和表现力。

另一方面,高校也积极推广了优秀的文化传统和思想理论。学校成立了"马列学院"和思想政治教育教研室,组织学生参加学术研讨和辩论活动,推广先进的思想理论和实践经验,加强了学生的政治理论修养和思想政治教育。

同时,高校还加强了爱国主义教育和革命传统教育。学校在校园中设置了革命历史陈列馆和纪念馆,让学生了解和学习革命历史和英雄事迹。学校还经常组织学生参观革命纪念地和革命遗址,使学生更加深入地了解中国革命的历史和传统,增强了他们的爱国热情和责任感。

通过以上措施,高校学生社区育人能够为学生提供良好的学习、生活和交流

场所，为学生的全面发展和成长提供更好的条件和环境。育人场所的建设是高校学生社区育人工作的重要组成部分，它能够提升学生的学习积极性和生活幸福感，推动学生社区育人工作向更高水平发展。

第三节 ‖ 开拓创新学生社区育人机制

高校学生社区育人创新育人机制，激发学生的主体意识和积极性，让学生能够更好地参与学校社区建设和发展，提高学生全面发展的能力和素质。育人机制的创新建设是高校学生社区育人工作的重要方面，它能够推动学生社区育人工作持续向前发展。

一、建立高校社区育人新机制，充分注入学生主体力量

在社会主义革命和建设时期，高校学生社区育人重点关注育人机制的创新建设，以更好地适应新时代的需求，推动学生社区育人工作不断向前发展。

首先，高校完善学生干部选拔机制，建立科学、公平、透明的学生干部选拔机制，注重考察学生的政治觉悟、组织能力和服务意识。通过选拔优秀学生干部，为学生提供优质的学生社区服务。同时，设立学生参与学校管理的机制，鼓励学生参与学校管理，设立学生代表大会、学生议事会等机制，让学生能够参与学校重要事务的决策和执行，增强学生对学校事务的参与感和责任感。

其次，高校建立学生自治机制并创新学生干部培训机制，鼓励学生自治，建立学生自治委员会等组织，让学生能够自主组织和参与各类学生活动，发挥学生的主体作用。同时开展学生干部培训，注重培养学生领导能力和组织协调能力，提供政治理论、管理技能等方面的培训，让学生干部能够更好地履行职责。

此外，高校还建立了学生社区服务平台并创新开拓出学生社区互动机制，为学生提供信息、咨询、服务等方面的支持，鼓励学生积极参与社区服务活动，提高

学生服务意识和社会责任感。鼓励学生与教师、校领导等进行积极的沟通交流,建立学生社区互动机制,让学生的声音得到重视和听取,增强学生对学校社区的归属感。

通过以上措施,高校学生社区能够创新育人机制,激发学生的主体意识和积极性,让学生更好地参与学校社区建设和发展,提高学生全面发展的能力和素质。育人机制的创新建设是高校学生社区育人工作的重要方面,有利于推动学生社区育人工作持续向前发展。

二、适时化的教育制度改革,全面完善教育内容

新中国成立和改革开放初期,高校学生社区育人实践进入了一个新的阶段,建立了全新的教育制度和大学生活。在这个时期,高校学生社区育人着重强调了政治教育、思想道德教育、劳动教育、科技教育、文化艺术教育等方面的培养,通过全面育人,推动培养德智体美劳全面发展的社会主义建设者和接班人。

在新的高校学生社区育人教育制度下,大学生们在思想政治教育方面得到了加强和提高。学生们参加政治理论课、党员干部讲课、读书报告会、辩论会等形式多样的政治教育活动,不仅使他们了解了党的路线、方针和政策,也培养了他们的政治意识和思想觉悟。

此外,高校学生社区育人还注重思想道德教育,为学生提供了德育课程和道德讲座,加强了思想道德建设。在劳动教育方面,学生通过参加集体劳动、社会实践、学生军事训练等活动,培养了他们的劳动观念和实践能力。在科技教育方面,高校为学生提供了实验室、科技文献、科技比赛等资源,让他们在学术研究中得到更多的实践经验和机会。在文化艺术教育方面,学生们有机会参加文艺团体、文艺比赛、诗歌朗诵会等文化艺术活动,提高了他们的文化修养和艺术素养。此外,高校还为学生提供了多种课外活动,如体育运动、社会志愿服务、科技创新、文化交流等,让他们全面体验丰富多彩的大学生活。

在清华大学内,学校通过开展各种形式的思想教育活动,如政治理论学习、革

命历史教育、党史学习等,引导学生树立正确的世界观、人生观和价值观,增强对社会主义事业的信念和责任感。注重培养学生的实践能力,通过实验教学、社会实践和实习等形式,使学生将理论知识与实际操作相结合,提高解决实际问题的能力。此外,学生还参与了一系列的实践活动,如社会服务、技术创新和社会实践项目等,培养了学生的实践能力和社会责任感。并且,学生在清华社区举办了各种形式的文化、艺术和体育活动,如文艺演出、运动会、社团活动等,丰富了学生的课余生活,促进了学生之间的交流和合作,以此进一步推进学生社区的建设,鼓励学生积极参与各种社区活动、组织学生自己的社团和团体,参与学校的管理和决策。

高校学生社区育人制度改革注重在思想政治教育、劳动教育、科技教育、文化艺术教育等多方面的培养,通过全面育人,为培养合格的社会主义接班人奠定了良好的基础。

第四节 ‖ 社会主义革命和建设时期高校学生社区育人的模式初建

中国的高校积极推进学生社区育人队伍的组建,优化学生住宿条件,创新和发展学生社区育人机制,在多方面的建设下高校学生社区育人模式初见雏形并得以发展,以此进一步提升、培养学生的全面发展和并满足服务社会主义建设的需要。

一、社区育人模式的建立与发展

在社会主义革命和建设时期,高校学生社区育人模式得到了积极的建立与发展。中国共产党在社会主义革命和建设时期发挥了关键的领导和指导作用。党组织对高校学生社区育人工作进行规划、组织和指导,确保育人工作与党的路线方针政策相一致。高校学生社区育人模式倡导学生自治和参与,学生组织和学生自治机构得到充分发展,学生在社区事务中有更多的发言权和决策权,促进了学生的主体意识和责任意识的形成。同时注重学生的全面发展,除了重视学术知识的学习外,还注重培养学生的思想品德、文化素养、社会实践、体育艺术等多方面的素质。

二、社区育人团队的优化

中国高校学生社区育人的队伍建设取得了重要进展,形成了一支庞大而有力的教育队伍,同时也制定了一系列有关高校教育管理的法律法规,如《中华人民共和国教育法》《高等学校学生管理规定》等,为高校学生社区育人队伍的建设和发展提供了保障。此外,高校学生社区育人队伍建设得到了培养和选拔机制的支持。各级党委和政府对青年教师的培养和选拔十分重视,制定了一系列有关教师培养和选拔的政策措施,如"三进三出"政策、"五个一批"人才选拔等,为高校学生社区育人队伍的培养和选拔提供了机制保障。

三、社区育人教育内容的全新探索

在社会主义革命和建设时期,高校学生社区育人教育内容与方法进行了探索,以培养社会主义建设需要的新一代青年为目标。

新中国成立后,高校加强了思想政治教育的力度,将社会主义价值观和革命理念融入社区育人中;重视学生实践教育的重要性,通过拓展实践教育的范围和形式,培养学生的实际操作能力和解决问题的能力;鼓励学生自治,促进学生参与学校管理和决策;各高校还建立了各级学生干部选举制度和学生代表大会制度等。学校注重学生社区文化建设,营造积极向上的学习氛围和文化氛围。

通过以上思想政治教育制度的改善、学生实践教育与自治的推进和社区文化的进一步建设,完成高校社区育人创新内容的初步探索。

在社会主义革命和建设时期,学生社区育人工作在政治教育、学生干部培养、学生自治、育人场所建设和育人机制创新等方面取得了丰硕成果。坚持党的领导,培养学生的社会主义意识,让学生成为具有坚定信仰和社会责任感的时代新人;重视学生干部培养,培养出一大批为社会主义建设贡献力量的骨干力量;推崇学生自治,激发学生的创新精神和主动意识;加强育人场所建设,为学生提供良好的学习生活环境;创新育人机制,推动学生社区育人工作不断发展进步。

这些基本经验为当代高校学生社区育人工作提供了重要的借鉴和启示。在新时代,我们要坚持党的领导,加强政治教育,培养学生的社会主义意识和核心价值观;注重学生全面发展和实践能力培养,培养学生的创新精神和责任意识;推动学生社区育人工作在育人场所建设和育人机制创新上不断取得新成效,培养德智体美劳全面发展的社会主义建设者和接班人,推动我国高等教育事业迈上新台阶。

附 录

表 2-1　社会主义革命和建设时期高校学生社区育人的相关制度

序号	年份	事件	内容
1	1949	《中国共产党关于高校学生政治问题的决定》	中国共产党在新中国成立后针对高校学生政治问题所做出的重要决定，要求对学生进行思想政治教育，培养社会主义观念和为人民服务的精神。
2	1950	《中华人民共和国教育法》	新中国成立后首次颁布的教育法，其中包括对学生宿舍条件和生活环境的规定，要求提供适宜的宿舍设施和良好的生活条件。
3	1951	《高等学校学生管理暂行办法》	这是针对高等学校学生管理的一项重要法规，其中包括学生宿舍管理的具体规定，要求提供安全、卫生、整洁的宿舍环境，保障学生的基本生活需要。
4	1952	《学生食宿改革试行办法》	针对学生食宿制度的改革试行办法，旨在提高学生的食宿条件和生活待遇，改善学生的生活环境。
5	1957	《高等学校学生宿舍管理办法》	针对高等学校学生宿舍管理的一项法规，明确了学生宿舍管理的责任和要求，包括宿舍条件、卫生保洁、安全管理等方面的规定。
6	1958	《高校学生社会主义教育运动决定》	在社会主义教育运动中制定的一项决定，强调高校学生要以社会主义思想教育为中心，进行革命化、大众化、科学化的教育活动。
7	1960	《关于加强和改进高等学校学生思想政治教育的意见》	针对高等学校学生思想政治教育的一项意见，提出了加强学生思想政治教育的原则、任务和方法，并强调培养学生的共产主义劳动态度和革命精神。
8	1962	《高等学校学生管理暂行办法》	对高等学校学生管理的一项暂行办法，规定了学生社区的组织形式和管理制度，要求加强学生自治和自我教育，营造积极健康的学习环境。
9	1963	《高等学校学生住宿制度规定》	对学生住宿制度进行规定的文件，要求提供安全、卫生、舒适的住宿条件，保障学生的正常学习和生活。
10	1971	《关于加强和改进高等学校思想政治教育的指示》	针对高等学校思想政治教育的一项指示，强调要深入开展社会主义教育运动，加强对学生的思想政治引导和教育，培养学生的革命意识和道德品质。

表2-2 社会主义革命和建设时期高校学生社区育人相关事件

序号	事件	内容
1	新中国成立后的整体改革	1949年新中国成立后,政府开始进行全面的高等院校宿舍改革,包括修建新的宿舍楼、改善宿舍设施和提供安全、卫生和舒适的居住环境。
2	学生社区建设	在宿舍改革中,注重了学生社区的建设:学生们在宿舍区域内形成紧密的学习和生活社区,开展各种集体活动,增强团结合作精神。
3	教育体制改革	新中国成立后进行了一系列教育体制改革,其中包括宿舍改革。这些改革旨在推动高等教育的发展,提高学生的学习和生活条件。
4	农村学生的宿舍改革	为了解决农村学生的住宿问题,政府推动了农村学生宿舍改革,修建了农村学生宿舍楼,并改善了农村学生的生活条件。
5	宿舍管理制度改革	在宿舍改革中,政府出台了一系列的宿舍管理制度改革,加强了宿舍管理和服务水平。这包括建立宿舍管理规章制度、改善卫生条件、加强安全措施等。
6	宿舍设施改善	针对学生食宿制度的改革试行办法,旨在提高学生的食宿条件和生活待遇,改善学生的生活环境。宿舍楼的建设得到重视,提供了更多的床位和更好的生活设施,如床、书桌、柜子等。同时在宿舍改革中,重视性别平等:为了促进男女学生的平等交往和发展,建立了男女学生宿舍楼的分区,并加强了性别教育和意识形态的引导。

表2-3 社会主义革命和建设时期部分高校开展学生社区育人情况

序号	学校	内容
1	北京大学	北京大学进行了宿舍改革,包括改善宿舍设施和提供更好的生活条件。学校建设了新的宿舍楼,提供了宽敞明亮的宿舍房间、舒适的床位、书桌、椅子等生活设施。同时积极开展了学生社区育人工作:组织学术讲座与学术讨论会,邀请知名学者和专家来校进行学术交流和授课;设立读书会和文学社团,组织学生进行读书讨论和文学创作;举办各种形式的文艺演出和戏剧表演,如音乐会、话剧演出、舞蹈和合唱表演等;鼓励学生参与社会实践、志愿服务活动、农村实践、支教等;组织开展体育运动和运动会(田径比赛、篮球、足球等体育项目)。

续表

序号	学校	内容
2	复旦大学	复旦大学进行了宿舍改革,努力提供更好的宿舍设施和生活环境。学校修建了新的宿舍楼,提供了舒适的住宿条件,改善了宿舍的卫生状况;学校建立了宿舍管理制度,规范了宿舍的管理和运行。学生宿舍设立了宿舍长,负责宿舍的日常管理和协调工作,维护宿舍的秩序与和谐。鼓励学生自治,成立了学生委员会和宿舍自治组织。学生委员会由学生代表组成,负责宿舍内部的事务管理和学生代表的沟通与协调。宿舍自治组织由学生自行组织,促进了学生的参与和管理能力的培养。学校积极开展文化艺术活动,包括音乐会、舞蹈表演、话剧演出、艺术展览等。这些活动为学生提供了展示才华和参与艺术创作的平台,丰富了学生的文化生活。复旦大学组织了学术讲座和学术交流活动,为学生提供了接触前沿学术知识和思想的机会,拓宽了他们的学术视野。
3	上海交通大学	上海交通大学进行了宿舍改革,努力提供更好的宿舍设施和生活环境。学校修建了新的宿舍楼,提供了舒适的床位、书桌、椅子等生活设施,改善了宿舍的卫生和通风条件;上海交通大学积极开展学生社区育人工作,注重学生的思想教育和文化艺术培养。学校组织各类学术讲座、文化活动和社会实践,为学生提供广阔的学习和成长空间。
4	南京大学	南京大学进行了宿舍改革,致力于提高宿舍设施和改善学生的居住环境。学校建设了新的宿舍楼,提供了明亮的宿舍房间、舒适的床位、书桌、柜子等生活设施;南京大学注重学生社区育人,鼓励学生自主组织社区活动,培养学生的团队合作和领导能力。学校开展丰富多彩的文化、艺术和体育活动,促进学生的全面发展。

第三章　改革开放和社会主义现代化建设新时期高校学生社区育人的基本经验

改革开放和社会主义现代化建设新时期,始于1978年党的十一届三中全会,持续到2012年党的十八大召开。党的十一届三中全会将全党的工作重点转移到社会主义现代化建设上来,实现了新中国成立以来党的历史的伟大转折。党的十八大是我国进入全面建成小康社会决胜阶段召开的一次盛会。在党中央和国务院的领导下,我国社会主义市场经济体制不断完善,创造了经济快速发展的世界奇迹。

这一时期,高等教育阶段招生政策调整,招生规模扩大,高校在校人数大幅增加,对高校学生社区的规划建设、教育管理、生活服务等方面带来了新的挑战。为适应高校发展需求,教育部主导开展全国高校后勤社会化改革,打破原计划经济体制下高校后勤服务的基本模式,基本实现了与高校行政管理体系的分离,组建形成新模式、新形式的后勤服务实体,为新世纪高等教育的高质量发展,提供了必要的条件。

随着高校管理体制的调整,高校优秀干部、辅导员和班主任深入学生宿舍开展教育活动,高校学生社区专门化的育人力量逐渐形成,高校学生社区住宿管理进一步规范化、制度化。高校积极引导学生以主人翁意识参与学生社区管理和建设,高校学生社区的学习、研讨、交往等功能日益丰富。

第一节 ‖ 高校学生社区空间的专属性趋势

改革开放后,随着我国高等教育招生规模的扩大,我国高等教育发展面临教育、管理、服务等诸多方面的制约性因素。例如后勤管理人员数量庞大，占据高校教职员工五分之一的比例，师生住房、生活休闲设施等几乎占据高校建筑面积一半。每扩招一个学生，国家就需投入 4.5 万元左右[①]。在计划经济体制下，这对高等教育的发展带来了沉重的经济负担、管理负担、人员负担，严重制约了我国高等教育的快速发展。

为了保证高等教育事业的健康发展，经国务院批准，全国第一次高校后勤社会化改革工作会议在上海召开，为高校后勤工作的社会化改革和创新发展奠定了坚实的基础，确定了改革的方向和目标。此后，第二、第三、第四次会议连续召开，为高校后勤社会化改革进程提供了重要保障，形成了有中国特色的、适应社会主义市场经济体制、符合高等教育事业发展的创新型高校后勤保障工作体系。高校学生公寓、食堂等作为高校后勤社会化改革的重点、突破点，取得了重大的历史成就，保证了高校扩招工作的顺利进行，为高等教育事业健康发展打下了坚实的基础。

一、计划与市场有机融合的后勤社会化改革

世纪之交，在全面建设小康社会、加快社会主义现代化建设背景下，随着我国高校招生名额扩大，高校日常居住学生人数不断增加，学生居住宿舍、餐厅、活动休闲场所等后勤设施紧缺，高校后勤保障工作发展滞后于高等教育事业的发展。高校后勤社会化改革的目标就是改变过去后勤工作高校行政包办的机制，以社会化的思路和方式建立新型的高校后勤保障服务体系，减轻高校在发展过程中的沉重负担。在教育部的主导下，结合高等教育发展需求，将高校学生公寓建设规划纳入当地经济建设和发展规划，各地各高校结合实际情况，逐步探索形成新型高校后勤管理服务实体和运行模式。

---

① 陈至立. 再接再厉　开拓创新　全面推进深化高校后勤社会化改革　国家教育部长陈至立在第四次全国高校后勤社会化改革工作会议上的讲话[J]. 中国高校后勤研究，2003(1):8.

(一) 高校招生规模扩大,市场需求旺盛

20世纪末,党中央和国务院依据中国特色社会主义事业的发展和社会主义市场经济发展的需求,部署决策进一步扩大高校招生规模。自1999年至2002年,各地高校在校人数达到约1300万人。从1998年到2002年,全国普通高校招生人数增加了约212万人,高考录取率上升了23%,高等教育毛入学率上升了5.2%。截至2002年,全国普通高校平均在校规模达到约6700人,普通高校的生师比约为19∶1。到2008年,普通高中阶段毕业生每年约增加80万人,高考报名人数约增加100万以上。高校在校人数的增加,在高校学生社区规划建设、生活服务、教育管理等方面赋予了旺盛的市场需求空间。

(二) 宏观政策有力保障,统筹改革深化

全国高校后勤社会化改革第一次会议召开之后,国务院办公厅、教育部等六部门联合制定了《关于进一步加快高等学校后勤社会化改革的意见》。《意见》指出,新中国成立以来,特别是改革开放和实施社会主义市场经济体制以来,我国的高等教育事业发展取得了举世瞩目的成就。与此同时,高校后勤社会化改革的滞后制约了高等教育的长足发展。为加快高校后勤社会化改革,必须进一步解放思想、转变观念,坚持实事求是、逐步推进、讲求效益、量力而为的原则,从21世纪初期,用三年左右的时间,基本实现全国绝大部分高校后勤社会化工作改革,建立起符合我国国情、符合中国特色社会主义事业、符合高等教育事业发展和需求的新型高校后勤保障工作体系。《意见》指出,高校学生生活后勤改革是高校后勤社会化改革的重点,在资金投入上要充分依靠并利用社会资金,加强政府和教育部门的统筹,确保高校后勤改革目标按期完成。《意见》的出台,为高校学生社区的建设奠定了思想基础和前进的方向。

此外,2000年财政部与税务总局等部门专门制定印发了《关于高校后勤社会化改革有关税收政策的通知》。该通知对普通高校后勤服务工作实体,与学校行政管理体制相剥离,并进行社会化制度管理过程中涉及到的税收政策提出了相关优惠的措施和办法。《通知》指出,高校后勤管理部门与高校行政管理体制分离后,进行独立核算,并成为具有独立法人资格的高校后勤经济实体,用以经营师生住宿公寓、餐饮服务、教学服务等后勤保障,在此过程中获得的服务型收入和租金,免征相关营业税。在税收政策上为高校学生社区的后勤社会化改革提供了便利,加快了高校后勤社会化改革的进程。

（三）打破"一校一户办后勤",宣传推广上海经验

从 20 世纪 80 年代开始,各高校开始探索后勤社会化改革,引入企业化管理,涌现出一些典型经验。但是各高校改革仍然处于"一校一户办后勤"的状况,缺乏政府统筹规划和统一政策支持。

1999 年 11 月,为总结和交流全国高校后勤社会化改革的经验,加快推进高校后勤社会化改革进程,国务院办公厅组织在上海召开了第一次全国高校后勤社会化改革工作会议,与会代表现场参观学习了上海市高校后勤社会化改革的经验和做法。上海市成立了高校后勤服务中心和高校后勤发展中心,以两个中心为载体,后勤实体从高校逐渐分离出来后以并入、托管、联办、连锁等形式接入两个中心,形成政府主导、政策支持、银行融资、企业投资、学生交费的方式,全面推进后勤社会化改革,"做到了过去依靠国家投资 16 年才能做到的事"[1],打破了"一校一户办后勤、一校后勤办社会"的状况。

二、师生居住空间分离

在高校后勤社会化改革中,将学生公寓建设作为高校改革的重点,突出地方政府、社会企业、高校后勤管理工作在资金、投资、产业发展等领域的合作,改善学生住宿生活条件,全面推进高校后勤工作社会化改革。从 1999 年到 2002 年,各地各级政府积极投入和吸引社会资金,全国范围内新建高校学生公寓 3 800 万平方米、累计改造 1 000 万平方米,新建高校学生餐厅约 500 万平方米、累计改造 130 万平方米,超过了新中国成立 50 年建设面积的总和[2],为从根本上改变我国高校

---

[1] 郑树山主编,《中国教育年鉴》编辑部编.中国教育年鉴(2000)[M].北京:人民教育出版社,2000:184.
[2] 来源于 2002 年 12 月 24 日李岚清在第四次全国高校后勤社会化改革工作电视电话会议上的讲话。

办学模式提供了必要的条件,为新世纪我国高等教育事业的持续改革和高质量发展做好了准备。

(一)教师住房改革,腾退用于学生住宿

1998年,在全国深化城镇住房制度改革的同时,教育行政部门主导开展教师住房建设和改革工作。各级政府和领导关心支持教职工住房建设,改善教师居住条件。到1999年,全国部委所属高校筒子楼改造工程基本完成。据统计,"全国普通高校教职工住房建设共完成投资55亿元、竣工住宅建筑面积439万平方米"[1]。高校教职工家庭人均居住面积有了较大改善,高校的校园布局和功能分区进一步合理,充分体现了党和国家对高等教育事业的高度重视,为高等教育事业的健康发展打下了基础条件。

1998年,北京市教委联合北京市房改办制定了《房改售房中对教师购房增加优惠的规定的有关问题的通知》,明确了教师购房优惠的范围和对象[2]。2001年7月,中国人民大学正式启动了进一步深化教师住房制度改革方案。截至2002年10月15日,全校共有1 666名教职工到校外购买了住房,腾退校内教职工宿舍4.71万平方米。

全国高校后勤社会化改革第一次会议在上海召开后,作为市场经济的前沿城市,上海市委市政府通过多项举措开展师生公寓改革。1999年,上海市委市政府实施高校学生公寓和教师公寓建设工程,通过"改、买、建、租、清",即改造筒子楼和旧楼,学校在适当地段购买空置房做教师公寓,利用学校自有土地新建教师公寓,租用校外住宅作教师公寓,清理学校住房等方式解决青年教师住房问题[3]。为实现党中央、国务院提出的"决不把筒子楼带入21世纪"的总体目标,上海市委、市政府领导,要求把筒子楼改造工作作为一项政治任务来抓。各高校制订改造计划,向市教委上报了"筒子楼改造工作责任书",通过原地改造、移地新建和购买社会空置房等途径,确保按计划完成筒子楼改造。相关统计数据显示,1999年,上海

---

[1] 郑树山主编,《中国教育年鉴》编辑部.中国教育年鉴(2000)[M].北京:人民教育出版社,2000:304.
[2] 北京市教育委员会.1997北京教育年鉴[M].北京:北京出版社,1997:82.
[3] 上海社会科学院《上海经济年鉴》社编.上海经济年鉴(1999)[M].上海:上海经济年鉴社,1999:366.

高校完成筒子楼改造约16.53万平方米,有2500多户住在筒子楼内的青年教师住房得到改善;地方院校完成筒子楼改造面积约5万平方米,1500多户住在筒子楼内的青年教师住房得到改善。

教师腾退用地全部用于学生住宿,有效地解决了扩招后学生的住宿问题,适应高校扩大招生和高等教育事业发展的需要。高校社区学生住宿人数不断攀升,住宿教师人数随之减少,一定时期内高校学生社区的专门化育人力量有所削弱。高校学生社区专门化思想政治教育工作逐步提上日程。

(二)规划建设用地,满足学生基本住宿

后勤社会化改革背景下,为适应高校招生规模扩大的需求,各高校利用校内闲置用地、学校周边用地、校外新址等大规模实施学生公寓建设工程,严格基建程序,在高校学生宿舍、食堂等项目上取得了重大进展。

高校后勤社会化在我国各地逐步推开。作为改革的前沿城市,1998年,上海市委、市政府实施高校学生公寓建设工程"一门式"审批服务。建设资金实行"五个一点"原则,即"开发商让一点,学校自筹一点,学生出一点,政府政策支持一点,银行贷一点"。当年夏季,全面铺开高校学生公寓的建设。1998年6月29日,上海首幢高校学生公寓在上海交通大学闵行校区开工[1],其后,复旦大学、华东师范大学等20多所高校的学生公寓也相继投入建设,面积达约25万平方米。1999年,由学校提供土地、总务处自筹资金建造的上海市首栋社会化管理学生公寓——同济大学西南七楼落成。截至1999年底,已开工的学校有19所,开工面积达约35万平方米。

后勤社会化改革在北方也快速推进。1999年天津理工学院一期扩建工程"总投资4520万元、建筑面积29170平方米"[2],其中教学楼、学生宿舍、食堂、操场等项目竣工并投入使用。1998年7月,大连民族学院与当地农民合作,由农民出资8000万元在大连民族学院兴建8000平方米学生宿舍。沈阳工业大学与香港投

---

[1] 曹继军.上海高校学生公寓建设走向市场[N].光明日报,1998-09-04(8).
[2] 郑树山主编,《中国教育年鉴》编辑部.中国教育年鉴[M].北京:人民教育出版社,2000:405.

资商合作,将学生生活用房从校园迁出,开工建设一期学生社区约5万平方米。辽宁大学、锦州师范学院与社会投资合作,各校计划建设约4万平方米学生公寓。

高校学生住宿从单体建筑到组合建筑、从功能分区到单元组团、从校内建筑扩展到校外选址建设。各高校学生公寓的建设既有行列式布局、三合院式布局,也有风车型点式布局、院落式布局,各具特色。高校学生社区选址用地、规划建筑的变迁,对社区育人的管理教育格局提出了新的挑战。

(三)独立学生社区,凸显育人功能需求

随着高校招生规模的扩大,各高校校内用地趋于紧张,为解决学生住宿问题而启用校内闲置用地、在校外选址新建学生公寓,多校区联合办学等成为各高校的常态。

2002年12月23日,闵行区人民政府、华东师范大学、上海紫江(集团)有限公司签约,共建华东师范大学闵行校区。① 2004年,复旦大学江湾校区、华东师范大学闵行校区建设启动②。同年,松江大学园区二期建设启动,秋季东华大学、华东政法学院、上海工程技术大学三所学校的首批8000名新生已入住园区。

高校建筑面积的扩大,随之而来的是学生社区逐渐远离传统意义上的教学区域。尤其是校外学生公寓、多校区办学中各校区学生社区中居住和生活功能增强,但是育人力量的建设、育人环境的建设与传统学生社区还存在一定差距,多校区学生社区育人的同频共振、独立学生社区的专门化育人力量进驻成为新时代学生社区育人面临的挑战。

三、高校学生社区空间设计中的人文关怀

随着社会主义市场经济的发展和对高素质综合人才的需求,高校教育模式改革逐渐深入学生生活社区。学生生活社区普遍作为学生学习、生活的空间,成为

---

① 上海市教育委员会.上海教育年鉴(2003)[M].上海:上海教育出版社,2003.
② 《上海年鉴》编纂委员会编.上海年鉴(2004)[M].上海:上海年鉴社,2004:296.

开展学术研讨、校园交往活动、休闲娱乐的文化场所。各高校在建设和改革高校学生社区的过程中,逐渐打破单一的住宿空间,转化为集学习、洗浴、卫生间等多功能为一体的综合空间,并且在空间设计中注重发挥人文关怀,关注学生的人性需求和实际需要,建立爱心寝室、休息室、活动室、研讨室等个性化空间,配备通讯设备、无线设备、智能洗浴、烟感报警系统等,全方位服务高校学生在社区中的学习和生活。

(一)生均住宿标准明显提升

生均住宿面积是衡量高校学生社区建设的标准之一。合理的生均住宿面积,不仅有利于学生生活住宿,也有利于学生学习和交往。舒适、宽阔的空间,也有利于学生身心健康发展。

1992年,教育部等各部门联合颁发《普通高等学校建筑规划面积指标》,指出学生宿舍的生均标准分别为本科生每人6.5平方米、硕士生每人10.5平方米。在高校后勤社会化背景下,高校学生公寓建设和改革成为高校后勤社会化改革的重点领域,高校生均住宿面积也有了较大的改善和提升。2001年颁发的《关于大学生公寓建设标准问题的若干意见》中提出,生均住宿标准为本科生每人8平方米、硕士生每人12平方米、博士生每人24平方米。建筑标准更加合理,空间设计更加符合学生生活居住需求。

(二)空间环境要素多元化

传统的学生社区、生活园区主要包括学生住宿、卫生洗浴、食堂等,功能固定,形式简单,难以满足学生的交往、研讨、心理发展等多元化需求。在空间设计上,对社区户外绿地公共空间、室内、走廊等公共空间的利用不足,未充分发挥社区空间的教育引导意义。

随着高校后勤社会化改革的深入,高校学生社区的空间设计打破原有的单一功能,空间环境要素越来越多元化,满足学生的多元化需求。各高校注重开放性、共享性,充分规划和利用学生社区中的广场空间、学生公寓入口空间、绿地、道路、景观节点等室外空间环境要素,或公示表彰先进、公开宿舍管理和楼层长信息、张贴生活注意事项、宣传院系文化活动等,充分起到思想意识引领作用。

在基本住宿和生活基础上,建设活动中心、研讨室、会议室、培训室、谈心谈话室、咖啡厅、钢琴室等,满足学生研讨、交往、艺术训练等多元化需求。国内国外多种设计风格的桌椅入场,明亮的色彩、活泼的标语、温馨的配饰等,为学生成长成才提供了温馨、舒适、人性化的公共空间。

第二节 ‖ 高校学生社区育人主体的专门化

随着改革开放和社会主义现代化建设,高等教育事业突破"瓶颈性"因素,实现高质量发展,势在必行。在高校招生政策和教师住房政策改革下,高校学生社区育人力量呈现"恢复—缺失—重建"的发展趋势。20 世纪 80 年代初期,高校教师居住在学校宿舍,与学生在学习、科研、生活上交流密切,逐渐恢复到正常的社区思想政治教育局面。随着教师住房改革,教师搬离高校学生社区,学生社区短时间内缺乏专门的社区思想政治教育力量。进入新世纪后,在教育部的政策引导下,各地各高校推进辅导员、班主任进驻学生社区,开展住宿管理和社区育人活动。高校学生社区育人力量趋于专门化。

一、修建宿舍住房,提供社区育人条件

1978 年,党的十一届三中全会召开之后,高等教育事业也进入了改革开放和社会主义现代化建设新时期。高等教育事业贯彻解放思想、实事求是的思想路线,进行全面的恢复和调整。1977 年全国恢复高考招生工作,当年录取新生 27.3 万人;1978 年录取新生 40.2 万人。1977 级学生于 1978 年春季入学,高校教学秩序逐渐步入正轨。高校学生社区的育人力量逐渐迎来恢复和发展。

此时,高校面临着住宿人员需求急速上升、住宿面积有限的现实挑战,以及学生入住后的卫生管理、安全管理、人员保障、物质设施保障等现实问题。早在 1977 年召开的科学和教育工作座谈会上,邓小平就指出要充分调动科学和教育工作者的积极性,要从实处创造条件,光是空讲不行。尤其是对于夫妻两人分居两地的

科学和教育业务骨干,要修建宿舍、分清轻重缓急,分批解决两地分居业务骨干的住宿问题。

原本师生住宿人数较少、居住规模较小、空间距离紧密,在一定程度上有利于师生交流学业科研和关心指导生活。但随着师生住宿规模的扩大,为满足师生的居住需求,高校开始各方筹措资金、修建教学楼和宿舍住房。国家教委1989年工作要点中指出,高校应将基建投资优先用于修建学生宿舍和教职工住房,争取在五年内基本改变学校生活用房的紧张状况。高校在政府和社会支持下,开始修建宿舍以满足师生居住需求。

伴随着我国市场经济体制改革和高校扩招政策的实施,全国高校后勤社会化改革工作会议连续多次召开后,给各地高校以学生宿舍的建设和改造为重点,全面推进高校后勤工作社会化改革。教育部自2001年以来多次发布关于加强高校学生住宿管理相关意见,高校住宿管理进入规范化发展阶段。

二、成立专门机构,规范社区育人机制

随着国家经济和社会的发展,学生社区的管理工作和相关问题也日益提上日程,高校学生安全和稳定关系到国家经济和社会的稳定发展,在学生管理的迫切性和现实性需求下,高校学生社区管理人员和管理职责问题亟待明确。1990年颁布的《普通高等学校学生管理规定》指出,普通高校要建立健全高校学生住宿管理制度及相关规定,要有专门的职能部门负责管理高校学生宿舍。高校学生必须遵守住宿管理相关的制度及规定。

(一)恢复成立宿舍管理专门机构

20世纪80年代,高校逐步调整管理机制,恢复成立了学生工作部(处),成立了专门从事学生宿舍管理的机构,明确了高校党政领导干部指导下的高校学生社区管理教育机制,规范党政领导干部深入宿舍,组织开展宿舍思想教育、文化活动。

(二)明确物业管理和学生管理相分开

高校学生宿舍在后勤社会化改革中,物业管理同时实行社会化改革,物业人

员在学生宿舍中的职责主要是负责餐饮、卫生、绿化、安全等工作。高校在后勤社会化改革中,逐步探索将学生管理与物业管理相区分。强调高校学生管理由高校直接负责,由高校辅导员和班主任等专门负责高校宿舍中的学生管理。明确划分高校学生社区的管理工作分为物业管理、学生管理,进一步强调在后勤社会化改革背景下,高校学生社区管理不能只做物业管理和社会化改革,要将高校学生在宿舍中的思想政治教育、行为规范管理、文化建设等纳入高校工作日常。

1991年,国家教委党组关于高等学校党政领导干部深入师生做好工作的几点意见中指出,各级各类高校的党政领导干部要经常走访师生宿舍,实地走访食堂,尤其是每个新学期开学迎接新生入学、毕业班毕业生毕业离校时、重要的节日年纪念日期间,高校各级党政领导干部要深入到宿舍、食堂,看望教师和学生,与师生亲切谈心,了解师生关心的话题和遇到的实际问题,掌握师生的思想动态,做好思想工作。

例如复旦大学的学生宿舍管理实行"院系负责、齐抓共管"的方针。由总务处负责学生宿舍公共环境、治安消防以及其他日常管理和服务工作。由学生处负责学生宿舍的思想政治工作和内务卫生工作。将物业管理和学生管理区分,并分别划归总务处、学生处管理,任务明确。

随着高校后勤社会化改革的推进,各地各高校探索出关于学生社区管理的新模式。各地各高校充分认识到学生社区的建设和改革,是高校后勤社会化的重要任务和突破点,同时是区别于课堂的"台上台下",独立于课堂之外的思想政治教育阵地。高校学生住宿管理关系到每一位学生的人身财产安全和身心成长,关系到高校的教学秩序和高等教育事业的改革和发展。

(三)改进校内校外学生公寓管理

在高校后勤社会化改革浪潮下,高校后勤社会化工作迅速开展,各地各高校探索形成新型高校后勤管理服务模式,积极筹措利用社会资金和力量,独立建设或合作建设高校学生宿舍,提供本校学生居住或多所学校学生共同居住,解决高校学生基本住宿需求,满足师生日常教学和生活。但与此同时,高校宿舍管理上的问题也日益凸显。高校学生宿舍的社会化改革,也带来了新的矛盾和问题,物业的社会化改革和管理如火如荼推进,但是对学生公寓的管理出现削弱。高校在学校周边及其他地区建设的学生宿舍,部分位于校园外,由不同年级、不同专业甚至不同学校的学生共同居住,学生住宿群体规模比较大,管理难度比较高,在学生管理上,缺乏统一有效的管理机构。部分学生在校外租房居住,缺乏学校管理,存在安全隐患。

教育部等部门高度重视,先后多次出台关于高校学生住宿管理的通知和规定,要求不同高校同时使用的学生公寓,必须由统一协同的机构进行统一管理,必须及时协调学生、物业、高校等有关单位,选派辅导员和优秀干部进驻学生宿舍,负责学生的思想品德教育、行为规范引导等,切实加强学生公寓的安全工作。

(四)建立并强化激励机制

各高校在选派干部和辅导员进驻学生公寓的同时,注重建立并强化激励机制,将优秀干部和辅导员进驻学生公寓的工作表现,作为干部和辅导员考核中的一项重要内容,进一步增强了高校辅导员进驻学生社区的积极性和主动性。

同时,各高校充分发挥学生的积极性和创造性,教育引导学生党员和学生骨干在学生宿舍、公寓开展相关工作,维持校园宿舍管理秩序,探索拓宽学生反映意见和建议的渠道和方式,维护学生在宿舍和公寓居住中的合法权益。例如20世纪90年代,浙江大学、苏州大学等学校先后制定了多项学生宿舍管理和工作条例,将学生在宿舍居住、学习、生活的情况作为每年度评奖、评优的重要依据和参考指标。直到现在,部分高校将评选为"文明宿舍"作为评选校级、省市级荣誉和奖学金的先决条件,进一步激励了高校学生在宿舍管理过程中,自觉遵守学校住宿管理规定、友善他人、互助团结,共同营造积极向上的学校住宿环境。

三、配备专职人员,增强社区育人力量

高校学生宿舍是高校学生日常居住、生活、休闲、学习的重要场所,是高校在课堂之外,对高校学生实施日常思想政治教育的重要场所。高校学生社区管理坚持管理育人、服务育人、环境育人。要明确责任、各司其职,要成立专门机构、配备

专门人员,落实相关制度和规定。各高校选派辅导员和优秀干部进驻学生宿舍,与学生同吃、同住,教育管理学生日常行为规范,加强学生宿舍管理和思想政治教育,推进学生公寓的精神文明建设。

(一)配备日常思想政治教育专职队伍

我国高校1995年德育大纲中指出,高校辅导员和班主任是高校学生日常思想政治教育的直接组织者、协调者,高校辅导员和班主任要在日常工作中,深入学生生活,做好班集体、宿舍和年级工作。各高校在学生社区教育管理过程中,逐步遴选配备优秀干部、辅导员、班主任入住学生社区,组建学生社区专业育人队伍,以及对建在校内、校外的学生宿舍,按照学生人数选派人员与学生同住,进一步明确了学生宿舍管理职责,夯实了学生社区建设管理的人员基础,保证高校学生社区的稳定发展。

1998年,北京高校学生宿舍专业委员会考察小组赴浙江大学、杭州大学、苏州大学、复旦大学、上海大学、曲阜师范大学、山东师范大学七所高校进行学生宿舍管理专题调研。浙江大学选派具有多年学生工作经验的原处级领导干部担任学生宿舍管理处处长,高比例配备高学历、高文化层次的宿舍管理干部,聘用在读研究生为学生辅导员。[①]

(二)将育人工作融入学生社区管理

教育部于2004年颁布《关于切实加强高校学生住宿管理的通知》,指出各高校要加强学生宿舍公寓的管理,并加强高校学生宿舍党建和日常思想政治教育工作,强调各高校要选派政治辅导员和优秀的干部进驻学生宿舍,做到同吃、同住,了解学生基本情况、关心学生实际生活、引导学生行为规范,密切关注学生的思想动态,教育学生正确处理与同学共同居住在寝室中产生的人际关系问题,针对学生在学生公寓中产生的各类问题,有针对性地开展思想政治教育工作。

高校辅导员、班主任等通过组织开展形式多样、生动活泼的教育活动,深入学

---

① 李林超,吕民.赴浙、苏、沪、鲁四省市7所高校学生宿舍管理考察报告[C]//北京高校后勤管理研究会学生公寓专业委员会.研究与交流——北京高校后勤学生公寓工作研究论文集.北京:首都师范大学出版社,2003:179—184.

生宿舍，关心学生身心健康、生活起居，继而做好学生的日常思想引导和教育工作。特别是通过走进学生宿舍，了解学生的饮食起居，关心家庭经济困难学生。探索建立完善辅导员、班主任、宿管人员、学生工作骨干、学生党员等密切配合的教育工作体系，引导学生充分发挥自身的积极性和创造性，加强高校学生宿舍阵地建设，开展适宜学生成长、丰富多彩的思想政治教育活动。

第三节 ‖ 高校学生社区教育管理进入制度化建设

随着社会主义市场经济的发展和高校招生规模的扩大，高校后勤社会化改革不断深入，高校学生社区住宿管理制度由传统的校院两级管理逐渐过渡到社会化的物业管理制。高校学生社区的生活服务、安全保卫等职能逐渐从高校管理中脱离。高校学生社区逐渐发展为"在住学生—物业管理—思政队伍"三者共存的生态局面。"重物业管理、轻学生管理"成为后勤社会化改革极速推进中的问题之一。各地各高校探索学生社区管理新模式的同时，出台相关的制度和规定，不断推进高校学生社区住宿管理进一步制度化、科学化、规范化。

一、高校学生社区住宿管理进一步规范

改革开放后，随着我国高等教育事业的发展，教育部出台了针对高校学生管理、学生行为准则、校园秩序管理的相关规定，其中对高校学生在宿舍和公寓住宿的相关行为和管理，起到了指导性的作用。

（一）改革开放初期的学生住宿管理和行为准则

改革开放初期，1990年出台的《普通高等学校学生管理规定》中指出，图书馆、教室、宿舍等是学生学习、生活的场所，其设备是国有财产，高校学生有责任、有义务对其进行爱惜和维护。高校要建立健全学生住宿管理制度，设立专门的机构和部门进行管理。高校学生应当遵守学生住宿相关规定，未经允许，不得留宿校外

人员。该规定指明了高校学生宿舍的财产所有属性,明确了各级各类高校学生都应遵守基本宿舍管理制度,不得留宿外人,保障高校学生宿舍和公寓的安全工作。

关于高校学生在宿舍和公寓居住过程中的日常行为规范,改革开放初期的《高等学校学生行为准则(试行)》(1989年)指出,高校学生在宿舍居住中要遵守宿舍管理相关规定,按时熄灯就寝,不得影响他人学习生活、不得损毁私拆设备、不得留宿他人。1990年《高等学校校园秩序管理若干规定》中指出,高校学生不得留宿校外人员,如遇特殊情况确需留宿,须做到住宿离宿登记。上述行为准则和管理规定的出台,教育引导学生遵守宿舍管理的基本规定,不得留宿他人,保护宿舍内财产安全,不得影响他人学习和休息等,保证了改革开放初期高校恢复招生工作后,住宿管理的平稳恢复和建设,保证了高等教育事业的平稳发展。

(二)21世纪初期的住宿管理规范

21世纪初期,在高校后勤社会化改革不断推进之下,教育部先后四次召开全国高等学校后勤社会化改革专题会议。高校学生公寓作为高校后勤社会化改革的突破点和重点,物业管理和服务的社会化改革成效显著。对比之下,高校在住学生人数和规模快速上升的背景下,学生管理和教育的问题也逐渐凸显,管理薄弱的问题显现,管理职责、管理人员、管理监督等问题亟需明晰和解决。

自2002年起,教育部连续颁布多项住宿管理规定及通知,以切实加强学生住宿管理、学生宿舍文明建设管理、学生宿舍安全管理,加强学生宿舍进行思想政治教育的阵地作用,建立健全有效监督机制,继续推进思想政治教育进公寓,维护社会稳定和高等教育事业发展大局。

为进一步加快高校后勤社会化改革,为高等教育事业的发展和创新创造有利条件,保证高校学生宿舍和公寓的改革和发展,坚持科学、合理、经济、适用的建设原则,教育部组织力量进行反复研究,结合当时的国情、社情和高等教育事业发展的需要,在2001年提出了大学生公寓建设的标准,提出要通过社会化的方式,争取实现"四二一"目标(本科生四人一间、硕士生两人一间、博士生一人一间)的建筑标准,并对生均建筑面积提出了详细的要求。按照经济和效益的要求,为了降低造价、便于建设管理,针对阳台、浴室、盥洗室上下两层布局等方面提出了基本要求,为此后很长一段时间的学生公寓社会化改革和建筑规划,提供了基础的标准。

21世纪初期,高校招生规模的不断扩大和后勤社会化改革的迅速推进过程中,高校学生住宿管理也出现了新的问题和挑战。例如各地各高校在学校周边或其他地区建设的学生公寓,大多位于校外,由多所学校学生共同居住,或由不同年级、不同专业的学生共同使用,学生住宿规模较大,住宿管理和教育工作相对薄弱。自2002年起,教育部联合各地各高校,明确规定由几所高校共同居住使用的学生公寓,要由统一机构进行协同管理,处理好学生、高校、物业之间的关系。同时,加强监督管理,畅通学生反映意见和要求的渠道,及时解决学生问题、维护学生权益。同时,原则上不允许高校学生自行在校外住宿,特别是租房住宿。对已经在校外租房居住的学生,辅导员应当教育引导此类学生回到校内住宿。若学生坚持在校外住宿,应当向学生说明相关利弊,并且详细登记相关信息和做好备案工作,切实加强学生在校外住宿的管理,决不能在住宿管理上留有空白,做好学生教育管理工作。

高校后勤社会化改革过程中,高校学生宿舍和公寓管理从计划经济体制走向市场经济体制。教育部等部门多次出台相关文件和规定,要求加强学生公寓收费和服务管理工作,警惕出现依靠提高学生住宿收费标准以获取经济利益,来推动高校学生宿舍改革和建设的错误倾向,要求各地各高校防范违法违规乱收费的情况。各地各高校应当严格执行高校学生住宿收费标准,依法依规制定相关合同、公开相关信息,自觉接受监督。

二、高校学生社区文化建设持续增强

国家教委于1990年颁布《高等学校秩序管理若干规定》,该规定明确了高校校园秩序管理的目的、校园的进入、采访、交流、住宿、宣传等内容,进一步规范了高校学生社区的文明宣传建设。2004年颁布的《关于加强和改进高等学校校园文化建设的意见》(教社政〔2004〕16号),进一步明确了校园文化建设的总体要求,各高校要扎实推进校园文化建设，充分发挥学生宿舍在校园文化建设中的重要作用，确保校园文化的正确发展方向。

（一）志愿服务文化

高校学生宿舍作为高校学生居住生活的场所，高校学生是学生生活园区中的主体力量，在数量上占有绝对比例。为营造积极温馨的校园环境，加强学生宿舍的管理服务，各级各高校注重发挥学生的主体性和积极性，教育引导学生以主人翁的意识参与学生社区管理和服务。上海对外贸易学院（现上海对外经贸大学）《营造服务文化，建设大学生新型社区——建立全国高校第一个大学生居民委员会》曾荣获2007年高校校园文化建设优秀成果评选优秀奖。成立于2005年的大学生居委会"方松街道贸院居委会"是全国高校中第一个按国家法律规定的程序和模式建立、由学生直选产生的学生社区自治组织始终致力于引导学生进行自我管理、自我服务、自我教育、自我感悟，打造志愿者特色文化，培养学生宽容、诚信、友爱、自律的意识。

（二）学风道德文化

高校学生社区不仅是学生住宿生活的场所，在行政班级概念弱化的情况下，逐渐成为学生学习、交流、研讨的场所。各地高校也在探索结合学校专业特色和人才培养模式，打造学生社区特色文化活动，培养学生热爱生活、崇尚科学、追求卓越的精神。北京交通大学在学生社区设立研究生创新活动中心，将科研创新活动搬进研究生公寓内，共设立了27间学术活动室，供研究生进行学术创新研讨活动。学术活动室经常以读书会、辩论会、研讨会、学术论坛等形式开展丰富多彩的学术创新活动，其便利性深受社区学生欢迎，提升了在校学生参与社区建设的积极性和创造性。

随着改革开放和社会主义市场经济体制的深化，高校后勤社会化管理制度改革以学生公寓建设为重点，推动了高校学生社区的管理模式、服务模式改革，温馨、和谐的居住环境，社区功能多元化的发展，为高等教育事业的快速发展提供了基础条件和坚实保障。高校党委领导下的辅导员、班主任等育人力量充分发挥育人职责,推动高校学生社区育人管理进一步制度化、规范化。

进入中国特色社会主义新时代,高校考试招生制度改革、实施"大类培养"等举措打破了传统的教育教学模式,为高校社区育人工作带来了新的挑战和机遇。各高校坚持立德树人根本任务,构建"三全育人"大格局,推进"一站式"学生社区综合管理模式创新发展。

附 录

表 3-1　21 世纪初期教育部住宿管理文件

序号	年份	名　称
1	2001 年	教发〔2001〕12 号《关于大学生公寓建设标准问题的若干意见》
2	2002 年	教发〔2002〕6 号《关于进一步加强高等学校学生公寓管理的若干意见》
3	2004 年	教社政〔2004〕6 号《关于切实加强高校学生住宿管理的通知》
4	2005 年	教社政厅〔2005〕4 号《关于进一步加强高校学生住宿管理的通知》
5	2007 年	教思政厅〔2007〕4 号《关于进一步做好高校学生住宿管理的通知》

第四章　中国特色社会主义新时代高校学生社区育人的基本经验

党的十八大以来,习近平总书记高度重视高校思想政治工作和青年人才工作,强调高校思想政治工作要"围绕学生、关照学生、服务学生"。近年来随着高校考试招生制度改革,高校探索实施"大类培养",传统的行政班级管理模式受到挑战,行政班级的概念逐渐弱化。

学生社区作为学生集中住宿的场所,是完善高校基层党建组织体系、开展党员教育管理服务的重要阵地,是落实"三全育人"的重要实践园地。2019年,教育部启动了"一站式"学生社区综合管理模式建设工作,发布《关于开展"一站式"学生社区综合管理模式建设试点工作的通知》,明确在首批10所高校进行试点;2020年,教育部等八部门印发了《关于加快构建高校思想政治工作体系的意见》,明确要求"将园区打造成集学生思想教育、师生交流、文化活动、生活服务于一体的教育生活园地";2021年,教育部印发《关于深化"一站式"学生社区综合管理模式建设试点工作的通知》,明确新增21所试点高校,力求打造高校版的"枫桥经验";2022年,教育部将"一站式"学生社区综合管理模式建设列入年度工作要点,教育部等十部门印发《全面推进"大思政课"建设的工作方案》,要求拓展工作格局,持续扩大"一站式"学生社区综合管理模式建设试点;2023年,教育部召开"一站式"工作推进会,优化《高校"一站式"学生社区综合管理模式建设工作指南》。高校"一站式"学生社区建设,以习近平新时代中国特色社会主义思想为指导,着眼于后继有人的政治高度,以党建为引领,扎实推进"三全育人",提升技术赋能社区建设,服务学生成长成才。

高校"一站式"学生社区是依托书院、宿舍等学生生活园区的聚集空间,紧紧围绕立德树人根本任务,以学生成长成才为中心,探索教育模式、管理模式、服务模式、组织模式的改革创新。随着"一站式"学生社区建设的推进,学生社区在党建引领、资源下沉、队伍进驻、学生参与、空间优化、技术赋能、制度保障等要素上呈现规范性、制度性、系统性的发展。

第一节 ‖ 高校学生社区育人的背景

高校"一站式"学生社区育人,是新时代高校人才培养工作的重要探索和实践,是培养德智体美劳全面发展的社会主义建设者和接班人的重要举措。随着高校考试招生制度改革、"大类培养"等教育教学改革的实施,学生班级的功能逐渐弱化,学生社区的功能和地位日益凸显,要不断加强和完善学生社区的党建引领和价值引领,健全思想政治教育工作体系,将党的建设与人才培养工作相融合,落实立德树人根本任务。

一、考试招生制度改革的深化

为进一步适应高校考试招生制度改革的新形势,培养宽口径、厚基础的人才,2014年,为深入贯彻落实党的十八届三中全会关于推进考试招生制度改革的相关要求,提高高校选拔水平、促进社会教育公平,国务院颁布了《国务院关于深化考试招生制度改革实施意见》(国发〔2014〕35号),针对科目改革、录取方式等提出了新的改革实施意见,在上海、浙江两地先行开展改革试点,在高考录取时,取消录取批次,实行专业或专业大类的投档模式。

各高校推行"大类招生""大类培养""学分制"等改革,如人文学科类、社会科学类、自然科学类等,打破传统的行政班级教学和建制管理形式,学生在低年级阶段主要学习通识课程、跨学科课程等,后依据学生专业兴趣和成长需求,在大类平台下,分流到不同学院和专业进行学习。

传统的行政班级模式及教育管理随之弱化,依据行政班级对学生开展一致的思想政治教育工作面临更多的挑战。依据学院、专业和班级集中住宿的学生社区，逐渐成为学生最经常、最稳定、最紧密的教育场所。高校学生社区的学习、生活等管理服务职能在科技赋能下，为学生的成长发展和学习生活提供了更为便利的条件，服务学生在学生社区进行科研创新交流、文体艺术活动、交友休闲等。进入中国特色社会主义新时代，高校学生社区逐渐成为高校育人的崭新场域。

二、新时期高校党建工作的必然要求

随着高校招生考试改革、人才培养工作改革的深入，传统的行政班级概念弱化，出现同班不同学、同学不同班的情况。传统行政班级作为高校基层党建的落实基点，变得不够牢固和紧密。高校学生社区作为学生住宿、学习、交流的空间，具有紧密性、集中性的特点，高校基层党建和思想政治教育工作者在学生社区开展党员教育、理论学习、社区建设等工作中，构建起"纵到底、横到边、全覆盖"的格局。高校学生社区逐渐成为教学课堂之外培养时代新人的崭新场域，成为高校党建工作的重要阵地。

（一）推进高校党建与人才培养深度融合

高校承担人才培养、科学研究、文化传承、社会服务等职能，人才培养是高校的根本任务，人才培养水平是衡量高校办学治校的重要标准。新时代高校深化人才培养制度改革，改革传统的教育教学管理模式，实行大类招生、通识教育培养等，传统的行政班级弱化，同院系、同专业的学生集中起来相对比较困难，对高校基层党建工作提出了新的挑战。

高校通常采用住宿制度，学生集中住宿，课堂之外的交流稳定、集中、紧密，就社区建设和管理自发形成学生组织，经常性开展文化宣传活动。高校党团组织进入学生社区，融入学生住宿、用餐、休闲、生活，开展各类形式的党员团员教育管理，及时发现、切实解决高校学生的实际困难，引导学生成长成才，为高校人才培养、教育事业的改革发展稳定提供坚强的政治保证、组织保证、思想保证。

(二) 健全高校基层党建组织体系

在高校大类招生和通识教育的背景下,依据专业、院系等设置学生党支部,面临人员变动、接续培养等问题。高校学生社区作为学生在校期间最基本、最稳固、最集聚的场所,依托学生社区建立党组织,贴近学生生活实际,在召开组织生活会、发展考察党员上具有显著优势。高校普遍设立了社区党工委、楼宇党支部、学院或者学科专业的党小组,进一步完善了学生党员网格化的管理体系,让党的组织在学生社区工作中发挥战斗堡垒作用。

自2012年起试行《全国大学生思想政治教育工作测评体系(试行)》(教思政〔2012〕2号),将"定期开展学生宿舍及生活园区文化活动;建有专门的学生活动用房,有完善的活动设施并得到充分利用;学生宿舍楼或生活园区设有学生党团活动室"等纳入课堂外思想政治教育等一级测评指标。各高校近年来注重选拔优秀的干部和辅导员进驻学生社区。干部和辅导员作为党性强、业务精、有威信、肯奉献的育人主体,在学生社区开展党员教育和管理,有利于切实防范意识形态风险,织密高校党建基层组织体系,维护学校安全稳定。

(三) 深化高校党员教育管理工作

学生社区作为学生经常性、集中性的空间,是学习研讨、互动交往、休闲娱乐的重要场所。随着高校学生社区的功能多元化,高校学生在学生社区的实际时间逐渐上升,下沉社区开展文化实践活动、参加心理访谈、进行学术研讨、组织志愿服务等课堂学习之外的日常思想政治教育逐渐完善、丰富,有利于近距离观察学生的日常行为和生活态度。在培养和考察学生党员的过程中,了解学生党员亮身份、做表率、比贡献、长才干的示范作用,将学生在社区的实际表现作为学生党员入口的重要内容。

例如,清华大学组织教工党员深度参与社区学生入党积极分子的培养,注重在社区开展党员发展、考察、教育工作。西安外事学院推动党员理论教育、考评推优、活动开展、服务群众等四道手续,将党员理论与教育、考评推优、服务群众等组织工作下沉到学生社区一线。

三、新时期思想政治教育工作的要求

高校依托书院、宿舍等学生社区,探索开展社区学生组织、学生自主管理模式改革,把校院领导力量、管理力量、服务力量、思政力量压到教育管理服务学生一线,学生社区成为开展思想教育、进行师生交流、组织文化活动、满足学生生活需要的场所。

(一)创新育人形式

随着高校大类招生和通识教育的改革深化,传统的课堂教学模式由于教学时间的限制,学生同班不同学、同学不同班,任课教师在课堂之外与学生的交流日渐减少。部分高校教师办公条件不足以满足师生交流的需求。

高校学生社区作为学生日常居住的场所,其交流、研讨的功能逐渐多元化。近年来高校在学生社区建设优化的过程中,建设会议室、培训室、谈心谈话室等,配备桌椅、陈列书籍,为课堂之外的思想教育、专业教育、职业生涯教育提供了基础条件。

(二)拓展育人载体

从教学区到住宿区、从教学楼到宿舍楼、从课堂到宿舍、从课内到课外,学生社区在思想教育、文化实践教育上的育人优势日益凸显。高校在学生社区,依托餐厅、生活垃圾站、门诊或校医院、绿植养护等丰富而生动的育人元素,开展节约粮食、垃圾分类、艾滋病防治、植树节劳动教育等,教育引导学生践行社会主义核心价值观。

高校学生社区是学生、辅导员、宿舍管理员、餐饮服务员、环境保洁员、安全保卫员、水电管理员等人员集聚地,关心关怀学生成长,形成育人合力,实现全员参与,做好全程服务,提供全方位保障,让学生在学生社区中强化理想信念教育、爱国主义教育、社会主义核心价值观教育、劳动教育。

(三)丰富育人内涵

学生参与是学生社区治理的重要内容,学生社区是学生进行自我管理、自我教育、自我服务、自我监督的重要场所。高校学生在学生社区的居住人群中占有绝对数量优势,对学生社区的建设拥有极大发言权。在实践过程中,各高校探索依据楼宇建设楼层长,以楼层长为代表收集社区在住学生的意见和建议,充分发挥学生的主人翁精神,参与学校决策和事务管理。

要发挥学生在学生社区中的主体性作用,建立健全学生参与的工作机制,丰富育人内涵。激发学生的主观能动性,完善学生组织,强化朋辈的榜样作用,让学生在社区中乐于参与、勤于探索、敢于创新、勇于挑战,搭建学生成长成才平台。

第二节 ‖ 高校学生社区育人的模式创新

高校"一站式"学生社区建设是时代发展的要求,是高校思想政治工作改革创新的重要举措。高校学生社区承载着重要的育人功能,以服务学生成长成才为目标,是开展思想政治教育的重要空间,是意识形态工作的前沿阵地。高校学生社区建设要主动识变应变求变,不断拓展社区功能、延展育人空间,强化党建引领,落实立德树人的时代要求,推动"三全育人"形成新格局,实现学生教育管理服务的升级创新。

一、注重党建引领,打造党建前沿

高校学生社区是学生学习、生活、交往、休闲的重要场所。由于物理空间的集聚性优势,高校学生社区成为学生交流研讨、共同成长的重要场所。新形势下高校探索将学生社区打造成为党的建设前沿阵地,是从根本上落实立德树人的需要,是推动高校基层党组织治理体系和治理能力现代化的重要途径,是落实"三全育人"、推动新时代高校党的建设创新性发展的重要措施。

高校在学生社区建设中贯彻党建引领,从物理空间、社会空间入手打造党建社区。在学生社区中以楼宇、楼层为单位设立党支部、党小组,挂牌党员活动室、党员宿舍,将社区党组织与院系党组织联合共建,共同开展政治理论学习、党员教育发展,充分发挥党员先锋模范作用,教育引导学生党员在社区活动中亮身份,在关键时刻冲锋在前。

例如,清华大学组织教工党员深度参与社区学生入党积极分子培养,5个强基书院共有166名书院导师和144名校机关教师担任学生入党积极分子联系人。浙江大学强化思想政治教育队伍进驻学生社区,推动校领导、机关干部、专业课教师和省新四军历史研究会等"五老"资源,积极参与学生社区育人,完成"党委—党支部—党小组—党章学习小组—宿舍"工作链条,筑牢学生党史学习教育的组织基础。

二、落实立德树人,实践"三全育人"

习近平总书记在全国高校思想政治工作会议上指出,要坚持把立德树人作为中心环节,把思想政治工作贯穿教育教学全过程,实现全过程育人、全方位育人,努力开创我国高等教育事业发展的新局面。"三全育人"即全员育人、全过程育人、全方位育人,将思想政治教育工作贯穿到教育教学各个环节。

高校学生社区在改革发展过程中,逐渐形成高校党委领导、学生工作部和院系共同管理、后勤保障等有关部门各负其责的格局。随着各高校选派辅导员和优秀干部进驻学生社区以及学生参与的兴起,高校学生社区成为实践"全员育人"的重要场所,构建起高校学生社区全员育人工作体系。从新生入住的第一站到毕业生离校的最后一站,从绿植养护、寝室整洁,到党建交流、学术研讨,多方教育力量在高校学生社区共同形成"全过程"实践育人体系。学校、教师、学生、后勤管理等多个主体协同联动,共同营造高校学生社区学习环境、生活环境、交往环境,将思想政治教育"全方位"渗透到学生社区的各个环节、各个角落。

北京、上海等地作为首批全国"三全育人"综合改革试点区,探索"三全育人"综合改革工作,将"三全育人"工作与"一站式"学生社区试点工作深度融合。上海交通大学在"一站式"学生社区网格化管理模式基础上,在新冠肺炎疫情防控期间,探索"平战结合"的常态化防控社区运行模式。北京邮电大学依托"德育铸魂"

"智育固本""体育强身""美育润心""劳动淬炼"工程,践行学生社区"五育并举"育人理念。

三、技术服务社区,创新智慧服务

伴随我国信息技术的发展与普及,高校学生社区管理服务工作适应信息化发展,逐步推进物联网、大数据、人工智能等现代技术,贯彻数字化发展战略,推进智慧校园、智慧社区、智慧服务建设,推动高校学生社区思政、管理、服务工作数字化、智能化,充分利用数字技术和网络资源推进学生社区思想价值引领工作,预警和防范安全隐患,进一步完善精准思政工作体系。2018年,国家标准化管理委员会发布了《智慧校园整体框架》,对校园生活服务、校园安全服务、运维保障服务等提出了框架性建议,为智慧校园、智慧社区的建设提出了清晰的指导意见。

复旦大学作为上海第一批教育信息化应用标杆培育学校,积极探索信息时代教育数字化转型路径,整合优化治理能效,积极助力教育协作,形成合作共建生态。浙江大学针对学生"数字孪生"成长特点,着力破解传统教育空间壁垒,拓展线上思想政治教育场域,强化云端价值塑造功能,推进学生全面发展;深化校内纪念场馆线上育人内涵,推进"三全育人"平台(ETA平台)建设,打造"智能决策支持中心",探索构建以学生成长为中心、覆盖一二三四课堂和德智体美劳五个发展维度的个人画像,日均查询访问量超3 000人次,助力学生全面成长。

四、构筑安全底线,建设平安校园

平安校园是国家安全工作不可或缺的一部分。近年来随着意识形态工作争夺战愈演愈烈,高校在学生社区建设中积极探索平安校园建设新模式,加强"宿舍—楼层—楼宇—驻楼辅导员—院系—学校"网格化管理,形成及时预警、及时掌握、及时联动、及时上报的协同联动、全方位平安校园管理体系,强调重大节日纪念日值班巡视,注重宣传国家安全教育、生命安全教育、交通安全教育、法律法规教育、心理健康教育等,将高校学生社区打造为落实国家安全观的样板和高地,成为新时代高校版"枫桥经验"。

西安交通大学建立学工系统大数据分析平台,加大校园内外涉稳信息收集,及时预警和干预学生行为异常、学业发展异常,早发现、早预警、早处置潜在问题。中山大学充分结合广州、深圳、珠海三校区五校园办学实际,依托学生社区安保中心与属地各级公安、国安部门建立了高效顺畅的联动机制,在开学季、国家安全教育日等节点,属地公安干警主动走进社区,开展形式多样的安全教育活动,警校协同为学生社区安全保驾护航。

第三节 ‖ 高校学生社区育人的要素

党的十八大以来,高校思想政治工作坚持立德树人根本任务,坚持马克思主义在意识形态领域的指导地位,巩固全党全国人民团结奋斗的共同思想基础。高校思想政治工作自觉担当培育时代新人、凝聚人民力量、繁荣中国特色社会主义文化的职责使命,坚持遵循思想政治工作规律、遵循学生成长成才需求,推动新时代高校思想政治工作创新发展。高校学生社区作为思想政治教育的崭新场域,将各类育人资源汇聚到学生身边,融入到学生社区育人的各要素中。

一、基础要素

(一)价值引领

高校学生社区建设坚持以习近平新时代中国特色社会主义思想为指导,着眼于培养后继有人的政治高度。新时代高校思想政治工作要着眼于新形势、聚焦于新情况,要充分结合学生的思想特点、生活习惯,有针对性地开展思想政治教育工作,提升思想政治教育的实效性。

高校思想政治工作者、基层党建工作者等人员进驻学生社区,与教师队伍、后勤管理人员等形成协同育人合力,针对社区在住学生开展理想信念教育、爱国主义教育、社会主义核心价值观教育,通过设置社区楼宇党支部、物理空间布局、文化上墙、实践活动、志愿服务等多种形式,深入社区学生的吃、穿、住、学、玩等,创新育人工作方式,完善社区育人体制,强化价值引领入耳、入脑、入心。

(二)空间建构

随着社会主义市场经济的发展,国家的综合国力日益提升,高校办学条件逐渐提升。高校学生社区逐渐与教学区域分离,成为单独的住宿楼宇或住宿园区。部分高校院系调整和招生规模的扩大,使学生社区逐渐成为校外独立的生活区域。

生活园区中的建筑楼宇、景观节点、亭台走廊、绿植花卉、数字信息宣传版面,以及逐渐兴起完善的自习室、座谈室、展览室、会议室、培训室、心理咨询室、咖啡厅等物理空间场景,成为新时代社区育人的重要载体。高校学生社区将学生思想政治教育贯穿于"十大育人"工作体系和内容中,推动优质育人资源下沉学生社区,为学生提供精细化、差异化、多样化的育人资源,实现思想政治教育深入实处、深入细处。

二、人员要素

(一)队伍进驻

近年来,高校选拔辅导员和班主任等入驻学生社区,与学生同吃、同住、同学,以党建为引领,下沉学生社区开展思想政治教育工作,及时发现学生问题、及时聚集各方力量帮助解决学生问题、引领学生成长成才,与学生同频率、同场域、同成长。同时将辅导员、班主任等入驻学生社区的工作表现纳入考核激励体制,全面落实保障入驻工作,维护和谐平安校园建设。

高校"一站式"学生社区建设作为践行"三全育人"的探索创新,高校逐渐将基层党建工作、心理健康教育、后勤服务保障、劳动教育、学业就业指导、志愿服务等人员引入学生社区育人队伍,形成全员、全过程、全方位育人,实现多元协同育人,为学生健康成长保驾护航。

(二) 学生参与

高校学生作为社区的主要居住人员,是参与学生社区治理的重要力量。高校学生社区建设要充分发挥学生的主人翁意识,推动学生自我教育、自我管理、自我服务、自我监督。

学生参与学生社区治理,激活学生社区治理内在动力,形成共识、共治、共享理念,容易产生情感认同、价值认同,实现思想共鸣。学生在深度参与的过程中,能及时发现、反馈、解决学生社区治理中出现的问题,增强学生的意识和能力。高校要搭建学生社区事务参与治理平台,构建群策群力的管理模式,营造学生社区温馨和谐的育人环境。

三、保障要素

(一) 技术支撑

信息化、智能化、数字化不断促进学生社区治理体系和治理能力的现代化,高校通过现代信息技术赋能学生社区建设。从学生入学之时,采集和分析学生基本信息,用智能出入门禁、洗浴设备、用餐点餐等助力温馨校园生活,打造"一站式"就业学业、心理健康教育、教学辅助、生活服务等数据平台,为学生的校园生活提供了便利。

数字化、智能化为学生社区的智慧化提供了支撑保障,高校学生社区要以数字化赋能学生社区建设,打造智慧学生社区,以精准服务更好地满足学生成长成才需求。建立智慧学生社区教育服务管理平台,实现入学、教学、管理、离校等事务的"一站式"服务。加强多方育人力量的智慧协同、智慧安防,形成现代化信息技术网络格局。

(二) 制度保障

制度是高校学生社区建设的科学化、规范化、系统化的基础性保障,是学生社区建设保持持久性的根本。为确保高校学生社区育人工作取得实效,教育部门和各高校制定了关于推进"一站式"学生社区建设的相关政策、建设指标和实施意见等系列制度,确保高校学生社区建设的科学布局、整体推进。

高校学生社区建设坚持党的领导,形成学校党委统一领导,成立专门的管理机构,党政群部门齐抓共管、各部门各司其职、社会资源大力支持的良好局面。推进学生社区建设的科学发展,切实加强学生社区的制度建设,还应进一步探索长效工作机制,明确目标责任、注重整合资源、强化评价评估,确保学生社区空间优化、队伍协同、资源下沉的可持续、可执行、可参考。

高校"一站式"学生社区建设是新时代高校贯彻落实习近平新时代中国特色社会主义思想的生动实践,是坚持社会主义办学方向的创新举措,是完善高校党建和思想政治教育工作的重要阵地。高校学生社区建设着眼于党和人民的事业后继有人的政治高度,推进高校思想政治工作和党的建设,使其更有亲和力和针对性,切实把解决实际问题和解决思想问题结合起来,准确把握学生的共性问题和个性问题,帮助学生健康成长。

高校学生社区育人在党建引领、力量下沉、文化建设、安全稳定、空间拓展等方面开展了多层次、宽领域的实践探索,坚持以马克思主义为指导,坚持党的领导,以学生成长成才为中心,利用数字化技术赋能社区建设,不断推进学生社区育人的改革创新,培养德智体美劳全面发展的时代新人。

第二篇

新时代高校"一站式"学生社区育人的实践探索

高校进行"一站式"学生社区打造,将其作为育人的重要阵地,是落实立德树人根本任务、推进教育高质量发展的生动实践。在高校"一站式"学生社区从首批试点、深化探索到扩大覆盖、全面推进的拓展态势下,新时代别开生面的高校育人图景正在徐徐展开,更丰富的资源、更多样的平台、更活跃的主体在学生社区这一场域上演着精彩的故事。在这场全员全过程全方位参与的育人行动中,理论构想在实践探索中被运用、检验和进一步完善,并逐步形成一批可复制、可推广的新时代高校思想政治工作模式、育人经验、精品工程,大大提升了党建引领学校基层治理水平和育人成效。

本篇章将围绕新时代高校"一站式"学生社区育人的具体举措展开,结合历史发展积淀的有效经验和时代产生的全新要求,就高校"一站式"学生社区描绘真实现状,挖掘特色做法,剖析现存问题,提出针对策略,并结合各高校鲜明案例进行分析,以期更好、更深入地推行高校"一站式"学生社区育人工作有效开展。在具体实施过程中,多措并举、提质增效,党建引领明确发展方向,队伍协同凝聚专业力量,学生参与激发主体效应,同时发挥学生社区物质空间和精神空间的双重作用,注重学生心理健康教育和社区文化建设,充分利用社区空间营造多元同频共生的场所,并在数字化技术的赋能下促进学生社区的教育、管理和服务,探索高校"一站式"学生社区育人的创新功能和实践价值。

第五章　新时代高校"一站式"学生社区育人中的党建引领

自 2019 年教育部实施高校"一站式"学生社区综合管理模式的建设试点工作以来，各高校以党建为引领，在学生社区积极探索思想政治教育工作的创新路径。面对新时代育人工作的机遇和挑战，高校"一站式"学生社区的管理和服务围绕深入学习贯彻习近平总书记关于教育的重要论述展开，已成为提升新时代高校党建和思想政治工作系统化、规范化、精细化水平的重要改革举措。

学生党建工作是高校深化"三全育人"理念的重要抓手，正不断深入学生社区，积极推进高校基层党建工作和大学生思想政治教育高效率高质量发展。在充分认识新时代高校党建引领"一站式"学生社区建设的内在要求的基础上，通过分析其现存问题，进一步探讨创新高校学生社区党建工作的实践路径，将党的政治优势、组织优势转换为学生社区的治理优势、建设优势，有利于加快构建高校学生社区党建工作模式的新格局，切实提升高校学生社区党建育人工作的实效性。

第一节 ‖ 高校学生社区育人中党建引领的内在要求

党建引领高校"一站式"学生社区育人，既是高校加强党的建设的历史必然，也符合高校进行思想政治教育创新的现实要求。在高校"一站式"学生社区中，党建引领遵循实现立德树人根本任务的目标价值、将党组织建成战斗堡垒的时代意义和人才培养的现实需求。在党组织明确的行动指导下探索师生进驻园区开展工作，能够更充分地发挥学生社区育人阵地作用，形成引领效应，让党的理论和思想政治教育理念真正在学生群体中入耳、入脑、入心、入行。

一、遵循高校实现立德树人根本任务的目标价值

党建引领高校学生社区深入落实立德树人根本任务，提升学生的政治素养和政治水平。党的十八大以来，以习近平同志为核心的党中央高度重视高校党的建设和思想政治教育建设，一系列重要论述深刻阐明了加强高校党建工作和思想政治教育工作的方向性、根本性问题。新时代高校以目标为导向，贯彻落实《中国共产党普通高等学校基层组织工作条例》，紧扣立德树人根本任务，扎实推进党的建设和思想政治工作，努力培养全面发展的社会主义合格建设者和可靠接班人。

高校学生社区中的党建引领要遵循推动新时代高校思想政治工作守正创新的内在逻辑，坚持用习近平新时代中国特色社会主义思想铸魂育人，健全高校立德树人落实机制。高校党建工作和思想政治教育工作要全面准确把握社会发展形态，国际思潮的动荡碰撞和多元文化交锋融合的势态日益严峻，高校基本的班级管理单位和建制方式受到挑战，学生社区成为学生交流互动更加频繁、凝聚合作更加稳定、情感释放更加容易的场所，并对学生的世界观、人生观和价值观的形成产生自然而深远的影响。"一站式"学生社区综合管理模式建设试点工作作为全国高校党建重点推进的十项任务之一，以实现立德树人根本任务为指引，将党建工作的内涵和形式落实到学生基层单位，生动践行党的群众路线，形成示范效应和辐射作用。

二、遵循高校将党组织建成战斗堡垒的时代意义

党建引领高校学生社区打造基层战斗堡垒，强化学生的责任担当和集体意识。高校党的建设在马克思主义建党理论的指导下运行，具体内容随着时代的发展有所变化，但始终是党的性质、指导思想、纲领路线、宗旨使命的具体体现。百余年来中国共产党的峥嵘岁月和奋斗历程，为新时代高等教育创造重要成就提供丰富的经验启示。高校作为铸魂育人的主阵地，更需要不断强化党建工作，以此

保障社会主义性质的本色,提质学生的思想政治教育,推动优良校风和文化氛围的形成。

党的历史发展告诉我们,只要每个基层党组织和每名共产党员坚定初心信念,勇担责任使命,就能凝聚战斗堡垒的强大力量,我们距离中国梦的实现就更进一步。党的二十大报告也提到,"推进以党建引领基层治理,持续整顿软弱涣散基层党组织,把基层党组织建设成为有效实现党的领导的坚强战斗堡垒"。① 高校学生社区打破了空间上的隔阂以及院系年级的界限,能够充分汇聚学生群体、全面反映学生状态,成为青年学生发挥团队协同作用的主要场地。为了进一步健全高校党组织体系,强化基层党组织的战斗堡垒作用,需要让党的领导和建设深入学生社区一线,在实际行动中发挥学生社区党组织育人功能,这不仅是坚持党对教育事业的全面领导,也是践行党的群众路线的生动实践。将政策制度的顶层设计和培育时代新人的教育使命植入学生社区,着力构建学生社区党建工作新格局,进一步完善学生社区党组织育人体系,是推动党和国家教育事业铸就更大辉煌的应有之义。

三、遵循高校思想政治教育培养人才的现实需求

党建引领高校学生社区挖掘育人效应,提高学生的思想觉悟和综合素养。高校党建工作和大学生思想政治教育工作深度融合的路径不断拓展,逐渐形成汇聚到学生社区进一步创新建设的势态。"人的需要是思想政治教育的逻辑起点。"②学生社区是进行学生思想引领、教育管理的重要场所,也是高校把握意识形态工作主导权和话语权,筑牢意识形态思想防线的重要阵地。因此,将学生社区这一学生学习生活最基层的单元纳入党的建设和思想政治工作领域,意义重大。

---

① 习近平.高举中国特色社会主义伟大旗帜 为全面建设社会主义现代化国家而团结奋斗——在中国共产党第二十次全国代表大会上的报告[M].北京:人民出版社,2022:67.
② 冯刚,等.新时代高校思想政治教育学原理[M].北京:人民出版社,2021:102.

2021年,新修订的《中国共产党普通高等学校基层组织工作条例》指出:"可以依托重大项目组、科研平台或者学生社区等设置师生党支部",这为高校在学生社区设置党的基层组织提供了政策制度支持。推进党建工作延伸至社区、楼宇、宿舍,通过主题教育、党团活动、志愿服务等主要形式,以及在学生社区常态化、制度化、规范化开展"三会一课"、主题党日等组织生活,在实践中增强学生党员的责任意识和服务意识,实现对学生的思想引领。同时,依托党建工作站完善党员网格化管理、党支部帮扶、结对共建等工作体系,进一步激发基层党建活力。

第二节 ‖ 高校学生社区育人中党建引领的现存问题

在政策和目标的指引下,深度融合建设,持续创新拓展,党建引领高校"一站式"学生社区工作取得了一定突破,党建工作和思想政治工作相辅相成,凝聚强大的育人合力。但在学生社区基层党组织的顶层设计、群体覆盖、示范效应等方面仍存在不足,在制度、内容、方法和成效上还有进一步提升的空间。

一、顶层设计不够完善,党组织建设后劲略显不足

在全面从严治党背景下,作为新时代党员队伍中的中坚力量,高校学生党支部的综合实力和高校党员的素质水平不仅关系到社会的发展和人才的培养,还关系到政党未来发展的方向。当前,学生社区党组织的顶层设计在短期内呈现出一定成效,但长期发展则暴露出后劲略显不足的缺陷。

(一)规章制度不够全面,影响建设成效

高校党委统一领导、统筹部署,各职能部门和专业院系通力合作、各司其职,全员协同,才能形成学生社区党建工作格局。但学生社区中各片区、各楼宇学生党员分散,仅靠学生社区党建服务中心,工作任务的分配、工作职责的落实都得不到保障,党建育人向学生社区走深走实的目标受到阻碍。值得思考的是,不少高

校在新冠肺炎疫情重大考验时期,学生社区自发涌现出一批批学生党员群体,在各个工作岗位上充分发挥党员的示范性,展现出党员队伍的自觉性、先进性,表现出学生社区学生参与的良好氛围。但在疫情恢复常态后,原有运行机制和有效做法,却没有形成长效机制。在日常教育管理服务中,学生党员这一队伍没有被及时、长久、有效地抓牢。

(二)考察评价不够完善,影响建设质量

当前社会对青年学生党员高质量培养的要求,与考察评价机制无法准确反映学生党员成长情况相矛盾。通过对学生党员全面的考察与评价,可以有效选拔出符合国家需要的德智体美劳综合发展的高素质人才。充分发挥高校育人阵地作用,在考察过程中对学生党员进行思想政治、行为习惯等方面问题的正确引导与及时纠正,将影响到党和人民事业的传承建设和蓬勃发展。当前高校对学生党员的评价所涉及的维度多元,但信息来源的场景单一,集中在学习场景中的表现,主要突显学生在学习工作方面的情况,而对能够体现学生日常行为和品性修养的生活场景关注较少,对学生党员的评价并不全面。具体来说,一是考察教育的内容和形式的全面性不足,以季度谈话形式为主,多数信息来自考察对象自身的陈述,主观性较强。此外,培养联系人与考察对象共处空间主要在教学区域,日常接收的信息多为学习方面,缺乏常态化展现学生动态的生活信息。二是实际可量化的评价体系和考察指标不足,高校的党员考察重在强化政治、思想、道德等方面的能力,对学生党员的认知观塑造、价值观引领等十分显著,但主要表现在意象化的思维层面,实践活动等具象化的操作层面涉及较少,考察对象来自学生社区的表现没有在评价维度中充分体现。评价的实际操作性不强、指标不全面,将不利于考察对象将政治思想贯彻落实到具体实践中,也不利于考察对象深入学生社区与群众建立和保持紧密的联系。

二、组织覆盖不够全面,组织间的联结性不够紧密

高校学生党支部的建立基于便于管理的需求,多按照院系和年级设置,部分人数较少的相近年级或大类学科下的一些专业也会联合成立党支部。在秩序化运作的过程中,暴露出跨院系、跨专业学生党支部交流和互动的局限性,党团组织之间的接续性则更为薄弱。

（一）党支部间的联动性不足

目前,高校学生党支部的学习内容主要为围绕上级指示精神开展的党日活动,形式较为单一,涉及的领域较少,多为在本支部开展活动的固定模式,不利于体系化的建设和常态化学习交流模式的形成。在院系独立分布的教学区开展跨院系的党建交流,需要在场地租用、多方协调和筹备上花费较多精力,而依托学生社区开展党建活动,党支部之间能够自主融合,共同探索贴合当代年轻人的兴趣爱好、更具活跃性和创新性的党建内容,在党的理论建设、组织建设和团队建设方面产生更好的效果,但这一路径还有待开发。尤其是党支部之间的联动和党员之间的交流机制还未健全,导致覆盖的学生群体不充分,难以形成良好的学习氛围。

（二）党团组织间的互动性不强

在注重强化党支部之间的联动性的同时,也需要关注到党团组织之间的融合性不足这一问题,以及因为缺乏常态化的信息和资源沟通渠道,在党团组织建设中开展重复工作、产生冲突矛盾的问题。团组织是向党组织选拔和输送优秀青年学生的储备库,党团组织之间相辅相成,当前两者之间的协同作用还有待加强。比如在推优流程、选拔培养等制度上可以形成更加紧密的关联,在党团活动上可以为团员和党员提供更多朋辈互助、共同学习的平台和机会,促进党团组织一体化建设,更全面地保障青年党团员队伍的政治性、先进性和群众性。

三、作用发挥不够显著,党组织示范效应有待加强

党建工作在高校学生社区中发挥引领性和指向性作用,为学生社区奠定发展基石。但如何让引领效应贯穿学生社区建设的全过程,并形成渗透到学生社区的文化氛围和育人环境,还需要深度拓展。学生党员这支队伍在学生群体中具有重要的先锋模范作用,基于同辈之间的亲切感、党员良好的群众基础,以及政治思想

的影响力,应该充分发挥党组织和学生党员的示范引领价值,但在学生社区的作用体现并不显著。

(一)多场景展示融合不够

各高校通过媒体、班会、交流活动等多样化形式倡导学生向优秀党员学习,在传播数量、传播频率、传播覆盖面等方面投入较大力度,但所产生的成效并不理想。究其原因,是各渠道力量未能聚合在一起,反而在一定程度上分散学生的关注度和注意力。首先,高校学生社区具备物理空间优势,宿舍楼宇和片区、食堂、自习室、活动室等公共空间,以及文化走廊、文化墙等宣传区域,都为党组织和学生党员的事迹展示提供了实体空间。此外,学生在社区生活氛围浓厚,开展学习、休息等自主性活动的想法更容易被激发,参与线上和线下活动的可能性大幅度增加,可通过集体层面的线下座谈研讨和个人层面的线上媒体资讯对学生进行党建教育宣传。但目前学生社区的各场景分割强烈,碎片化的宣传效果式微,物理实体空间和网络虚拟空间各自运作,线上学习渠道和线下学习形式平行发展,难以实现学习资源的聚合和学习方法的贯通,不利于产生更显著、更持久的育人成效。

(二)倡导行动落实不足

高校始终重视对学生的党建引领,但如果只停留在倡导层面,没有具体的平台和充分的路径将倡导落实到行动,也无法达到育人目的。首先,对党员队伍的培养和壮大方式主要是小范围的交流谈话,党员的示范性未能进一步扩大,在最需要学生党员发挥领导力的学生社区自主发展过程中,没能形成以党员为核心的学生队伍,凝聚力和战斗力得不到激发。此外,在应对学生社区管理问题和学生社区建设中,学生的自主性是关键要素之一,而学生党员的示范效应是促进自主性在学生群体中得到快速传递的最有力工具,但当前大多数高校还未将学生党员于精神层面的感召力和影响力,深入到学生社区具体工作的开展中和学生群体的广泛凝聚中,在建立推动学生社区快速有序发展的体系这一过程中,党组织还需持续发力,从而推动学生党建和学生社区的整体发展。

第三节 ‖ 高校学生社区育人中党建引领的实践理路

高校在为国家发展和民族复兴源源不断输送新生力量的过程中,在党建引领下,积极探索"一站式"学生社区育人新模式,以组织协助和自治共治为驱动力,持续提升教育、管理和服务效能,不断健全工作机制、完善工作体系,逐渐形成共建、共享、共通、共融的"一站式"学生社区运作新模式①。在此基础上,高校大思政工作格局得以持续拓展,立德树人育人成效可以显著提升,为高校发展和思想政治教育工作提供了强大的助力。

新时代党建引领高校学生社区育人是一项具有改革意义的综合性任务,需要结合实际情况因校施策。各高校在以开辟育人工作新空间为导向,以党建引领社区治理模式改革为路径,以学生成长成才发展需求为核心,积极探索学生社区治理模式与育人体系协同改革有效举措的过程中,可以针对制度、形式、成效等方面的不足,从制度建设、功能设计、宣传教育等几方面发力,依托学生社区建设,统筹推进高校教育培养模式、管理服务体制和协同育人体系改革,以满足高校培育时代新人的需要。

一、加强制度建设,完善规章设计和综合评价

习近平总书记在党的十九大报告中首次提出"党的政治建设是党的根本性建设"②的重要论述,党的二十大报告进一步明确"以党的政治建设统领党的建设各项工作"③。高校在学生社区开展党建工作时,理应将党的制度建设放在首位,为

---

① 周远,张振,岳娅萍.高校"一站式"学生社区的内涵生成、结构要素和现实意义[J].中国高等教育,2022(19):53—55.
② 习近平.决胜全面建成小康社会 夺取新时代中国特色社会主义伟大胜利——在中国共产党第十九次全国代表大会上的报告[M].北京:人民出版社,2017:79.
③ 习近平.高举中国特色社会主义伟大旗帜 为全面建设社会主义现代化国家而团结奋斗——在中国共产党第二十次全国代表大会上的报告[M].北京:人民出版社,2022:13.

具体工作的部署和落实提供科学指南。

（一）设立完备的党建规章制度

高校以党委全面统筹领导、领导干部带头践行"一线规则"开展实际工作的基本模式已经运作成熟，在此基础上，为避免学生社区常态化自主运行偏离正轨，产生贴海报、喊口号等形式主义的学生社区党建模式，应该严格规范学生社区党建工作制度。以《中国共产党普通高等学校基层组织工作条例》《高校思想政治工作质量提升工程实施纲要》等制度为指引，结合学生党支部的运行逻辑，进行学生社区党建工作的规划和设计。在顶层设计方面有明确规范的制度，才能让学生社区党建工作和思想政治工作的开展走细走深走实。比如，北京航空航天大学根据学生社区党建工作出台10多项具体制度，并将"一站式"学生社区纳入《北航新时代人才培养领航行动计划》，制度效力保障了学生社区各项工作有条不紊地向既定目标发展。

（二）形成明确的党员考察标准

在党员考察评价中，各高校明确首要保证党员的政治素养和政治能力，需要进一步确定其他评价维度和方式，以全方位考察培养出全面发展的优秀学生党员。这要求考察评价要分类量化管理，通过科学记录和分析，形成可操作性评价原则和立体化评价体系。一方面，数字技术赋能量化评价指标。对时间相对较长的党员考察情况进行便捷化、可视化呈现，通过技术工具构建党员分类量化管理评价体系，动态记录学生党员在社区和学习场景的思想动态和行为踪迹，进一步提升党建工作的规范性和党员评价的客观性，同时为学生社区中各基层党支部开展大规模、大体量工作提供数据参考。另一方面，多维度积分制反馈党员发展情况。在季度性考察和年度性测评的前提下，可以补充学生社区日常性的记录。学生社区因活动的多样化和互动的频繁性，能反映和记录的党员信息更丰富，学生在党建教育、专业学习、社会实践、志愿服务等某一领域的活跃程度或作出的贡献，以及群众的意见评价等，能够在学生的基础数据库中注入更多面的信息，便于描绘出更全面的学生画像。比如，华东师范大学围绕以党团建设等在内的主要内容修订2023年《华东师范大学"一站式"学生社区建设实施方案》，明确在学生社区开展学生党员的培养、考察和激励工作,掌握学生动态,丰富学生信息。

二、优化功能设计,依托管理实现党组织全面覆盖

高校学生社区突破了教学领域的界限,通过更加自由灵活的互动形式形成更加包容多元的创新空间。而没有限制、没有规划的发展,在育人成效受到影响的同时加重了管理难度,也更加突出了在学生社区开展思想政治教育工作需要明确的目标导向。在党建引领下,强化党的组织建设、进一步优化功能属性是推动学生社区高质量、规范性发展的支撑力量。

(一)发掘学生需求,拓展支部功能

在思想政治引领的前提下,可以根据学生的特点和需求,进一步拓展党支部功能。首先,突出党支部建设主体。基于"学生本位"的理念,健全党员责任区、先锋示范岗、党建活动中心等机制,发挥学生社区党支部政治引领和服务群众的作用。其次,优化党支部设置形式。打破年级、专业、师生壁垒,融合年级横向和专业纵向的党支部建设模式,在学生社区进行完善调整,形成覆盖全部对象的党建网络,比如建立社区党委、院系党总支、师生联合党支部等多级组织架构。另外,探索功能型党支部作用。围绕党员培养连续性、重大事件中党组织的作用、党组织的政治引领等,建立学生组织功能型党支部,以及支教团、读书会等临时党支部,通过党支部功能的丰富,将学生兴趣融入到思想政治教育中,从而增强学生社区党支部的战斗力。

(二)强化支部联动,拓展合作交流

各高校要结合实际情况制定出台相关制度,对学生社区党组织建设提供保障并提出要求。基于学院和书院"双院协同"模式,探索高校学生党支部在社区协同联动、合作交流的多元形式,促进各楼宇、各院系、各支部在遵循学校整体制度的前提下,建立友好的活动关系,由学生社区这一广阔平台,建立辐射至整个学校的党建育人模式。同时,进一步推动学校和校外街道、社区等党团组织的交流合作,达到信息互通、优势互补、长效互助,实现资源共享、责任共担、携手共赢,打造协

同育人工作新范式。比如为更好地创建学生社区党建学习常态化机制,北京航空航天大学规定全校每周三下午不排课,以党团班为单位展开集体备课和集中学习,促进学生汲取理论知识、强化科研能力、解决实际需求。①

三、提高示范效应,畅通渠道发挥党组织引领作用

高校学生社区既要"造形",更重"铸魂"。以高校学生社区为育人场所,党建引领要端口前移,聚合社区空间、资源、技术等优势,借助学生党员的示范引领作用,通过人际传播通道有规律地扩展至全体学生。

(一)依托全覆盖场所,汇集党建教育资源

学生社区具有自发聚合学生党员的天然优势,且学生在该场所的能动性和活跃度更高,能够在相对舒适的圈层释放更真实的自己。基于此,在学生社区挖掘并注入党建资源、红色资源、教育资源和校史资源,学生党员在被传输信息的同时,也身处于被知识熏陶的环境,在场景的感染下能够主动汲取知识,积极向党组织靠拢,从而形成资源的连接与共享,发挥资源协同的育人效应。比如,厦门大学在学生社区制作党员活动室、图书角、文化墙等,将学校教育资源和革命文化资源聚合在社区育人空间,为学生营造日常补充"精神之钙"的环境②;西南大学自2021年启动实施党建工作与事业发展融合考核,促进全校各单位、部门在学生社区积极注入和拓展教育资源,提升治理能力现代化水平和党建教育高质量建设水平。③

---

① 中华人民共和国教育部.北京航空航天大学以党建引领打造"一站式"学生社区育人坚强阵地[EB/OL].(2022-07-01)[2023-06-10]. http://www.moe.gov.cn/s78/A12/gongzuo/moe_2154/202207/t20220701_642363.html.
② 中华人民共和国教育部.夯实学生社区党建 激发一线育人活力[EB/OL].(2021-10-22)[2023-06-11]. http://www.moe.gov.cn/jyb_xwfb/xw_zt/moe_357/2021/2021_zt02/jinzhan/gexiaogeidi/202110/t20211022_574325.html.
③ 中华人民共和国教育部.西南大学创建特设党支部推动基层党建工作提质增效——做学生贴心的"自家人"[EB/OL].(2021-07-08)[2023-06-11]. http://www.moe.gov.cn/jyb_xwfb/moe_2082/2021/2021_zl18/202107/t20210708_543092.html.

（二）创设多样化平台，激励党员自我展示

在固定的培养方案和模块化的设计下，学生能够更有针对性地获取和党员考核直接相关的知识。而在以学生为主的社区，可以基于学生党员主观意愿打造更符合其需求的平台，将学生学习到的理论运用到社区展示和建设中。一方面，建立学生党员帮扶或学导小组，打造朋辈之间的交流平台；另一方面，推动领导干部、机关干部、离退休教师等力量下沉社区，打造师生之间的传授平台。将学生社区的学习工作平台连通，让党建理念和思想政治教育贯通学生成长成才的过程，比如开辟学生社区党建思政空间、建立党建工作站、招募学生社区楼层长、挂牌学生党员标兵宿舍等，让学生党员在社区中亮身份、明职责、树形象、做表率，扩大朋辈间的党员影响力，促进优秀学生党员用实际行动发挥模范带头作用，争做党建引领学生社区治理的"排头兵"，坚持学生在哪里，哪里就有党的工作、党的教育，在基层一线彰显更多的青春正能量。

（三）打造特色化品牌，扩大宣传推广效应

结合各高校育人理念，以党建引领和各院系专业、学生社团特色相融合的模式，孵化一批有思想高度、有教育水平、有创新亮点的"党建＋"精品活动，积淀党建引领学生社区的育人成果。比如，浙江大学基于"点线面结合、人事物汇通"的理念，在社区阵地建成首批"两弹一星"精神、"牢记嘱托　科教报国"等12个党员教育培训基地，以此开展品牌活动，吸引学生积极参与。推动阵地融合，构建"沉浸式"社区育人模式。用社会主义核心价值观培育人，用中华民族伟大复兴历史使命激励人"[1]。区别于第一课堂的教学形式，在学生社区以学生党员队伍开展理论宣讲、主题领学、实践调查等活动，有助于在基层打造新形态的自主育人模式，发挥学生党员在学生群众中的先锋引领作用，促进学生党员将个人发展嵌入到党和国家的事业建设中。

---

[1] 中华人民共和国教育部.党建引领　深度融合　深入推进"一站式"学生社区综合管理模式改革[EB/OL].(2022-01-07)[2023-06-11]. http://www.moe.gov.cn/jyb_xwfb/xw_zt/moe_357/2021/2021_zt02/jinzhan/gexiaogeidi/202201/t20220107_593055.html.

高校要重视学生社区的政治建设、功能设计和示范效应,在顶层设计、组织覆盖和先锋引领等方面下功夫,聚力开辟新时代党建引领高校学生社区的实践理路,优化机制、畅通渠道、多重覆盖、落实效应,创新学生社区基层党建模式,建强学生党支部战斗堡垒。

立足"将学生社区打造为党建前沿阵地和育人实践园地"的新目标,新时代党建引领高校"一站式"学生社区工作必须结合历史和现实,适应新形势、新任务、新要求,增强高校党组织的创造力、凝聚力和战斗力,实现高校育人的高质量、高水平和高效应。

党建引领高校学生社区育人是一个长久的、持续推进的工程,在学生社区党建机制融合、师生共建共治、管理与育人协同等方面还需要探索更加科学、更加完善的建设路径,不断深化党建引领基层社区治理实效。以此实现党建工作贯穿高校学生社区育人的全过程、各方面,确保党的组织和学生思想政治教育工作"纵到底、横到边、全覆盖",在学生社区唱响主旋律、凝聚正能量。

第六章　新时代高校"一站式"学生社区育人中的队伍协同

为落实立德树人根本任务,坚持全员全过程全方位育人,建设高质量的高校思想政治工作体系,高校应全面统筹办学治校各领域、教育教学各环节、人才培养各方面的育人资源和育人力量。在"三全育人"格局下,高校"一站式"学生社区的队伍协同,实现有效联动多种育人主体和资源要素下沉学生社区,与高校高质量治理体系形成衔接,是有效提高学生社区治理和育人效能、纵深推进"三全育人"综合改革试点建设工作的内在要求。

经多年探索,高校"一站式"学生社区的队伍协同形成了典型成效案例,同时在机制保障上尚存不足,需要校内外各种力量持续向学生社区下沉,在以系统思维完善学生社区队伍协同制度上、以纵横联通构建学生社区队伍协同合力上、以多维保障提升学生社区队伍协同能级上下功夫,形成新时代高校"一站式"学生社区高质量"人人育人"的长效实践。

第一节 ‖ 高校学生社区育人中队伍协同的内在要求

高校"一站式"学生社区作为鲜活育人空间,是实现育人队伍协同的重要载体。以立德树人根本任务为总体目标,高校育人队伍有其理念的一致性、主体的和合性和优势的互补性。从为什么协同、谁来协同、协同什么的视角出发,新时代学生社区的育人队伍协同应具备目标协同、主体协同和行动协同。

一、共识凝聚：育人队伍的目标协同

思想引领、凝聚共识和目标耦合是团结奋进的基础，是各主体共融共进的前提。在思想政治教育的系统中，只有当不同主体和要素围绕同向目标展开行动，个体目标和系统目标保持并行不悖，各主体和要素才能在协同配合中成立有序链接，形成不断向前发展的整体。对高校而言，立德树人根本任务蕴含强烈的时代意蕴，其成效是检验学校一切工作的根本标准，成为所有育人主体要素所共享的价值目标和最大理念共识。立德树人的根本任务，为党育人、为国育才的时代使命，为增强高校育人主体协同提供了逻辑支点和目标原点，强化这一理念共识能最大程度实现目标正向耦合，避免育人要素间的相互制约。

同时，"要保证目标耦合关系的达成，就要为系统各要素设立共同实践目标，提供共同实践指引"[①]。学生在哪里，我们的思想工作就到哪里。在高校学生社区，学生现状更能在一线得到掌握、学生问题更能在一线得到解决，高校学生社区无疑是立德树人的重要场所。育人力量下沉至学生社区这一实践要求反映出高校思想政治工作在空间维度的拓展深化，可以作为各主体要素共享的实践目标之一加以强化。各主体要素于学生社区始终在立德树人目标的指引下协同开展具体实践活动，能以共同目标为遵循整体落实育人任务，是统筹推进、相互补充解决"最后一公里"的必由之路。

二、多元和合：育人队伍的主体协同

德国物理学家哈肯认为"协同学"[②]的任务是在各个领域中建立起一套统一的描述，解释各主体间的协同关系如何建立与强化，形成"1+1>2"的实践成效。各

---

① 陈海瑾,汪力.增强高校思想政治教育协同效应的逻辑基点与实践方略[J].思想理论教育,2023(6):102.
② 赫尔曼·哈肯.协同学:大自然构成的奥秘[M].凌复华,译.上海:上海译文出版社,2013:9—11.

育人队伍在学生社区的协同,把校院领导力量、管理力量、服务力量等全员育人力量压到学生社区一线是"三全育人"的重要一环,是占领站稳学生思想政治教育阵地的必然要求,是在目标耦合先导下充分发挥多元主体职责,在学生学习、生活的全过程融入教育引导,保证学生思想政治教育不缺位的必要途径。

具体而言,全员育人的队伍协同有广义和狭义之分。从广义上指学校、社会、家庭,从狭义上则指学校的全体教职员工。结合学生社区建设推进情况,学生社区中育人队伍可以分为以下几个主体类型:学校教职工、校内学生、校外教育力量。其中学校教职工是基础性主体,主要为学校、部处、院系领导干部,辅导员,专任教师,以及心理健康教育、生涯规划、就业创业指导等专业力量;校外教育力量是拓展性主体,主要为两院院士、大国工匠、时代楷模,国家勋章和国家荣誉称号获得者,党政领导干部、国企管理人员、"五老"以及优秀校友等先进群体;校内学生尤其是生活在学生社区中的学生是能动性主体。学生社区育人队伍的主体协同不仅要求基于全员育人与全员服务理念各类主体内部人员形成横向互通,也要求基础主体、拓展主体和能动主体三种类型实现纵向交互,打破主体空间限制,充分调动各类育人主体的自觉性和主动性,展现多类主体相互交叉、多重情景交相辉映、多元力量相合相融的学生社区育人场景。

三、优势互补:育人队伍的行动协同

一个系统中的各要素充分发挥自身优势,在共同目标导向指引下,凸显个体特色和所在群体特质,在动态环境中持续优化调整优势输出,更加稳定和高效的协同行动才更可能实现。高校不同类型的育人主体都有各自优势和资源禀赋,如各级领导干部在更高站位谋划业务工作,对整体教育事业和学校发展具有较为全局性的视野和引领性的观点;专任教师承担着把握好第一课堂育人主渠道的重任,具有较强的科研能力、教学水平和专业指导优势;辅导员担负第二课堂育人主阵地的思想引领、第三课堂网络思想政治教育、学生日常管理服务的主要任务,对学生思想行为动态的把握更精准、处理应急突发事件更得当。

学生社区作为一个实体育人空间,能够有效聚合多元育人主体统一于这一空间,推动各育人主体主动行动、发挥优势、各施所长,实现教书育人的最优效果。如各级领导干部要发挥领导管理优势,及时了解学生社区中学生思想、学习、生活、发展等实际问题,适时解决学生所需、解惑学生所思;辅导员要发挥与学生同频同域优势,在学生社区与学生同吃、同住、同学习,做到全时保障;专任教师要发挥专业优势,在学生社区担任学业导师,指导学生学业发展、科研训练、技能实训、项目实践、生涯规划等;校外育人力量要充分引入社会资源,担任学生的红色导师、生涯导师等,以"大思政"格局拓宽学生视野;其他育人主体都要运用各自特长,以各类身份、用各种行动"一站"构建"五育并举"学生社区育人大格局。

第二节 ‖ 高校学生社区育人中队伍协同的现状分析

面向新时代,各地高校"一站式"学生社区建设进入整体推进阶段,呈现出蓬勃发展、各有特色的良好局面。其中,学生社区育人中的队伍协同也形成了诸多典型案例,积累了较多经验成效,但是在机制保障上尚存不足,亟需进一步优化。

一、高校学生社区育人中队伍协同的经验成效

在高校学生社区建设过程中,各地各高校不断强化"以学生为中心"的办学治校理念,将高校育人力量和资源整体下沉到学生社区,形成了各队伍的有机融合和多向联动。

(一)以学生为工作中心推动育人队伍力量下沉

"下沉"指的是物体竖直向下的运动,沿用到治理层面表示一种垂直沉降到基层一线的管理机制或工作方式。习近平总书记曾在多种情景下讲到"下沉",如"要引导社会扶贫重心下沉";"把更多力量和资源向基层下沉,在务实功、求实效上下功夫";"推动防控资源和力量下沉,把社区这道防线守严守牢"。力量下沉到

基层,问题解决在一线,才能最大程度提升治理效能。

各地高校在学生社区建设实践中,要明确学生在哪里,教育资源就向哪里输入和聚集,统筹将高校育人力量和资源整体下沉到学生社区,引入多方主体。大部分高校要求领导班子成员深入践行"一线规则",定期在学生社区和学生中开展走访调研和座谈交流;落实辅导员进社区,要求辅导员担任宿舍楼宇思想政治教育和突发事件管理员,定期与学生居住在同楼栋、走访学生宿舍,或定点在学生社区办公、值班等;要求专任教师在学生社区依托各类活动展开师生互动;还有不少高校已在学生社区建立"一站式"办事大厅,将心理、就业、资助等力量迁移至学生聚集的生活园区。一系列育人队伍的下沉以制度化规范推动各育人力量沉浸到学生社区一线,为队伍深度协同打下良好基础,初显成效。

(二) 以导师为身份赋能推动育人队伍有机融合

"授权赋能"强调通过建立人员授权机制,实现组织群体的"增权升能"。身份赋能可以理解为通过各种方式赋予个体可建构的形象以及应有的权力、职责,提升其过程参与的价值实现感和自我效能感,不断强化个体对这一身份的正向理解和认同。导师的定位是一种身份赋能的体现,也是众多高校给予进驻到学生社区中的育人主体的身份定位,并逐渐延展为多类主体的多元导师体系。

各地高校在学生社区育人实践中,以全员育人理念,有计划地选派辅导员入驻学生社区常态化开展育人工作,同时注重吸纳各级领导、专任教师、学生骨干和社会人员等育人力量,根据不同类别主体特质,分别赋予他们常驻导师、全程导师、红色导师、学业导师、人生导师、生涯导师、成长导师、心理导师、社会导师、朋辈导师等多种类型导师身份,通过身份赋能将各育人主体以导师制的形式相对固定在学生社区育人工作中,给予他们充分的认可和尊重。同时,因不同类别队伍主体都以导师身份入驻社区,导师制一定程度上驱动辅导员从独角戏变成协同者,以多元导师资源为向心力,形成专业、专心、专情的多元导师社区空间育人网络,也反过来助力了社区导师队伍的内部融合和自我成长。如同济大学把学生社区作为提高学校人才培养质量、促进学生全面发展的重要抓手,加强驻楼导师工作站建设,鼓励知名教授、知名学者进驻学生社区,将知识教育与价值引领相结合,将育人力量有机融入学生日常学习生活第一线,形成育人共同体;厦门大学充分利用学生社区 100 多名兼职辅导员队伍、30 多名学院心理辅导员、148 名住楼辅导员和 100 多名专兼职心理咨询师,搭建了一支高素质、专业化、稳定化的学生社区心理育人队伍。

(三)以机制为协同牵引推动育人队伍多向联动

有力有序的工作机制体制,是扎实推动工作高质量发展的有效保障。在育人工作中,有效的机制牵引能较好改变各类教育活动中育人主体松散分立的状态,形成各类要素资源的联动融通,实现不同育人队伍面向同一目标的多向奔赴。

各地高校在学生社区育人中探索出多种推动育人队伍协同联动的机制。在统筹规划上,形成党委领导、学工牵头、教师协同、学生参与、支部引领、社团助力、辅导员入驻的基本原则;在党建引领上,提出"一核多方"组织管理体系,打造社区党建"一条线"、党群服务"一张网",以高质量党建引领不同主体的聚合,推动育人队伍融合沉浸到学生社区中;在学生社区网格化建设上,探索党组织网络与学生社区网格相融合,安排学生社区党组织与职能部门、学院系所、社区物业党组织结对共建,深入开展政治理论学习、党员教育发展、社区建设协调等工作;在机构改革上,推进将本科生书院建在学生社区,充分发挥第一课堂和第二课堂的协同育人作用。如浙江大学成立试点工作领导小组,由分管思想政治教育和本科生教育的校领导担任双组长,建立社区—院系、社区—部处、社区—宿管的有效联动机制;华南理工大学将教学教务与学生工作相协调,促进专业教育与思想政治教育有机融合,赋予学生社区学业辅导、心理咨询、专业咨询、创新创业等功能。

二、高校学生社区育人中队伍协同尚存不足

在高校学生社区建设过程中,育人队伍协同仍存难点,主要体现在机制长效性不足、育人主体专业性不够、评价体系不完善等,需要进一步跟进优化。

(一)协同机制长效性不足,整体建构有待进一步完善

学生社区育人队伍协同的目标是切切实实解决"最后一公里",切忌"走过场

式""喊口号式""甩任务式""盆景式",以协同和下沉为旗号,大搞扎堆走访、走秀调研、集中活动,给学生社区正常学习生活困扰,偏离协同初衷。

当前高校已基本形成以机制为协同牵引推动育人队伍多向联动的工作格局,但在机制运行过程中,仍存在各部门各级岗位之间人员交流的单向性,各育人队伍入驻程度不一、工作方式不一,各类主体还存在单兵作战、沟通不足、协调不到位的情况。一些学生社区中的讲座、项目、活动以零星式的资源引入,各单位之间或是出现资源配置的真空,或是出现重复的叠加和浪费。部分育人队伍以项目式、短时式任务入驻社区,政策制定或方案下达后部分育人主体在社区的积极性和落地性有时呈现逐日递减趋势,"下社区"但"浮起来"的现象还有待解决。面向更高要求的学生社区育人工作和队伍协同工作,还需形成要更为细化精准的长效机制。

(二)协同育人专业性不够,队伍素养有待进一步提升

协同育人是多个层面、多个主体的共同作用的结果,协同育人需要发挥各主体能动性和优势,形成合力成效。在学生社区中,各种因素、各个主体互相配合相互支持的合力还有待继续强化,"1+1>2"的效能应有更大发挥。

当前,高校以各类导师激活了育人队伍有机融合的动力,但在育人队伍入驻学生社区的过程中,不同主体的背景不同,对学生社区的认识和在社区中开展学生工作的专业性也有参差。如任课教师在学生社区中对其所开展活动或交流学生的专业背景知识情况往往不甚了解,解决学生实际困惑的渠道不畅通;辅导员的学术素养和从事学理研究的能力尚待提升,面向学生的学业问题和深度的思想难题,难以从专业视角进行释惑;相关育人队伍对如何取长补短、相互交流、共同作用的能力还比较欠缺,怎么协同的方式方法没有掌握,不少教师还停留在做完自己的任务等于完成协同这一阶段。同时,学生作为学生社区中的重要主体,其在学生社区中的协同朋辈育人作用尚未有效发挥。

(三)协同评价针对性不强,闭环考核有待进一步跟进

健全的考核评价和激励机制有利于进一步推进工作、提升育人质量。在各育人主体下沉学生社区过程中,各类考核评价和保障机制还有待同步跟进。

当前各高校以学生为工作中心,推动育人队伍力量下沉,但对这些下沉的育

人力量尚缺乏科学的评价体系，没有明确针对在学生社区服务贡献的精准考核指标和评价标准，或仅以参与社区活动数量作为考核标准，对社区中的育人质量反而不做针对性考量。同时，在人员经费保障、资源空间保障、职务晋升保障方面没有明确的方案，或有方案但停留在纸面上难以有效落实。如学生社区育人队伍经费预算，除后勤保障部门、驻扎在学生社区的书院等有学生社区管理和育人工作经费，其他部门没有明确的可用经费，难免会出现重复性预算或预算不足的情况。

第三节 ‖ 高校学生社区育人中队伍协同的优化路径

面向高校学生社区育人队伍协同的难点，需要在机制上以系统观念完善育人队伍协同制度建设，在队伍素养上以平台建设聚力育人队伍协同能力提质，在闭环考核上以多维保障提升育人队伍协同发展能级，不断优化学生社区育人队伍协同的路径。

一、以系统观念完善育人队伍协同制度建设

"只有用普遍联系的、全面系统的、发展变化的观点观察事物，才能把握事物发展规律。"[①]坚持系统观念是习近平新时代中国特色社会主义思想世界观和方法论的一部分。新时代高校学生社区的育人队伍协同必须遵循系统观念，尤其在制度设计上把准各队伍之间的联系，以系统性思维为前瞻性思考、全局性谋划、整体性推进学生社区育人队伍协同提供科学保障。

（一）加强队伍协同领导机制，前瞻性思考顶层设计

盖房子前需要先出一个整体效果的设计图，根据图上的内容再系统性去施

---

① 习近平. 高举中国特色社会主义伟大旗帜　为全面建设社会主义现代化国家而团结奋斗——在中国共产党第二十次全国代表大会上的报告[M]. 北京：人民出版社，2022：20.

工,才能避免过多人力、财力、物力的浪费,获得最优效果。学生社区育人队伍协同机制建构如同盖房子一样,前期规划设计必须思考全面、科学合理。

高校要在党委的统一领导下,在常委会、全委会和校长办公会中开展专项议题研讨,前瞻性研究好为什么协同、谁来协同、何时下沉、如何协同等一系列过程和环节。各级领导班子成员要在理念上明确队伍协同源于学生社区是承担立德树人的重要场所,必须站在培养德智体美劳全面发展的社会主义建设者和接班人的战略高度,以战略思维驱动队伍协同的升级拓展;学生工作部门或其他职能部门要在导向上聚焦"准",主动关注、及时学习、定期研究党和国家对高等教育的要求,对人才培养的要求,对思想政治教育工作的要求,从中挖掘学生社区育人的建设导向和育人队伍协同的任务清单;各统筹单位在机制设置上突出全员全过程全方位,细化校内教职工基础主体、校外力量拓展主体、校内学生能动主体的协同组成,突出队伍的入驻下沉和协作交叉融合。

(二)聚集队伍协同重点任务,全局性谋划方案设计

高校要对标上级政策和学校实际程序,将学生社区中的育人队伍协同和学校思想政治工作体系中的队伍协同融合考量、全局设计,形成事业整体发展因果呼应、衔接顺畅的"成建式"完整蓝图。

高校要配套出台学生社区育人队伍入驻和协同方案,重点明确规定学生社区育人队伍的岗位职责,构建学工、后勤、宣传、人事、教学、资产、基建、信息、保卫等机关部门,教学科研、书院等单位协同围绕学生社区育人的工作体系,形成"学校—院系""学校—社区—楼层—宿舍"并进的学生社区育人系统。高校要在方案设计中聚焦协同的重点工作,尤其是学生社区中的立德树人任务,围绕重点工作与环节,通过强化任务设计、资源分配与示范宣传,引导各育人队伍向协同育人的关键环节集中用力,团结、协调、调动一切积极因素,在学生社区进行教育、引导、建设和改革,凝聚合力,提升育人实效。

(三)明确协同育人权责归属,整体性推进部署落实

习近平总书记指出,要"打造人人有责、人人尽责的社会治理共同体"。无论是强调"三全育人"理念,还是建立协同育人格局,都要让人们认识到学生社区育

人工作不仅是辅导员或后勤保障部门的职责,而是所有教职工的共同责任。要实现协同主体联动贯通,需要全员育人的相关主体心中有责。

高校要在确保明确各育人队伍自身主体责任前提下,明确学校、部处、院系领导干部、专任教师、辅导员、其他育人力量的任务,在学生社区中形成一个思想政治教育子系统,以党委书记为第一责任人,强化统筹协调、组织推进、管理监督,整体部署推进全体教职员工相互衔接,分工协作,共同推进学生社区育人工作。通过运用"责任矩阵"等管理工具明确各部门在学生社区各项育人工作中的权责归属,确保育人队伍入驻工作有反馈、有回应、有解决。

二、以平台建设聚力育人队伍协同能力提质

面向学生,育人队伍的成长发展和协同共育需要有载体和平台,需要在学生社区的实践工作中,不断提升育人队伍的思想政治教育工作水平和协同能力。

(一)建好培训平台,树牢队伍协同共识

思想政治教育本身就具有主体性,教育者与受教育者都要充分发挥实践性、能动性和创造性,不断学习、不断创新,扬优势、补短板,凝聚育人合力。

高校要推进学生社区育人队伍培训,搭建能力提质培训平台。在培训中强化各育人队伍的主体自觉性,不断滋养高校内部各类主体育人的主人翁意识,强化育人队伍人在一线、心在一线、思在一线、神在一线,要求工作走进一线、前移一线、服务一线、坚守一线的认同感和归属感,着力在学生社区为学生解难题办实事,不断提高思想认识,在学生社区中从"冰冷的权威者"转变为"热情的知心人"[①]。还要在培训中养成队伍协同的全过程跟踪,如在学生突发事件中要从"发现问题—上报问题—研判程度—明确分工—解决问题"全链条环节提升问题应对的有效性,形成信息收集、问题发现、任务分办、协同处置、结果反馈的闭环工作

---

① 冯刚.新时代高校"三全育人"的理论蕴含与深化路径[J].厦门大学学报(哲学社会科学版),2023, 73(1):7.

机制。

（二）建好交流平台，延展队伍协同链条

治理讲究的是一种主体协同，一种有效参与。推进多元主体参与高校治理，是新常态下推进高校治理现代化的客观需求。加强多元参与的能级，丰富育人主体形象，要建好育人队伍的对话交流平台，完善各队伍主体的沟通对接链条。

高校要切实打破部门壁垒、信息孤岛，通过定期学生社区建设座谈交流会议、大学生思想政治工作联席会议、"三全育人"协作推进会议、学生社区育人理论和实践研讨会议等形式强化各育人主体工作相辅相成的工作体制。促使在学生社区中，学校职能部门和院系、辅导员和专任教师、思政教师和其他教师、校内教师和校外人员、教师职工和学生群体都能充分对话，实现教学相长、相得益彰、协同共促，打造主体聚合的"共鸣社区"。

（三）建好活动平台，拓宽队伍协同抓手

学生社区育人队伍的协同需要实际的抓手和可感可知可用的鲜活场景与教育平台。学生社区是开展第二课堂活动的主要空间，应持续拓宽开放、共建、共享的社区育人平台，为各育人队伍的工作开展提供更具象的抓手。

高校要在学生社区中开展高质量第二课堂活动，创新"看得见、摸得着、感受得到"的教育元素，让育人主体借由这些元素拉近和学生的距离。有计划地推进实践育人品牌项目、文化精品育人项目、学风建设特色项目等协同育人项目培育工作，培育一批学生社区导师工作室、学生社区育人工作法，形成有学生社区特点的教育品牌活动和工作典范。探索在学生社区中第一、第二课堂深度融合，尝试将通识教育、导师制、学分制嵌入学生社区，更突出发挥专业教师力量，吸引更多育人主体下沉社区。

三、以多维保障提升育人队伍协同发展能级

育人队伍的长效效能需要多维保障，通过以学生社区育人实效为导向的考核制度、各类资源的跟进保障、数字技术的加持，让各育人力量在入驻学生社区中真

正沉下心、沉住气、沉到底,沉浸到社区氛围里,持续性常态化做好育人协同工作。

（一）健全考核评价体系

在高校学生社区育人队伍协同过程中,要加强考评与激励,完善选聘、培训、管理、考核、激励机制,实现各展所长、功能互补、合力凝聚,实现动力资源的精准发力,促进良性发展。

通过出台学生社区育人队伍入驻职能职责和考核评估办法,形成定期研究和检查协同育人的工作机制和评估机制,以项目驱动、绩效驱动等方式激励教师将育人空间延伸到学生社区。对那些勇于担当、积极奉献、成绩突出的"动力源",要与干部使用挂钩,从工作量认定、津贴发放、职务（职级）晋升、表彰奖励等方面为参与学生社区建设人员提供政策保障。挖掘、总结、展示在学生社区育人过程中涌现出的先进集体和个人,建立标准化的模式和范本,切实做到抓典型、树标杆、推经验,推出"为人、为师、为学"的榜样,助力形成"嵌入式"育人队伍入驻图景。

（二）完善资金空间保障

高校学生社区育人需要多方力量的支持,除队伍入驻学生社区,相关政策、资源、要素也要下沉集合到学生社区一线,充分为育人队伍的入驻和协同提供条件保障。

高校要针对性厘清当前学生社区资源所缺,从人才培养的痛点、难点、堵点入手,有的放矢提供力量下沉资源清单。校党委需每年专题讨论学生社区建设工作,及时研究解决机制构建、资源配置、经费保障等方面的问题困难。因地制宜,加强软硬件配套建设,为育人队伍入驻开辟空间,提供方便务实的办公、生活等条件。为下沉学生社区的育人队伍配备资金、设立专项经费,先行预留学生社区中的育人预算。统筹校内校外资源,整合引入政府、企业的德育资源和人力资源,持续为学生社区的队伍入驻提供后盾。

（三）共建共享信息管理

深化学生社区育人队伍协同,要建设建立全覆盖、综合性的学生社区育人综合管理数据信息平台,通过全过程数据的全面采集和深度挖掘,实现一键画像、智能推荐、科学评价等功能,全方位展现学生成长轨迹,助力各育人队伍清晰明确、集成共享社区学生情况。

各二级单位、职能部门应开展数据联动,打破长期以来形成的以部门为主体的信息运作模式,精准识别、分析、预测、实施、评价和追踪学生信息,形成工作闭环。学校还应创建"教师一张表",方便育人队伍实时摘取在学生社区开展工作的情况,以数据形式展现入驻社区的频率,实现技术资源赋能育人力量下沉的良性循环。

高校学生社区兼具学校管理单元与学生学习生活共同体双重角色及属性,是各育人主体力量互动联结、打通高校教育与管理间育人分隔的实体空间,在"学生社区建设中深入推进育人队伍协同是落实立德树人根本任务,遵循"三全育人"要求的应有之义。学生社区的育人队伍协同有目标协同、主体协同、行动协同的内在要求,以此为指引,各地各高校学生社区育人队伍协同形成了许多典型成效案例,但仍存现着部分难点亟待优化,需要高校党委持续统筹谋划,以系统观念完善育人队伍协同制度建设、以平台建设聚力育人队伍协同能力提质、以多维保障提升育人队伍协同发展能级,抓常抓长、久久为功,长效形成党委统一领导、有关单位各负其责、全员协同配合的工作格局。

第七章　新时代高校"一站式"学生社区育人中的学生参与

青年是国家的未来和民族的希望,党的二十大报告中指出:"全党要把青年工作作为战略性工作来抓,用党的科学理论武装青年,用党的初心使命感召青年,做青年朋友的知心人、青年工作的热心人、青年群众的引路人。"高校"一站式"学生社区是青年中坚力量、广大青年学生聚集的场所,以学生广泛开展学习、生活、交流等个体或群体性活动区域为空间,以帮助学生在课堂之外锻炼发展为目的,成为提高思想政治教育成效、提升学生综合素养和能力的重要平台。

大学生思想政治教育工作必须紧紧围绕学生、关照学生、服务学生。高校学生社区育人始终坚持以学生为中心,积极引导学生参与学生社区建设,充分发挥学生的主体性,让学生成为学生之间、学生与学校之间的桥梁纽带,进一步吸引更多的青年力量注入到学校治理和服务工作中。高校学生社区育人注重学生参与的出发点和归宿,是为了让学生更加关注自身的成长,并将个人发展与学校建设、社会进步紧密相连,在参与学生社区建设的过程中,进一步锻造学生在朋辈引领、活动组织、管理实践等方面的能力,由自我管理顺利过渡到社会建设,练就堪当民族复兴大任的过硬本领,积蓄助推时代强国建设的可靠实力。

第一节 ‖ 高校学生社区育人中学生参与的价值意蕴

学生参与高校社区教育管理服务,不仅是基于学校教育管理模式变化而产生的学生身份的变化,他们从知识的接收者、方案的执行者,转变为信息的传输者、决策的共谋者,同时这也是学生共同学习、互动交流、自我提升等自主性行为的体现。通过学生参与社区建设,在意识、素养、能力等多维度,组织、管理、服务等多层次进行知行合一的磨砺,为培养高水平高素质的社会公民、促进未来社会秩序和谐做好准备。

高校"一站式"学生社区育人突出学生本位,支持并鼓励学生参与到社区各环节工作中,熟悉、融入并共同营造所生活的环境,让思想政治教育在贴近生活实际和满足学生需求的过程中,融入学生的生活,滋养学生的心灵,激发学生的自主性、学习性和创造性,在满足提升社会治理成效的时代要求、推进高校学生社区工作的客观需求和增强学生综合能力的内在诉求方面,具有深刻的价值意蕴。

一、聚焦时代发展要求,促进社会整体治理强化创新

随着高等教育改革的深入推进,国家教育法规为学生参与社区管理提供了充分的政策依据和客观的条件支撑。《中华人民共和国高等教育法》第57条规定:"高等学校的学生,可以在校内组织学生团体。学生团体在法律、法规规定的范围内活动,服从学校的领导和管理";2017年颁布的《普通高等学校学生管理规定》明确:"学校应当建立和完善学生参与管理的组织形式,支持和保障学生依法、依章程参与学校管理",以及"鼓励和支持学生通过制订公约,实施自我管理"。在愈发复杂多变的社会局势下,时代发展日新月异,公民对社会环境的应对能力和自我管理能力也需要提升,以此促进个体的成长和群体的融合,继而有规律地融入到社会的发展中。其中,具有鲜明个性和创新意识的当代大学生是新环境最主要的改造者,也是强化社会治理秩序的重要力量,应该不断增强自我意识、集体意识、民主法治意识等,自觉参与到社会治理和民主管理环节中。

在正式步入社会之前,随着"服务学生成长"理念的深入,高校学生社区成为学生培养思想意识、锻炼能力素养的主要平台。同时,高校学生社区作为学生能够充分发挥主体性和创造性的场地,通过提供一定的思想引导和发展机会,持续激发学生的主人翁意识,促使学生主动地发现问题,及时地化解矛盾。一方面,宿舍、安全、心理等与学生日常生活息息相关的问题,在第一课堂相对单一且固定的

学习场景下不容易显示出来,但在更为自主的社区中则可以有更为全面的自我表现。另一方面,相比于学生自身,领导、教师、后勤人员等深入到学生社区进行教育管理必不可少,但也因身份、环境的差异等存在较大的局限性,获取的信息较为片面,如若赋予学生主体本身一部分的权利和义务,在育人过程中补充学生自我参与的形式,并建立起沟通反馈机制,能够更直接准确地掌握学生动态,帮助学生意识到存在的问题,从而更有效更及时地解决,并逐渐让学生的注意力从自身扩展到周围,在高校学生社区协同发展、和谐共生的良好氛围下,也能将社区自我管理的能力转化为未来社会治理的能力。

二、立足教育管理需求,推动高校学生工作提质增效

为适应社会快速发展,高校结合实际情况不断革新人才培养机制。《中共中央 国务院关于进一步加强和改进大学生思想政治教育的意见》提出:"要高度重视大学生生活社区、学生公寓、网络虚拟群体等新型大学生组织的思想政治教育工作,选拔大学生骨干参与学生公寓、网络的教育管理,发挥大学生自身的积极性和主动性,增强教育效果。"高校学生社区建设是提升教育管理质量的重要部分,近年来,高校关注到学生参与到社区的活跃度和频繁性,从课堂教学延展到社区教育,不单单是育人场所在范围上的扩大,更是育人内涵在本质上的丰富。高校能了解到学生在课堂之外的情况,对学生的在校生活有更全面的把握,让教育的影响不是停留在学业成绩上,而渗透到学生的生活中。

在立德树人根本任务的指导下,高校管理学生的同时要围绕学生的思想、学习、生活、心理、实践等各方面提供教育和服务,这对高校育人在质和量的提升方面都提出了更高的要求。一方面,大体量的学生教育管理工作要达到全覆盖,需要学生参与力量的协同扩展;另一方面,推进高校管理走深走实,更离不开学生主体,以各类组织各种制度形成各具特色的自我管理模式。[①] 高校学生管理工作正

---

① 王懿. 高校"一站式"学生社区建设的价值意蕴、现实问题与实践理路[J]. 思想理论教育,2022(2):107—111.

是以此为出发点,在以点及面的思路下,坚持以引领学生思想为核心,致力于提升每个学生的综合素质与能力,凝聚成整体向上发展的育人工作格局,进一步推动学生管理工作质量与效率的提升①,继而为推进中国特色社会主义发展进程培养卓越人才储备力量。

三、重视育人主体诉求,引导青年学生群体成长成才

在教师引领学生感知自我并探索成长的模式下,要全面把握学生的实际需求,更深层次地触达到学生群体,才能有效促进课堂教学的知识内容和思想价值真正融入学生的生活,深化学生的内心。以促进学生的全面发展为第一要义,高校学生社区突破了单向性、灌输性、强制性的教育模式,充分尊重学生的主体地位,基于学校的管理制度为学生创造成长成才的物理场所和精神空间,鼓励和支持学生在社区共商共建、研讨治理。

一方面,学生参与社区育人可以帮助其增加自我认知、提升团队意识,强化学生的责任担当和自律行为,表达个人诉求,尊重他人意愿,并在朋辈互学中加入到共同解决高校社区发展难题的队伍中;另一方面,深入学生社区能够更加准确地明晰并挖掘到学生的需求,基于学生的诉求进行社区的打造,有利于形成既丰富又有个性的育人场地,学生在参与的过程中,精神层面获得幸福感和满足感,开辟更加多元的维度帮助学生解决问题或提供服务。

第二节 ‖ 高校学生社区育人中学生参与的现存问题

面对新时代新要求,以及学生群体在社会发挥的功能作用更加不可或缺的现状,高校对学生参与学生社区育人也更加重视,但所达到的质量和取得的成效还

---

① 张亦佳.高校开展"一站式"学生社区思想政治教育的重要性及实践路径[J].思想理论教育导刊,2023(5):136—141.

不够可观,主要表现在社区体系和组织架构不够完善、学生的个体认知和社区的协作队伍不够强劲、社区育人特色的影响性和管理平台的成效性不够突出、学生骨干的选拔机制和学生榜样的传播效果不够理想,导致育人理念转化为实践成果落实不够到位,可复制可推广的典型做法不够全面,学生参与的价值没能得到充分体现。基于对宏观层面整体设置的把握,以及对微观层面具体细节的审视,当前高校学生社区育人中的学生参与还存在进一步提升的空间。

一、学生参与的顶层设计不够完善

(一)社区体系尚未建设完备

学生社区是开展学生思想政治教育的崭新空间,可以覆盖大规模学生群体,但如何引导学生自主参与、积极互动,实现学生聚集从形式上到本质上的转变,进而发挥效用、凝聚合力,需要完备的顶层设计为学生提供明确的行动指引。"三全育人""五育并举"等育人理念和举措已经在学生社区中深入扎根、广泛运用,各高校需要结合各自校情和学生情况进行体系化的完善优化。

当前将学生作为主体参与社区教育管理服务的观念受到各高校的认可,但学生力量在协同育人系统中体现得还不够强劲和充分,究其原因,是在不够完备的社区体系下,具体实施过程中所暴露出许多尚未有明确解决方式的问题,导致学生参与受到阻碍。其一,在学生社区中,学生的身份定位十分重要,他们在社区体系中和学校、老师之间的关系直接影响到其所拥有的权利和应尽的义务,而尚不明确社区体系,沿袭第一课程的教学方式,则失去了社区与课堂不同的育人特色,并削弱了社区的育人价值。其二,学生社区是开展思想政治教育的重要场所,但和第一课堂的教学管理模式存在本质上的差异,所产生的体系也相应有明显区分,目前高校基于学生社区中育人的特点和学生担任的角色设定的学生社区或第二课堂的培养方案仍处于优化完善阶段,学生参与学生社区具体活动的细化举措还不够清晰。

(二)组织架构尚未部署完全

学生社区以宿舍楼宇作为基本单位,因涉及楼宇众多,存在跨片区甚至跨校区的情况,学生队伍的组建受到物理空间的影响,往往所形成的学生队伍比较庞大,覆盖人员数量较多,也给组织架构的设立和团队凝聚力的形成造成一定困难。[①] 其一,难以形成清晰的结构框架,人员管理和工作分配难度大,尤其如果没有核心力量或意见领袖的凸显,也就没有组织的执行和牵引力,由学生自行承担活动的组织管理难以推动进度。加上没有组织架构作为责任落实的依据,给具体实施带来较大阻碍,学生参与的主体意识得不到进一步激活。其二,难以高效达成一致决策,团队人员众多则想法也会多样,学生的个性化反馈得到充分表达的同时,意见也需要更多的时间加以协调融合,则团队合力开展工作需要经过一定磨合。若没有清晰的组织架构作为指引,学生意见的输出到落实这一过程也无法得到对应的匹配,最后只是停留在想法层面。同时在工作挑战度较大的情况下,学生的参与感弱化,积极性容易受到打击,对学生社区的认同和归属感也会受到相应影响。

二、学生参与的主体力量有待凝聚

(一)学生的个体认知有待增强

主体性是人的本质力量,表现为学生的自主性、能动性和创造性,学生的主体性在社区中能得到最大程度的呈现,但需要条件的刺激帮助他们认识自我并加以运用。学生社区作为学生课堂教育在场所和形式上的拓展和创新,其教育管理和活动组织与第一课堂是相辅相成的关系,在避免和正常的教育教学工作产生冲突的同时,需要保证学生的参与情况,并尽可能在社区空间促进学生补充知识、培育能力。但在实际育人工作中,在内容形式、时间安排等方面,课堂和社区两个场所教育管理的互补性和延展性并不突出,学生会面临课堂教学内容和学生社区活动完全是两大独立学习板块、安排时间有所冲突等问题,不利于学生对两者的功能

[①] 马成瑶. 整体性治理视域下推进高校"一站式"学生社区综合管理的思考[J]. 思想理论教育,2022(3):96—101.

形成准确的认知,在学习和生活等方面难以掌握好平衡,与锻炼自我管理能力的目标相悖。此外,学生群体中的朋辈激励作用在学生社区中发挥的力量不够集中和强大,如学生社团、学生党团组织等参与度和影响力相对较高的学生群体在学生社区中的展示不够活跃和主动,弱化了学生社区多元化群体的示范引领效应,对学生各方面提升的促进性不够显著。此外,需要进一步激发学生参与的意识和自觉,学校要不断夯实学生参与的心理基础、情感基础、认识基础和环境基础,为学生参与意识的提升提供良好的条件。

(二)社区的协作队伍有待壮大

学生社区可以更加便捷地实现对学生群体的大规模覆盖,在学生社区开展育人工作能产生更广泛的传播效应。也因为学生群体这一对象的复杂性在这一空间场所下尤为突出,对高校各部门之间协调工作提出了更高的要求。

一方面,协同育人的资源在学生社区中暂未发挥较多效应,高校具备丰富的育人资源,同时还有许多可以被挖掘和运用的可能,但将各类资源有效整合并注入到学生社区,并在此进一步拓展,则需要多方力量的协调,也直接影响到学生参与其中所发挥的作用。另一方面,学生在社区的集体观念和自我意识容易产生冲突,由个体所创造的独特的环境聚合成共处的大场所,矛盾和磨合更为突出,个人和集体的关系在学生社区中更为复杂,独立性、融合性和两者的交集都存在,两者的有效协同也是重要关注点。当前学生社区中问题的产生和解决以一种失衡的趋势发展,在协同观念还不明确的情况下,学生参与这一行为的发生较为随机,还没有形成个人和集体的联结性,导致学生社区事务难以闭环完成,不利于学生队伍的建构和参与力量的汇集。

三、学生参与的运作形式还需丰富

(一)育人特色的显著性还需增强

面对学生社区这一充满开拓价值的新型育人场地,高校不谋而合地从育人内容着手,在此打造多维度的学生养成教育体系。一些高校因遵循学生社区作为课堂教学的延伸,将课堂的教学模式迁移到学生社区,虽然完整地传承了第一课堂有针对性的育人功能,但基于学生社区不同属性的育人内涵被替代,社区育人和教学育人没有区别,只是在空间意义上增加了育人场地,一定程度上限制了学生社区特色育人的发展路径,同时学生参与的效果也会受到影响,主动创新的可能性降低。与之相对的,也有一些高校致力于创设丰富多样的活动,但忽略了育人的内核,学生社区的"娱乐性"突出,也以另外一种方式弱化了学生社区的育人机制。基于此,当前高校学生社区还需要以育人为目的,探索内容精彩呈现的模式,体现学生社区育人特色、具有育人价值的项目有待进一步丰富。

(二)社区平台的创造性还需提升

学生社区的事务类型多样,涉及的学生类别多样,在管理建设方面存在较大难度,需要依托智能平台建设协调各类工作有秩序地开展。"一站式"学生服务平台在功能服务上实现事务的集中化处理,但在实际运作过程中,各平台功能之间的衔接和联通并不紧密,板块分割十分明显,还没有达到进行全面、便捷且人性化的学生事务处理这一理想效果。其次,学生管理涉及的部门众多,各部门平台不一,操作程序也有所差异,反而给使用平台的学生增加了需要掌握不同使用方式的负担,不少功能和信息还有所重复,平台的可利用性大幅度降低,距离真正意义上的"一站式"还存在一定差距。此外,在新媒体技术的赋能下,高校学生社区平台建设领域涌现出不少新形态,各高校在坚持育人理念的前提下,不断尝试和更迭平台建设,一系列可复制的模板被推广运用,在结合各自实情加以借鉴的同时,创新模式的打造也是高校应该努力攻克的方向,为学生社区的创新发展提供更多可能。

四、学生参与的先锋模范作用不足

(一)学生骨干的选拔机制不明确

学生骨干是学生中具有一定影响力和话语权的群体,也会是学生社区策划、组织和落实教育管理服务工作的重要力量。相比于学生会、党团学生组织等,学生社区骨干队伍的定位不够明确,没有相应的规章制度进行说明和约束,难以在学生群体中产生说服力和影响力,意见的输出和行动的领导受到阻碍。一方面,高校学生社区为了扩大学生参与的范围,一般没有设置较为明确的门槛考核,虽然前期能够吸引众多学生尝试加入,但不利于挖掘到不同层面具有突出能力的学生组成优秀的学生团队,从而为学生带来更切实的帮助和更好的服务。另一方面,学生社区虽多由学生工作部门牵头,但学生队伍的选拔、考察、培训、管理等没有合理的参考标准,不利于学生的培养和发展。一是选拔方式的科学性和选拔过程的合理性没有保障,选拔的学生骨干能力和素养难以把握;二是组建的学生队伍没有接受规范的考察、系统的培训和管理,不利于学生长期的成长和发展,导致学生社区队伍的建设发展受到严重阻碍,同时学生干部在学生群体中的公信力也将降低,进一步影响到学生社区的自我管理水平。

(二)选树典型的传播范围不广泛

学生社区集合了学生党员、学生干部等一批原本管理组织经验相对丰富的学生群体,也包括许多服务意识强烈、体美劳特长突出的学生群体。学生社区为学生个体提供了可以展示自我的平台,也具备更为多样的传播渠道,但各领域的榜样精神不够显著。主要在于,一方面学生十分关注教育学习领域的个人荣誉,但对素质方面的拓展重视程度不足。学生社区在学生全面发展的视角下设置各类育人内容,所产生的榜样在不同领域有所建树,但对学生的吸引力不够。这需要从根本上改变学生对综合水平发展和个人素养锻炼的认知与态度,在社区的日常相处和活动展示中,让学生榜样充分彰显个人魅力,提升对学生的影响。另一方面,不少高校对社区学生榜样的树立和宣传在传播力度上下了一定功夫,但较少形成系统的方案策略,往往在事迹发布和人物宣传后,没有再次进行强化,更较少对产生的成效进行梳理和进一步提升,在传播质量和效应上存在缺陷。更为重要的是,学生主动亮身份、展风采的主体传播意识比较薄弱,高校对此的关注度不足、激励性不强,学生的自我认同感和他人肯定性不足,影响力难以不断扩大。

第三节 ‖ 高校学生社区育人中学生参与的实践路径

高校学生社区作为思想政治教育的重要场地,对于全面、准确地了解学生需求,有效、及时地解决学生问题,充分、完备地发挥学生效用具有重大意义。当前,学生参与社区育人面临学生参与的制度保障有待完善、学生参与的主体意识有待增强、学生创设的品牌项目有待丰富、学生的先锋模范作用有待加强等问题,需要从优化学生参与顶层设计、增强学生参与意识、创新学生参与应用模式、注重学生参与效能转化等方面加以改进。高校应多措并举,对症下药,从理念的深入到实践的落地,助力学生社区育人中学生参与,构建现代化高校学生社区育人模式新格局,强化学生的思想品格塑造与良好作风的形成。

一、优化组织架构,完善规章制度

(一) 建立明确的架构是学生参与社区育人的基础

学生社区应该充分突出学生的主体作用,由学校领导牵头,各部门联动的顶层设计框架搭建好后,需要着力优化学生所形成的主力部分的架构。以民主平等和自我管理为核心,充分调动学生参与的积极性。基于学生社区的功能属性,以区管理委员会、楼宇党建中心、志愿服务团队等学生组织等为载体,形成正规的学生团队。在具体操作层面,可以横纵联通,搭建学生社区的网格化组织架构,强调学生社区的活动空间,突出学生社区的管理形式。比如,南昌大学致力于推动学生社区自我管理升级,以学生会、公寓委等学生参与力量做好社区服务,并创新打造"三级劳动课堂"①。

---

① 中华人民共和国教育部. 南昌大学"四位一体"探索社区育人新模式[EB/OL]. (2022-03-25)[2023-06-11]. http://www.moe.gov.cn/jyb_xwfb/s6192/s222/moe_1746/202203/t20220325_610664.html.

(二) 形成完备的制度是学生参与社区育人的保障

目前各高校对于教育教学管理的制度已经十分具体,并根据现实发展情况不断调整。相比之下,学生社区较少形成学生们自觉遵守的规章制度,更多的是学生口头上产生的契约,其有效性难以保证。因而在学生自我参与的过程,需要效力明确的规章制度作为依据,促进社区管理的科学性和合法性。① 一是立足于全面发展建立沟通机制。从整体出发,以统筹布局的思路形成上传下达的沟通机制,并在此基础上形成信息调查的动态机制,不断进行完善补充,保障信息的传达和记录,凝聚学生社区的向心力。二是着眼于长期发展建立监督机制。允许全体学生参与学生社区的育人工作,打造开放活跃的学生社区,接受学生的日常监督,及时发现问题,并共同商议解决问题的合理途径,形成高校"枫桥经验",让问题在不发酵的情况下得到妥善处理。

二、增强参与意识,激发主体活力

(一) 树立正确的理念是学生参与社区育人的指引

新生代的青年大学生具有鲜明的个性特征,他们对于自我需求的满足和价值的实现有更加直接和更为强烈的渴望。在行政管理制度相对严明的情况下,学生的主体意识容易被淡化。因此,应该充分尊重学生的想法,突出以学生为本的核心,为学生创造价值提供必要的条件并积极引导,让学生在更强烈的主人翁意识下,充分发挥个人的能动性和自驱力,在频繁的互动交流中形成育人效应。同时,基于学生社区的管理效力,根据工作职责分配相应的权利,明确每一项任务的责任落实到人,使得学生社区管理的事务性常规工作,如进行矛盾协调、参与部署和决策等,形成明确的组织方向。在学生的主体意识增强的同时,也要进一步激发学生核心骨干的自发产生和自主统筹,强化学生的社区认同感和归属感。

---

① 王文杰.完善高校内部治理结构:制度体系与现实情境[J].北京联合大学学报(人文社会科学版),2020,18(4):69—77.

（二）提供全面的保障是学生参与社区育人的支撑

基于高校学生社区工作内容的复杂性，学生参与社区管理服务的途径和类型多样。其一，学生可以参与学生事务管理的各项决策。不少高校以日常听取和征求学生意见与建议的方式了解学生的最新需求，根据反馈做好制度的完善修订工作。如面向学生开放的意见建议受理平台的建立，能够动态收集到学生的意见并及时解决，进一步提高教育的管理和服务水平。而在学生社区管理中，许多新问题且与学生切身利益息息相关的问题层出不穷，可以在制度与平台完善的同时，举行听证会、座谈会等，与学生更亲密地互动交流，更高效地解决问题。其二，知情权也是学生社区中的重要权利，应该在相关制度中明确学生应该知情的范围，如学生社区管理的目标宗旨、组织架构、实施方案、建设任务等，保证信息的公开透明，让民主意识深入内容形式，也让学生在享有灵活获取信息的同时，感受到被尊重和被认同，从而更主动地发挥个人力量，积极参与到社区管理服务中。其三，学生在参与社区管理的过程中，也可以对活动提出批评建议，既可以是组织者也可以是参与者的他们，能参与到宿舍卫生检查、社区活动评比、餐饮安全监测等各项监督工作中，共同为学生社区的优化发展建言献策。

三、提高参与能力，创新运用模式

（一）明确全面的内容是学生参与社区育人的依据

学生参与社区管理，首先要明确自我管理的内容，将力量集中在核心内容。在社区管理中，整体上可以分为政治性参与和非政治性参与两大类。

在政治性参与中，所有的学生作为高校学生社区中的居民，都可以公共性参与到社区管理中，进行过程监督和决策发表。在非政治性参与中，社区的学生骨干会发挥更显著的效益，自发组织策划各类社区党建、教育、文化、竞技性质的活动，让思想政治教育的理念深化到活动中，再完全渗透到学生的日常中。比如，西安交通大学协同第一课堂、第二课堂的资源，将专业教育、思政教育作为社区育人的内容要点,为学生提供全面、个性且专业的学习和补充内容。① 此外,也要基于内容制定完整的方案,阶段性验收学生自我参与的实践成效,促进工作内容的稳步落实。在非制度性方面,协同学校职能部门将教学教务、就业服务、学生资助、心理健康、社团管理、志愿服务、校园文化活动、对外交流等指导服务送至学生社区,并开设创新性的点位,比如学生党建服务中心、"学雷锋"志愿服务岗位等特色形式,将社区文化建设和楼宇管理工作相结合,增强学生社区的文化育人实效。同时,在安全、文明卫生、意识形态风险等方面的管理中着力融入学生力量,根据服务对象来规范要求和细化内容。

(二) 创设丰富的平台是学生参与社区育人的工具

学生社区育人平台的多样性能为学生提供更多创设可能的渠道和机会,激发学生广泛探索和深入研讨的兴趣与动力。

其一,建立针对社区自我管理正常运作的督查平台。在明确学生社区自我管理的主体和内容后,要形成对应的程序并搭建平台,方便把关各个环节学生社区管理的运作情况,并及时接收到反馈督查意见,保证学生社区自我管理的正常运行。其二,建立促进学生积极参与学生社区管理的活动平台。以"五育并举"的思路拓展德智体美劳五条活动建设路径,吸收学生的意见进行活动的创设和升级,输送至学生社区,打造色彩纷呈的学生社区教育文化。其三,充分利用新媒体技术,丰富平台的表现形式。新时代的大学生是互联网的"原住民",移动设备和电子产品以空前的广度和深度渗透至学生生活,新媒体技术在提供便捷服务的同时迎合大学生群体的广泛需求和个性特征,具有鲜活和持久的生命力,借助新媒体手段赋能学生社区管理,具有一定的现实意义和显著的应用效果。首先,打造"一站式"学生社区网络服务平台,设置全面的功能性板块构成学生事务大厅,打通信息交互的渠道,推进数字校园的建设和信息化教育管理的发展,尤其可以开辟学生自由交流的社区板块,促进学生参与管理的规范化、便捷化、信息化和全面化。

---

① 中华人民共和国教育部. 西安交通大学积极探索"一站式"学生社区综合管理改革[EB/OL].
(2021-12-30)[2023-06-11]. http://www.moe.gov.cn/jyb_sjzl/s3165/202112/t20211220_588540.html.

比如,北京邮电大学建立"一站式"综合服务大厅,畅通沟通服务渠道[①];华中科技大学设置28个服务窗口,21台智慧服务设备,20余个职能部门入驻"一站式"社区平台,引进6大类社会服务,提供400余项网上服务,让"数据多跑路、学生少跑路"[②]。其次,迅速占据朋友圈、公众号等社区或通信空间,直接连接平台和学生,将学生线上线下的活动情况更详备地记录在平台上,一方面丰富和实时更新学生画像,另一方面激发学生管理的兴趣和潜力。此外,还应该建立专门的媒体运营学生团队,通过公开选拔招募并提供专业的培训,保证线上线下学生社区正常平稳地运行,并调动学生利用平台进行自主管理的积极性与行动力。

四、关注效能转化,扩大引领作用

(一)加强榜样的引领是学生参与社区育人的参照

让学生参与的形式辐射至更多的学生群体,在价值引领、内容创造、形式设计之外,也要充分利用人际传播,尤其是基于社区本身强大的社交属性,更应该充分发挥其中学生作为个体的作用和影响力。一方面,给予学生社区表现优秀学生一定的荣誉表彰,可以激励学生不断地成长进步;另一方面,学生榜样的引领作用也可以触动更多的学生参与到学生社区的管理中。用一个个体推动一个个体,一种思维影响一种思维,一颗心碰撞一颗心,营造学生社区在各方面良性学习竞争的氛围,让更多优秀的学生脱颖而出,从参与者变成组织者,进一步提升个人能力,并带动更多的参与者不断向上追求。

(二)关注主体的需求是学生参与社区育人的动力

学生的主体需求和学生社区的建设情况息息相关,需求的满足决定社区的发

---

① 中华人民共和国教育部. 北京邮电大学积极探索"一站式"学生社区育人新模式[EB/OL]. (2023 – 04 – 03)[2023 – 06 – 11]. http://www.moe.gov.cn/jyb_xwfb/s6192/s133/s143/202304/t20230404_1054287.html.
② 中华人民共和国教育部. 华中科技大学积极推进"一站式"学生社区建设[EB/OL]. (2022 – 07 – 13)[2023 – 06 – 11]. http://www.moe.gov.cn/jyb_xwfb/s6192/s133/s197/202207/t20220713_645588.html.

展走向。其一,要充分重视学生的合理需求,相比于第一课堂,学生在自由的社区中所表达的真实诉求更多,要充分重视他们的合理需求。可以建立动态科学的学生社区育人评价体系,对学生社区工作情况进行常态化的监督管理,畅通信息反馈渠道,及时进行解决,不断提升学生对于社区的信任感[①],并激励学生多参与和多实践。其二,要积极强化工作指导。在赋予学生一定权利的同时,也要重视对学生的培训,尤其是结合日常自我管理中暴露的问题,进行定向的工作指导,共同研讨交流问题,不断提高自我管理能力。其三,要提升工作的要求指标。在系统化水平和精细化程度上下功夫,汇集校内外多方资源、下沉领导力量、思政力量、管理力量、服务力量,打通人才培养的"最后一公里",提升社区育人的质量和思政建设的水平。

深入巩固高校"一站式"学生社区的功能定位,将其置于高校育人工作的中心,是高校主动适应新时代教育改革发展的现实要求,也是创新新时代思想政治教育实践的切实举措。

在高校"一站式"学生社区育人的工作理念下,要把党建工作、思想政治工作延伸至学生社区,把解决思想问题和解决实际问题结合起来,做深做细做实高校学生思想政治工作。只有充分调动学生主体,达到学生参与治理的成效,才能实现全员全过程全方位的参与。坚持将学生参与融入高校"一站式"学生社区育人的工作体系中,提高育人实力、治理水平和责任担当意识,充分发挥学生的示范作用和纽带作用,推动高校"一站式"学生社区育人理念深入实际,打造高校学生社区的基层治理战斗堡垒。

---

① 祁壮.依法治校进程中高校权力清单制度的实践探究[J].管理学刊,2023,36(2):149—158.

第八章　新时代高校"一站式"学生社区育人中的心理健康教育

近年来，教育部陆续颁发心理健康教育指导文件，连续召开全国性高校学生心理健康教育工作推进会，2023年教育部等十七部门更是联合印发了《全面加强和改进新时代学生心理健康工作专项行动计划（2023—2025年）》，从更为整体和长远的视野规划推动高校学生心理健康教育工作高质量发展，对心理健康教育的实施形式、人才队伍、心理服务等核心内容提出了浸润性、专业性、预防性的共性要求，强调坚持"育心与育德"有机统一，从而进一步提升人才培养质量。面对当前思想政治教育对象心理健康水平呈现出的新的时代特征，以及高校心理健康教育工作面临的场地需求、管理需求、人才需求等突出问题，推动高校心理健康教育工作改革成为提升思想政治教育工作成效的关键问题，对实现立德树人目标意义重大。

顺应时代发展需要，思想政治教育模式和人才培养范式不断迎来创新发展。高校"一站式"学生社区建设因其凝聚资源、聚合空间、力量下沉等优势，成为面向立德树人时代要求、人才培养改革特点、思想政治工作面临的现实挑战、一站集成发展机遇等高校治理关系变革而建构的新的育人空间形态[①]，逐步凸显出巨大的高校育人作用，成为回应对于建设高质量教育体系目标要求的突破之举。基于心理健康教育与高校"一站式"学生社区建设互融互通的天然基础，在学生社区优化高校心理育人工作体系既符合新形势新时代工作要求，也可打造成全面推进学生社区整体融入高校十大育人体系的样板。

---

① 周远，张振. 高校"一站式"学生社区的空间建构逻辑与路向[J]. 思想理论教育，2022(7):102.

第一节 ‖ 高校学生社区育人中心理育人的逻辑内涵

心理育人是指通过心理健康教育来实现育人的目的①,三十年来,我国心理育人发展历经以心理咨询为主要内容到心理健康教育课程规范化再到嵌入"三全育人"整体思路,逐步走向立体化、精准化、多元化方向。而高校"一站式"学生社区建设是一个动态的实践过程和以学生为中心的系统工程,致力于校内校外、课前课后、线上线下等多元力量和资源下沉社区,空间建构、队伍进驻、资源下沉、技术支撑、制度保障是其核心要素②。两者天然的融合基础、应然的价值实现、互融的育人载体是两者相结合的逻辑要义。

一、高校学生社区与心理育人具有天然融合基础

新时代背景下,高校思想政治教育走向全面育人理念。作为十大育人体系之一的心理育人和高校人才培养工作重大改革方向之一的学生社区建设,均在育人目标和育人形式上向全面育人趋近。紧抓心理育人和学生社区建设内核,可以发现两者在育人目标、育人形式上有着高度一致的特性和天然融合的基础。

(一)培养身心健康人才,两者工作目标一致

新时代高校心理育人以马克思主义关于人的全面发展为理论指导,在尊重学生成长成才规律和心理发展规律的基础上,把心理学原理与方法渗透到高校育人全过程,注重对教育对象的人文关怀和心理疏导,不仅帮助学生解决成长中的心理问题,更要培养学生具备良好的心理素质,实现人格健全发展,培育自尊自信、理性平和、积极向上的健康心态③。高校心理育人不再只着眼于当下学生的心理

---

① 马建青,杨肖. 心理育人的内涵、功能与实施[J]. 思想理论教育. 2018(9):88.
② 周远,张振,岳娅萍. 高校"一站式"学生社区的内涵生成、结构要素和现实意义[J]. 中国高等教育,2022(19):53—55.
③ 陈虹,潘玉腾. 立德树人视域下高校心理育人价值及其实现路径[J]. 思想理论教育,2019(5):86.

困扰,更着眼于促进学生的积极发展,以尊重人、关心人和理解人为原则,以学生成长发展需求为新的生长点,以实现学生的全面自由发展为终极目标①。可以说,高校心理育人工作的终极目标就是营造良好的学生成长环境,服务学生发展需求,培育身心健康的栋梁之材。

与心理育人着眼于学生的身心健康发展相同,学生社区最突出的创新变化就是将思想政治教育"以管理为核心"理念更新为"以服务为核心"。根据学生社区管理模式构建要求,学生社区空间功能不仅仅是满足日常学习生活所需,也应满足学生的全面成长、身心健康及卓越发展所需,学生在社区应得到更全面的服务支持和成长指引。理论上两者均全面贯彻"以学生为中心"理念,育人目标高度一致。

(二)依托浸润式育人环境,两者工作载体一致

心理育人因与学生心理健康教育环境有关,对于心理距离有着天然的"零距离"要求,育人形式更倾向于近距离互动,在相近的物理距离中找到合适的心理距离。心理健康水平提升的过程是循序渐进的,有着长期、缓慢的突出特性,因此指向不同育人目标而设的分层次分类型的多样性心理育人活动也是重要载体,在自然和真实的状态下,从育人的点点滴滴入手,全方位、多维度、交互式对学生进行心理品质塑造和心理健康水平提升,浸润每一名学生,以达到"润物细无声"的心理育人成效。

学生社区建设在多功能空间中为学生提供成长服务和问题解答,将育人场所从办公区域延伸至与学生距离更近的社区,通过缩短物理空间距离,围绕服务学生开展浸润式、精准化、个性化的育人工作,满足学生的成长诉求,实现学生的发展需要。两者的育人载体都体现出近距离、亲和力的关键含义,潜移默化中提升学生心理素质。

二、高校学生社区实现心理育人的重要价值

学生社区是新时代高校在课堂外进行人才培养的重要场所。有研究显示,除

---

① 陈虹.新时代高校心理育人内涵、困境与应对[J].思想政治教育研究,2019(7):111.

去学生在教学区上课的时间,学生每天在社区的时间长达14—19小时。基于学生社区育人与心理育人在育人目标、育人载体上的融合基础,建强学生社区阵地,从学生人格发展和心理育人体系优化角度,对提升心理育人成效,实现培育时代新人价值指向有着重大意义。

(一)立足"学生发展"本质,促进学生养成积极人格

学生社区建设中学生既是服务对象,也是服务主体,强调充分调动学生自主性,在学生社区中发挥学生协调、服务、组织的功能,突出学生主体性培育和主观能动性的发挥,实现教育与自我教育的有机统一,对学生责任意识、服务意识、创新意识的萌发和培养有着重要作用。心理育人的育人目标中很重要的一点是引导学生通过对自身问题的思考和解决来积累经验,进行自我调节,从而实现认知结构的转变,消除心理困惑,鼓励学生发挥自我作用,唤起学生的自我觉醒,也称为"自助助人"。因此,学生社区为学生提供的自我锻炼平台无疑为学生养成自主、积极的人格提供了肥沃土壤。同时,学生社区空间不仅是物理形态,也内嵌着社会关系和社会脉络,利用学生社区也能培养学生的社会情感能力,从而延伸心理育人中传统的心理品质范畴。

优良的学习品质支撑学生未来发展,提升学生良好的学习品质是促进学生长远发展的需要。学生社区中以功能性为主体的学习空间是重要组成部分之一,楼宇或公共空间中设置的学业辅导员室是学生课外学习的重要场所,在社区中开展学业指导活动也是学生分众化成长需求之一。因此学生社区是培养学生学习心理品质的重要场所,对学生养成良好学习习惯、学习态度尤为重要。

(二)聚焦"资源队伍"核心,突破心理育人最后半径

资源下沉是学生社区建设的核心要素。根据教育部文件精神,通过"一站式"整合、"一线规则"践行,分类别、分层次、分区域地把教育管理服务的资源组织利用起来,服务于社区,满足高校育人工作需要。因此,在学生社区深化改革背景下高校心理育人服务可以与学校大学生心理健康教育与咨询中心、学院心理服务站等形成合力,在学生社区建设多个心理育人功能用房,使全校公共事务空间的使用效率提高,育人功能得到深化,管理服务科学性得到提升,心理育人的阵地也在

线下线上得到拓展，进一步织牢织密学生心理健康教育防护网，筑牢筑实学生心理健康教育保护屏障。

学生社区建设队伍进驻要求一切与学生成长有关的机关职能部门、学生工作部门、专业院系及各级团队人员进驻社区，组成了复合型育人队伍，育人队伍空前壮大。心理育人队伍涵盖心理咨询专业人员、辅导员、思政教师、心理学背景专业教师、学生朋辈队伍等团体，队伍建设对心理育人的效果有着直接影响。在实践中可以发现，高校心理健康教育与咨询中心硬件设施较好，但师资队伍却相对匮乏，特别是从事一线心理咨询工作的人员缺少、专业技术缺失，在学生社区中则更紧缺，极大地影响了心理咨询服务质量和心理健康教育的开展，制约心理育人效果。因此，强大的队伍力量将有助于心理育人工作在学生社区中落到实处，架起多元心理支持系统。

三、高校学生社区成为心理育人的最佳场所

基于当前大学生新的心理特征和心理育人内容创新需要，将网络环境一并纳入心理育人环境范畴势在必行。学生社区天然的全时空环境既包含物理空间，也覆盖网络空间，为心理育人内容建设提供资源支持。育人环境的打通和育人内容的创新，助推学生社区成为高校心理育人的最佳场所。

（一）实现环境深度融合，延伸心理育人空间

随着时代发展心理育人理念不断更新，如今智媒时代来临，网络媒体的时代特色和育人优势显现。通过调研发现，当前大学生更偏重线上人际交流，网络世界的虚拟性为个人提供了隐藏自我的渠道，学生更愿意在云端与他人分享真实情绪和心理困扰。全方位育人理念从现实延伸至网络中，网络环境与社会环境、家庭环境、学校环境一起纳入心理育人大环境，通过"全方位＋立体式"心理育人新模式实现"大心理"教育，进而助推"大思政"格局的形成，凸显出整体教育的观念，与当下学生社区育人中提出的育人环境应打通物理空间和虚拟空间高度契合。高校学生社区既包含物理空间，即生活空间、学习空间和服务空间，也涵盖学生综

合事务管理云端平台。学生社区育人核心要求就是缩短育人空间距离,拉近师生距离,在学生交流最频繁、最亲切的场所开展育人工作。因此,学生社区天然的全时空环境是开展心理育人最恰当不过的载体,两者相通的育人环境,也为两者的深度融合打下坚实基础。

（二）打通"课内课外"平台,创新心理育人内容

心理健康教育课程是心理育人的主渠道。通过梳理发现高校在心理健康教育课程建设中也遇到了学分增加但师资缺乏、课堂内容有限课堂效果欠佳等瓶颈。国家对于心理健康教育的重视也反映在心理板块学分的增加,因此势必会占用学生更多时间,面对师资的困难、组织的困难,学生社区成为重要工作突破口。在学生社区中,可以把学生碎片化时间利用起来,同时队伍的有益补充也扩充了师资,实现主课堂另一种可能性。同时,将视角转移到网络也会发现线上资源众多、案例鲜活,可从中找出符合大学生心理发展规律,具备实效性、时代性的育人内容,为学习者提供了海量资源和针对个体的适应性成长路径,打破既往心理育人内容单一、缺乏实效性的现状,供给"全覆盖＋沉浸式"心理育人内容,打通了课内课外平台,实现心理育人内容的创新。

在学生社区中心理育人的平台不仅局限于课堂教室,也可拓展至团体辅导、主题班会、空中课堂、社交网络等其他育人途径。同时,心理育人实践活动也逐步扩大至校园其他文化活动,第一、第二课堂联动性在学生社区中得到进一步加强。学生社区中运用现代化技术建设的学生事务综合管理平台也可提供网络心理咨询服务。打破心理育人途径狭窄现状,建设出"全平台＋渗透式"心理育人渠道。因此,在学生社区空间渗透心理育人内容,显性教育与隐性教育相融合,心理育人内容通过社区空间得到延伸,进一步推动学生身心自由健康发展。

第二节 ‖ 高校学生社区育人中心理育人的现实境遇

基于高校"一站式"学生社区与高校心理育人的融合基础和新形势下建设高

质量思想政治教育工作体系的目标要求,当前各高校逐步将心理育人工作与学生社区育人相结合,探索高质量高校心理育人体系。但实践中大多停留在形式的创新和浅层的融入,未能深层次把握心理育人在学生社区育人的核心,尚未发挥其应有的巨大育人价值。

一、育人阵地转移,但内容及空间建设不足

学生社区建设是将育人工作延伸到学生社区的全时空环境,因此在学生社区开展心理育人也将育人视角着眼于线上及线下,校内校外和课堂上下。目前,高校传统的做法仍然局限于浅层的阵地转移,具体做法是在学生社区开展心理健康教育活动,这既是片面解读心理育人工作,也是对学生社区育人指导思想和内核要义把握不到位、不充分。

(一) 精品活动建设不够

在"学生为本"的核心理念下,除了传统心理健康教育课堂教学和对学生提供心理咨询服务外,对于学生社区心理健康教育课程、活动等精品内容建设不够,心理育人内容仍聚焦在预防性问题角度,以解决学生心理困惑和心理障碍为主,而未能关注到学生价值引导和自我发展角度,育人活动指向于小部分群体。且部分教师仍忽视课堂过程中对学生积极心理品质的培养,也有部分学生对心理健康教育不重视,甚至担心被污名化,心理育人课程及活动无法吸引到全体学生。学生社区心理健康教育参与的对象也因此变得有限。

(二) 育人空间拓展不足

实际走访中也可以发现,在学生社区中为心理育人开辟的空间有限,学生社区心理健康教育场所严重缺乏,停留在口号和纸面的仍然远多于创设在真实空间中的,即使有改造的开展心理育人活动的场所,也存在建设不足、环境不佳、使用不够的问题,削弱了育人氛围。同时,育人空间在网络的延伸也多数为提供心理咨询,服务的单一形式,学生社区信息化水平较低,网格化管理效率不高。线上服务平台多指向流水式、日常式事务办理,忽视了学生云端各类型大数据带来的心

理育人价值,且部门间数据不流通,未能将学生行为分析、学情分析等重要成长字段采集起来,用于描绘学生心理画像,为预防干预提供预警支撑。

二、关注资源引入,但组织及过程管理不够

梳理当下高校学生社区育人中心理健康教育开展现状,在教育教学、实践活动、咨询服务、预防干预等方面虽都有相应举措和资源引入,但是各块面工作较为零散、割裂,理念无法形成统一,政策执行效力不强,管理整合度不高,育人资源调配困难,难以形成体系化社区心理育人氛围。

(一) 制度保障体系有待完善

心理育人作为十大育人体系之一,提出心理健康教育全员参与、多部门共同推进、多维度共同展开的导向要求。在四位一体建设要求下,教学、学工、后勤等其他管理部门均纳入心理育人体系的协同机构。同时,学生社区育人又将资源引入作为重中之重来落实,各部门资源全部倾注学生社区。但学生社区育人毕竟处于起始发展阶段,高校各个部门虽然都有协同进行心理育人的共同意识,但由于缺少指向多部门协调、多资源凝聚的顶层设计系统性方案,制度保障配套政策缺失,加之部门协同机制建设不完善,管理部门之间人员结构复杂,管理壁垒较为严重,造成某些部门责任集中,服务质量有限,学生未能有效利用心理育人资源。各部门仅从自我范围内进行建设,协同效果较差,隐性教育功能降低[①],制约心理育人成效。管理服务资源的引入只是一个开始,要发挥其背后的心理育人作用仍需顶层设计保障,领导班子出面统筹协调,才能确保育人工作不走样。

(二) 协同育人格局尚未形成

当前,学生社区心理育人工作在全员、全过程、全方位的系统化构建中仍略显不足。在全员参与的要求下,因受限于人才资源和专业指导,导致出现不同程度的角色缺位。全过程培养中,心理育人也未能连贯起学生不同阶段的需求。全方

---

① 林淑玉.高校心理健康教育实施中的问题分析与对策思考[J].思想理论教育,2017(1):87.

位理念下,心理育人尚未融入学生发展的各个领域,在学生全方位社区成长环境的其他维度,如实践育人、文化育人等体系中还鲜有涉及。将各类资源有效汇聚到学生身边的载体不足,第一、二课堂、教学区、功能区与生活园区等仍存在培养割裂、协同性不强的问题,学生社区协同育人格局有待提升。

三、强调组建队伍,但忽视人员内驱力激发

在学生社区组建心理育人队伍是当下高校在学生社区中嵌入心理育人工作的主要举措之一,但队伍的协同、互通尚未形成有效模式,也未能形成考核以及激励机制,无法形成常态模式和长效模式,从而影响学生社区心理育人的作用。

(一)忽略人员协同的复杂性

学生社区心理育人队伍覆盖专业教师、驻楼导师、社区管理人员以及朋辈心理委员等多支力量,他们在心理育人体系中发挥着不同的作用。但只有大家各司其职,互相配合才能真正发挥每个岗位的育人作用。目前看来"同向发力"仍然不足,教师的育人意识不够统一,未能明确学生社区心理育人的价值所在,导致协同效果弱化。需进一步充分考虑人员的复杂性和多样性带来的协同困难,及时收集人员协同的重点和难点,统一思想,调配资源,打通痛点和堵点,使得心理育人人员协同更为通畅。

(二)缺乏提升内驱力的激励机制

当前学生社区心理育人的目光仍较多关注在队伍组建阶段,将队伍进驻到社区并不代表工作结束,院系或者机关职能等部门作为心理育人队伍中人员的上级管理部门,缺少配套考核和激励机制进行监督管理,工作量和工作成效未能纳入工作绩效范围,导致育人队伍在学生社区工作的质量无法得到有效保证,参与育人工作的热情有限,在一定程度上影响学生社区中心理育人工作机制的长效性。

第三节 ‖ 高校学生社区育人中心理育人的实践方向

学生社区背景下的心理育人改变以往心理育人内容以学生心理问题为出发点的弊端，探索将心理健康教育工作融入到学生社区环境。心理健康课程、心理咨询服务、学生成长辅导、人格素质养成、心理活动组织逐步延伸到学生社区，通过进一步优化体制机制、环境创设、内容设计、队伍协同等方面，充分发挥学生社区综合管理优势资源，推进各队伍力量深度融合，构建高质量心理育人体系，切实提高心理育人工作的有效性。

一、完善顶层设计方案，保障心理育人"有力量"

学生社区心理育人体系应完成制度重构，以制度化协调各级育人力量形成育人共同体，把校院领导力量、管理力量、服务力量、思政力量等压到心理育人服务学生一线，将校内外优质资源转化成学生身边触手可及的心理健康教育资源，满足学生自我实现、精神情感层面的高阶需求。

（一）制定顶层方案，统一育人思想

从校级层面设计学生社区心理育人工作方案，整体谋划协同发展格局，按照"学校—书院/学院—班级—宿舍"四级布局心理健康教育工作网格。同时，出台系列制度举措，明确心理育人涉及部门的工作边界和工作细则，确保责任落实到人、任务落实到位。顶层方案应紧紧围绕"学生为本"的育人理念，队伍人员应在"学生为本"理念的指导下，以学生社区为场所，以促进学生身心全面发展为目标，充分激发学生主体地位，满足学生成长所需，助力学生成长成才。

（二）贯彻专项行动，有效调配资源

心理育人专项行动含专项时间及专人队伍力量，由上级部门制定考核管理和激励机制。在学校党委统一领导下，成立学生社区建设工作专班，成员单位应包括党委组织部、学生（研究生）工作部、保卫处、后勤保障部、信息化治理办公室等与学生成长相关度较高的重要协同部门,建立定期协调议事机制,解决在学生社区中开展心理育人工作中的协同困难,包括人员协同、制度协同、资源协同等。同时要认可心理育人队伍在社区中的工作表现,以制度文件的形式将工作表现纳入工作绩效和职级晋升的考察范围。

二、打通多维空间壁垒,凸显心理育人"同场地"

高校学生社区心理育人体系应完成空间重构,遵循学生成长成才的规律,以立体式、全方位为目标优化基础设施,实现最短社交距离带来最优育人效果。

（一）创新空间改造,营造育人氛围

学生社区物理空间由若干栋楼宇组成的宿舍群、分众化社区空间和全校性公共事务区域共同组成。可在学生社区内开辟一定面积的公共物理空间如心理咨询服务站,配备必要的软硬件设施,为学生解决心理咨询排队久的难题,减少因心理咨询预约困难或场地受限而产生的"畏难"情绪,最大限度满足心理咨询、师生交流等需要。也可在学生社区或楼宇中设置谈话室、发泄室等,为学生交流互动、纾解情绪提供场所。同时充分利用学生社区公共空间,创设识别系统,包括在学生活动空间、大厅等公共区域设计心理健康教育标识,营造积极向上的心理氛围,实现心理育人"浸入式"宣传教育。在学生社区中进一步推动医校结合,并将校内外的心理咨询和预防干预力量下沉到学生社区,为预防和处理心理危机事件奠定工作基础。最终形成功能齐全、设备先进、使用便利的公共物理空间,以满足学生对空间使用的多样化需求。

（二）深化数据分析,实现线上线下互通

充分利用技术赋能进行大数据分析,深度把握新时代学生的心理特征以及心理偏好倾向,并结合学生学习状态、异常行为、生活行为习惯、社交模型等数据为学生精准画像,实现分层分类学生行为预警。对重点学生形成心理成长档案,实现高关怀学生心理危机预警。通过信息技术赋能思想政治教育,将数据信息作为助力心理育人精准开展的有效资源,打造数字化工作矩阵。建设完善线上综合事务大厅，落实心理咨询预约流程，服务于学生心理咨询；建设学生社区互动平台、树洞邮箱等虚拟空间，收集学生心理个性化问题，并及时回应学生，引导学生做好心理调适。着力解决心理育人工作队伍与学生线上、线下两个场所的资源融合问题，精准服务学生成长。

三、创新多元内容载体，把握心理育人"同频率"

学生社区心理育人体系应完成内容重构，践行"关照学生"的理念，拓宽"服务学生"的范围，找准教育客体的心理接纳途径，通过精品课程、活动设计掌握与学生"共情"的方法，提高与学生"共情"的能力。

（一）设计主题微课，创新内容品质

围绕学生心理、社交方面的困惑难题设计主题化微课或社区课程。在习得课堂内的心理健康教育知识之外，将学生心理成长发展性与预防性相结合，聚焦学生成长需求在学生社区中开发小班化、精品化、个性化的微课或社区课程，如"生涯发展与职业规划""抗逆力团体辅导"等，作为心理课堂内容的有益补充。同时在心理课堂延伸至学生社区网络云端的背景下，进一步鼓励学生以自媒体、视频、图文等形式与教师进行互动和反馈，增强心理课堂亲和力，提高线上育人质量。

（二）拓展第二课载体，激发育人活力

面对当下青年学生将大量休闲时间投入到网络中导致户外运动减少，沉溺于虚拟世界易产生网络焦虑、人际焦虑等心理障碍的问题，应重点发挥包括体美劳及校园文化主题活动在内的特色思想政治教育活动的内化熏陶作用，通过挖掘学生社区资源打造丰富多彩的五育平台，如在学生社区开展大咖讲堂、趣味运动会、校园美育计划、劳模面对面等丰富的学生社区生活体验活动，提高学生的人际交流能力，强化学生身体素质，引导学生积极主动地走出宿舍。通过打造品牌心理健康活动如"阳光体验营暨阳光大使训练营""阳光嘉年华暨心理健康活动巡礼"等，巩固学生心理健康教育知识，提高学生情绪调节能力。以及通过在学生社区中建设楼层自管委员会、学业帮扶小组等形式，调动学生在自我调适、自我教育上的积极性,充分挖掘学生个体潜能,发挥学生主体意识,助力学生构建积极的心理品质。

四、凝聚多支协同队伍,实现心理育人"同成长"

学生社区心理育人体系应完成队伍重构,是充分践行"一线规则"的现实要求,凸显"服务学生"本质。聚合队伍力量开展育人工作,由队伍协同实施心理育人举措,及时沟通育人环节或个案处理上的有关问题,为实现心理育人目标共同努力。

(一)设置社区联络员,凸显朋辈力量

心理育人工作进入学生社区后,心理育人人员梯队发生变化,改变传统以班级为教育和服务主体的现状,楼层骨干、社团同伴、寝室室友等学生社区中的朋辈人员变成协同育人和心理帮扶的重要力量,学生自治组织不断健全,通过在学生社区设置朋辈心理联络员,及时深入寝室、楼宇排摸学生心理动态,常态化开展群体性心理调研等,掌握代际学生心理,反馈重点学生心理诉求,广泛开展朋辈心理帮扶,对提升危机事件响应速度、建立高关怀学生心理档案均起到重要作用。将四级心理健康教育网格中的宿舍一环牢牢落地,同时也进一步提升了学生自我管理、自我服务的意识,塑造积极的人格品质。

(二)布局导师团队,开展育人服务

布局多元化导师团队开展网格化、扁平化的服务育人工作。邀请具有广泛影响力的专家教授担任人生导师,通过学生社区座谈会或者沙龙帮助学生进行生涯规划,指引人生方向,解决学生思想之惑。邀请心理健康教育与咨询中心教师、辅导员担任学生社区导师,通过学习生活指导、团体辅导、个体化心理咨询,帮助学生进行心理调适,缓解学生心理困惑。邀请心理委员、生活委员担任朋辈导师,通过日常言行辐射正能量,同时识别心理危机学生。鼓励导师团队在心理育人实践中积极互通互动,及时沟通育人环节或个案处理上的有关问题,提升协同育人成效。

高校"一站式"学生社区育人与高校心理育人工作有着天然的融合基础,在"三全育人"和"学生为本"的育人理念下,两者进行融合实践是提升心理育人工作成效的重要举措,是建设高质量高校思想政治教育体系的应然之举。

立足高校学生社区开展心理育人工作,可有效促进学生养成积极人格,突破心理育人工作最后半径以及创新心理育人服务内容。面对当前学生社区育人中心理育人工作制度保障不够、人员动力不足、空间拓展不足等境遇,应继续从方案设计、空间改造、平台搭建、内容创设以及队伍协同等维度进行深度探讨和改革,以此实现建设新时代高质量心理育人体系的重要目标,进一步推动新时代高校思想政治教育工作在实践中加强、在创新中发展。

第九章　新时代高校"一站式"学生社区育人中的文化育人

高校学生社区是大学生接受正确思想引导、厚植中华文化精神、夯实理想信念教育的重要场域。推进学生社区文化育人，提升学生社区育人成效，是新时代高校深化立德树人的重要议题。高校"一站式"学生社区育人强调社区物理空间和文化空间的双重属性，是对社区育人理念、育人范式、育人实践的深刻变革。

高校肩负着文化传承、传播与创新的重要使命，高校"一站式"学生社区育人视域下的文化育人，是中华优秀传统文化、革命文化、社会主义先进文化在高校特定空间、对特定群体的直接体现，呼应了党和国家对高等教育的内涵式发展要求，符合中国特色社会主义文化"涵养学生、培养人才"的高校文化育人准则，是新形势下高校加强和改进文化育人工作的重要组成。

"无言之教"，新时代高校"一站式"学生社区育人中的文化育人，既包含体现践行社会主义核心价值观要求的品性陶熔、体现弘扬中华优秀传统文化气韵的情操淬炼、彰显红色革命文化底色的精神塑造等，也涵盖承载独特校史、育人传统的环境熏陶和学脉赓续等。

第一节 ‖ 高校学生社区育人中文化育人的内涵功能

面对世界多元文化的价值冲击和建设中华民族现代文明的现实要求，高校学生社区的文化建设需要担负起以文化人、凝心聚力的育人使命。高校学生社区文化育人旨在通过蕴含中华优秀传统文化、革命文化、社会主义先进文化、校园文化的各类文体活动，帮助高校生在知识结构、价值准则、群体意识、思维方式、兴趣爱好、生活习惯、行为规范等方面达到知悉、明晰、洞悉的文化状态,在社区形成一种相对稳定持续的浓厚文化氛围。① 高校"一站式"学生社区建设是适应新形势新情况、加强高校思想政治工作的重要体制机制创新,其赋予高校学生社区文化育人更丰富的内涵和价值。

一、文化育人的精神内涵

当今世界,文化软实力是国家、民族之间较量的重要领域,是衡量一个国家文明高度、国民素质程度、历史内涵厚度的关键法宝。党的二十大报告中指出,全面建设社会主义现代化国家,必须坚持中国特色社会主义文化发展道路,增强文化自信……增强实现中华民族伟大复兴的精神力量。② 高校要将中国特色社会主义文化蕴含的精神力量作为宝贵的育人资源,特别是注重利用中华民族深厚的文化传统形成的富有特色的思想体系,赋予高校文化育人特有的精神内涵。

(一)文化与价值的聚合有助于筑造中国特色社会主义理想

一方面,中国特色社会主义文化蕴涵的传统文化基因和当代文化精神有助于社会主义思想道德建设的深化。作为中国特色社会主义文化的重要来源,中华优秀传统文化"有助于更好地理解、把握和实践马列主义基本理论""有助于筑造中国特色社会主义共同理想""有助于完善和践行社会主义荣辱观。"③另一方面,中国特色社会主义文化的守正创新是助推文化强国的需要。中国特色社会主义文化蕴含着深厚的历史积累,凝聚了无数先贤的智慧,能够为立足于新时代的中华文化提供源源不断的精神养分。文化因创新而多姿多彩,一个固定不变的文化形

---

① 王向菊,白云利,王梅姣.高校学生社区文化内涵式发展机制研究[J].产业与科技论坛,2019,18(24):247—248.
② 中华人民共和国中央人民政府.习近平:高举中国特色社会主义伟大旗帜 为全面建设社会主义现代化国家而团结奋斗——在中国共产党第二十次全国代表大会上的报告[EB/OL].(2022-10-16)[2023-06-11]. https://www.gov.cn/gongbao/content/2022/content_5722378.htm.
③ 郭玲,武宁,梁朋.中华优秀传统文化融入当代高校思想政治教育研究[J].文化创新比较研究,2018,2(36):41.

态必将是一潭死水、缺乏生机,必将会被滚滚而来的时代洪流所淘汰,因此,文化创新是中华民族立于世界民族之林、实现新的历史突破的关键举措。

(二)文化与育人的契合有助于提升中国优秀人才培养素质

一方面,中国特色社会主义文化的浸润能将文化知识内化形成个人文化修养,淬炼人格品性。中华文化蕴涵五千多年中华民族形成的历史精华,对新时代中国特色社会主义文化的弘扬不是为了孤芳自赏,而是要实现新的历史条件下的创造性转化和创新性发展,帮助高校大学生从文化中汲取修身养分,提高其文化品格和道德修养。另一方面,中国文化在传承和发展中提供了培育审美情趣和能力的丰富资源库。"这些艺术作品充分表现了中国人独特的审美情感、价值追求和生活感悟,是培养大学生审美能力的最宝贵的资源库。"[1]中国有着悠久的美育传统,依托丰富的文化资源库提高个人的文化素养、思想境界、审美情趣和思辨能力,对于大学生综合能力的发展至关重要。

(三)文化与时代的融合有助于推进中华优秀文化发展创新

一方面,文化的传承发展在于与文化实践紧密结合。中华优秀传统文化、革命文化和社会主义先进文化同科学社会主义价值观的契合为文化实践提供了力量源泉,习近平同志多次用"精神命脉、重要源泉、坚实根基、突出优势来说明其地位和作用"。[2] 文化实践是文化自觉和自信的重要形式,中国特色社会主义伟大实践亦为新时代中国特色社会主义文化发展提供了丰厚的土壤。另一方面,中国特色社会主义文化为新时代传承鉴别和丰富拓展新形式、新样态提供了融合契机。创新发展不是"飞来峰",经过历史积淀的中华优秀传统文化、经过社会主义建设等实践的革命文化和社会主义先进文化正是创新发展的根基。在全球化经济快速发展的当下,要提高将中国特色社会主义文化与时代文化结合起来的意识与能力,促进文化在新时代焕发澎湃生机。

---

[1] 刘娟. 发挥中华优秀传统文化的育人作用[J]. 安徽文学(下半月),2018(7):136.
[2] 代悦. 充分认识中国特色社会主义文化的特点[N]. 人民日报,2017-12-15(7).

二、文化育人的价值功能

高校是传承、创新、发展文化的重要载体,中国特色社会主义文化是高校文化育人的宝贵资源,学生社区是中国特色社会主义文化在特定空间、特定群体的直接体现。以学生社区为空间载体,高校学生社区文化主要以四种形式呈现:一是空间文化,如社区中大学生开展各种文化活动的基础设施;二是同质性文化,是社区中大学生认同且日趋形成的共同文化;三是传统文化,属于社区中大学生继承与弘扬的各种文化资源的合一;四是群众性文化,如社区中大学生参与并形成的社团文化①。以学生社区为空间,特别是高校"一站式"社区的赋能,学生社区文化在品性陶融、情操淬炼、精神塑造等方面蕴含独特的德育资源。中国特色社会主义文化以五千年中华优秀传统文化、红色革命文化和社会主义先进文化为支撑,蕴涵丰富的物质文明和精神财富,加之拥有独特校史、育人传统的校园文化,均构成学生社区文化育人中的德育优势和价值功能。

(一)品性陶融,践行社会主义核心价值观

大学生品性的陶融需要由外至内、由浅入深地影响渗透,学生社区在文化社区的营造建设和文化发展的传承创新方面有着天然优势,可以通过环境熏陶、情感熏陶、活动体验等,辅以一定的活动设计和载体搭建,不断强化文化育人的力量,助力大学生社会主义核心价值观的践行。具体来看,依托仪式教育、体验课程等培育载体融文化于活动,通过互动环境、联合场域等培育阵地融文化于空间,借助一体化活动、榜样先锋等培育氛围融文化于情感,从中国特色社会主义文化与社区思想教育相融合的角度,探索社区育人在情操涵养、品性陶融、职业理想、价值信仰等方面彰显文化教育的功能,筑造社区学生的社会主义理想。

(二)情操淬炼,弘扬中华优秀传统文化

五千多年中华文明逐渐形成以儒家文化为代表的价值观念,即"修身、齐家、

---

① 刘波.高校以学生社区文化建设为载体推进思政教育的思考[J].大学,2021(8):72.

治国、平天下",对自身与天下的叩问逐渐形成了中国人特有的情操涵养。中华传统文明融入学生社区文化育人既有利于学生的人格养成,又能促进中华优秀传统文化的传承发展。传统节日文化蕴涵着巨大的审美情感和精神影响力,通过学生社区游园体验节日文化,能增强学生的审美情感和文化感染力;历史名人和大师有着专业领域内外的情怀、追求和愿景,通过在学生社区组织解读大师、走近名人的涵养活动,有助于学生感悟并传承师道;依托学生社区课堂讲堂、社区微课等形式与经典对话,在鉴赏经典中激发家国情怀的认同自觉,深化大学生对中华优秀传统文化的情操淬炼。

(三) 精神塑造,彰显红色革命文化底色

红色革命文化以牢固的理想信念、坚强的党性原则、高度的文化自信和勇于革新、实事求是、无私奉献精神为主要精神内涵。大学生作为中国精神的传承者,强调在革命文化的继承和发展中实现自身价值与社会价值的统一。学生社区因其独特的空间优势和文化特色,具有彰显红色革命文化底色的精神塑造功能。依托学生社区党员工作室、楼宇自管会等平台,大学生在管理自治、行为自律、价值自觉的过程中促进红色文化的内化。通过开展系列社区红色文化主题教育实践活动,学生在社区革命文化的耳濡目染中重温红色记忆、传承红色基因、弘扬革命精神。以革命文化实践研学、社区宣讲等方式作为红色文化涵养、传承、鉴别、创新的突破点,持续注重社区学生的精神塑造。

(四) 环境熏陶,承载独特校园文化传统

校园文化融合了学校的历史底蕴,包含"硬文化"和"软文化"。学生社区文化是校园文化的缩影,其独特的实体空间景观和虚拟的空间文化,对于学生的文化涵养起到潜移默化的熏陶作用。一方面在学生社区布设教育教学文化装饰,通过景观设计在硬件环境中彰显、融入、传播师道文化和精神,深化学生对文化的感知和理解;发挥大师文化特有的精神内涵,融于生活教育空间,帮助广大学生在日常学习生活中浸润中国特色社会主义文化。另一方面搭建多媒体虚拟空间文化平台,提升数字空间互动对大学生的文化熏陶作用。通过实体景观与虚拟平台的联动互通,以丰富的网络媒介作为有效补充载体,实现线上线下多场域的优秀文化

传承联动,进而不断推进学生的文化自觉自信自强。

第二节 ‖ 高校学生社区育人中文化育人存在的问题

在全球化浪潮下西方思想文化思潮大量涌入中国,大学阶段是人生发展的重要时期,大学生面临多元价值文化的冲击,如果未能被及时、有效地引导,容易造成价值取向的偏差或模糊,精神文化生活的盲目或空虚。学生社区作为大学生学习成长的生活园区,是大学生最亲切、最熟悉的场所,其有着潜移默化的育人优势,可谓是学生生活成长的精神家园,但在当下社区育人优势尚未充分挖掘,特别是对社区文化育人的功能挖掘和路径实施重视度不够。文化涵养注重启发主体内心的觉悟,依靠主体内在力量进行文化自觉修养,这就对于社区文化的熏陶提出更高要求,需要引导大学生在社区文化熏陶下以发展性的思维继承和弘扬中国特色社会主义文化,在认知鉴别文化的基础上进一步弘扬创新文化,有效避免多元文化的冲击。

一、文化主体意识不强

(一)文化主导的自觉行动不够

目前,高校学生社区的文娱活动丰富多样,不仅有红色研学活动,而且随着近些年中华优秀传统文化的走红,一些非遗传承类的实践项目也在学生社区中落地生根。但是,学生社区文化活动的选择与举办仍然存在形式化、表层化、简单化的过程性问题,活动样式高度重复,部分活动流于完成形式,不够走心走实,以文育人化人的实质性目的没有达到。学生社区文化育人要坚持"内容为王"的基本要求,但部分高校还存在偏离自身实际、照搬照抄一般性的文化建设模板,导致学生社区文化育人成色不足、效果不佳。作为高等教育阶段的学生社区文化建设要充分考虑学生思维、审美的高阶发展,满足这一学龄阶段受教育者的高阶文化需求。

但是,学生社区文化育人中的场景装饰、文化活动等还与中学阶段有着相似性或者等同性,降低了文化育人的吸引力,不符合大学阶段培养问题意识、自主探究、合作交流等高阶研究性学习要求。

(二)文化鉴别的创新实践不足

受多元文化思潮的影响,高校学生文化主体意识欠缺,伴随产生的是其文化鉴别能力的不足。在高校学生社区的特定环境中,学生群体主要表现为对中国特色社会主义文化的内化度不够、对多元文化缺乏在比较甄别中做出理性选择的能力、在应对多元文化冲突过程中缺少开放包容的心态等现象。针对文化鉴别和创新能力不足的情况,需要在社区实践、文化熏陶等过程中引导大学生在文化对比与碰撞中进行鉴别性的借鉴,有鉴别地加以对待,有扬弃地予以继承,反思自身文化的不足之处进行修补并汲取外来文化中的优质部分完善自我。面对大学生弘扬、创新、发展中国特色社会主义文化意识不足的情况,应充分认识在学生社区文化育人环境中文化主体意识缺乏的现象,继续坚持以社会主义核心价值观为指导,在弘扬社会主义先进文化中努力实现中华文化的创造性转化、创新性发展,通过社区育人的强大助力展示中华文化的独特魅力[①]。

二、文化氛围不够浓厚

(一)社区文化品牌不够鲜明

学生社区是学生平均停留时间最长的校园区域,因此学生社区的环境因素必然会在学生身上烙下痕迹。不仅学生社区的物质资源配置会直接影响学生的社区体验,社区文化更是凝聚群体、强化认同、促进社区可持续发展的法宝。从当前高校学生社区文化建设的现状来看,社区文化的氛围感不足,社区文化建设的招牌不够响,究其原因在于各高校学生社区文化的同质性问题突出,文化活动的相似度较高,差异性不明显,文化建设的层次性不足,对自身学校、社区特色文化价

---

① 柳礼泉,胡港云.培养大学生文化自觉的四维向度[J].思想理论教育导刊,2014(10):69.

值的开发力度不够,导致社区文化的吸引力、凝聚力、感召力不强,制约着社区教育质量的拔高。高校要形成"一社区一标志文化"的建设成果,利用好自身特色文化,形成独具特色的文化教育品牌,打造社区文化特色,形成校园文化新坐标。

(二)社区文化景观装饰不足

心理学家库尔特·考夫卡提出"人的每一个行动都是被其行动所产生的场域影响"。兰德尔·柯林斯认为,情感能量是激起群体互动的重要因素,而场所的设计、布置对互动仪式链中受众的影响是不可缺失的。高校学生社区是学生停留时间最长、受影响程度最大的地方,社区文化氛围的营造有利于其在社区场所构建起弥散性的文化价值体验,让社区学生耳濡目染接受到社区文化的灌输与熏陶,变"他人教"为"我要学",增强对于社区文化的体验感与认同感,形成具有强大向心力的社区价值共同体。目前,高校学生社区的"一廊三室"等硬件设备配套基本完善,但社区文化景观的利用率不足,文化氛围的营造不够浓厚。学生社区文化仪式的举办存在短期性的缺陷,仪式带来的"集体欢腾"只发挥了短期效应,一旦仪式结束,社区学生又回到了往日的平静中,对文化价值的体悟不够深刻、持久。优秀的景观装饰包含仪式等在内的文化活动,让学生将短期的情感能量转变为长期稳定的情绪价值,构建文化氛围浓厚、人际关系和谐、学生健康发展的新时代友好型学生社区。

三、文化空间赋能缺失

(一)文化实体空间资源受限

从高校"一站式"学生社区建设来看,理想中的社区通常有相对独立的院落,并且拥有相对独立的餐厅、会客厅和学术、运动和文化活动场所。当前,我国高校学生社区软硬件设施水平参差不齐,一些学校尚面临住宿资源紧张、学生规模持续增长、新旧校区交替等现实问题,硬件建设只能在学生社区进行有限的改造,与理想中的硬件状态存在较大差距。虽然学生社区建设和发展顺应时代潮流,但整体处于探索期,还未形成全覆盖、常态化的长效机制,同时多元协同体系还需要进一步加强完善①。此外，在实体空间的优化过程中，多数学生社区缺乏形象识别系统作为自己的文化载体，尚未能与人才培养目标、理念、举措、课程、活动或模式等更重要的"育人实体"融会贯通，以致学生社区文化内涵的独特性、丰富性不足，辨识度有限。

（二）文化网络空间更新不足

随着教育理念的科学发展，大学文化育人主体不再具有唯一性，大学生的思想行为和学习生活方式呈现新特点，高校文化传统、以文化人正面临新的挑战。多数高校尚未打造社区网络文化育人主阵地，未能以学生为主体进行新媒体建设，需要进一步通过新媒体如公众号运营、记者站维护及微博平台的建设，充分发挥学生的自我管理和服务能力。部分高校学生"无缝"使用多任务的信息处理方式的平台建设经验不足，开发及搭建"掌上文化"App等网络服务育人平台不畅，继而导致文化育人的实效性和针对性不强。在学生社区文化建设及其育人过程中，要及时主动适应发展的新形势、新特点和新挑战，积极用好文化新媒体传播主阵地，打造"智媒体"联动平台整合各方资源，线上线下协同开展中国特色社会主义文化育人，充分调动学生的积极性、主动性，构建全景式学生文化社区，充分发挥文化育人功能。

第三节∥高校学生社区育人中文化育人的践行路径

中国特色社会主义文化蕴含的德育资源丰富多元，特别在高校"一站式"学生社区育人中有着独特文化育人优势。文化育人是一个循序渐进不断浸润的过程，优秀文化融入学生社区可以通过坚持高阶文化导向、营造浓厚文化氛围、打造社区品牌等路径构建，实现学生社区文化育人从自觉自信到自强的升华。

---

① 段捷."一站式"学生社区建设创新路径分析[J].山西大同大学学报（社会科学版），2023,37(2)：127.

一、深挖：坚持高阶文化导向，激活社区文化主体

（一）从党建引领中挖掘社区红色文化

一方面以学生社区为平台拓展社区党建夯实育人内圈。成立社区党员先锋队，探索学生党建向"社区—楼栋—楼层—宿舍"四级覆盖，深化党员身份意识和行为示范；策划社区"平安、健康、绿色、志愿、文化"等育人工程，选派优秀共产党员担任"导师"；成立社区微党课学生讲师团，立足学生专业特色、推出主题微党课课程并探索在共享课程平台上线，宣讲中国理念、讲述中国故事、传递中国力量。另一方面以学生社区为载体拓宽区域化党建联建同频共振渠道。以学生社区为内圈，加强与校内组织联建共建的同时，强化与地方政府、社会组织及知名中学的合作，共建新时代学生爱国主义教育基地，针对学生社区学生管理模式、学生社区红色文化育人等议题进行理论探索与经验交流，在联建基础上促进学生社区文化育人的理念、载体、内容、机制创新。

（二）从校史资源中挖掘社区校园文化

校史对于一所学校来说，是特有的历史积淀和集体记忆，是一所学校最动人、最深刻的精神内核，更是社会主义核心价值观的重要体现。学生社区作为校园的特定空间，其承载着学校特有的组织文化，是校史文化积淀和弘扬的重要场域。历经时代积淀的校史是传承革命文化和社会主义先进文化的重要载体，是不可多得的文化育人资源。结合校史在学生社区进行大学生思想政治教育，是培育和践行社会主义核心价值观的重要途径。具体来看，可以在充分挖掘校史资源的基础上，以校史剧、校史展览、校史微课等形式，以社区青年大学生为主体，整合教育资源，创新教育形式，增强教育引导实效。将德育和美育进行统一，以校史为轴，鼓励大师、名师、专家入驻社区，在经典阅读、师生对话中挖掘中国精神，弘扬中华优秀传统文化、革命文化和社会主义先进文化。

（三）从体系建设中挖掘社区制度文化

制度是保障社区良性建设的硬件保障，制度文化也应该成为一个完备的学生

社区育人的重要组成部分。科学健全、行之有效的规章制度是学生社区有序、稳定、鲜活运行的基础保障,能够有效规范社区主体言行礼仪,引导树立正确价值理念。一方面,学生社区管理者要增强社区管理的法律意识。要充分发挥高校人才集聚的效能优势,邀请专业教授和一线有经验的管理人员,为制定科学合理、系统全面的社区治理规则出谋划策。同时,学生社区管理者也不应忽视社区生活主体的参与意见,召开座谈会、调研会等,邀请本社区的学生一起共商共建,充分吸纳学生意见,增强学生民主参与意识,有利于形成相互监督机制,引导学生自觉进行自主思想教育和自我管理教育。再者要联动多元导师团队,发挥学生自主育人优势,进而形成学生从他律到自律的制度文化赋能。

二、造势:营造浓厚文化氛围,助力社区价值外溢

(一)以学生为主体营造社区自主文化

场所对人的影响是关键的,新时代学生社区氛围直接对生活其中的大学生产生直接影响。学生是社区建设的主人,学生社区育人是为了学生、依靠学生、服务学生,学生参与社区文化建设不仅符合年轻人受众的喜好,而且能够激活学生建设社区、服务群体的集体意识,增强参与社区建设的主人翁意识,增强社区认同感和参与感。具体来看,可以通过社区建立文化角、文化长廊、文化交流组等促进学生社区文化展示,在自主展示中形成"家"的归属感;通过"劳动月"主题教育和"最美宿舍"挂牌奖励机制等创新活动和机制的推进,培养学生良好的个人卫生习惯、和谐文明的寝室文化;深化社区学习"传帮带"模式,创建年级之间的对话交流渠道,在社区形成浓厚的学习互助氛围,不断深化学生的主人翁意识。

(二)以榜样为力量烘托社区竞争文化

通过榜样力量模塑师者标兵,以历史、现实中的优秀典型进行师者文化传承。中华优秀传统文化、革命文化、社会主义先进文化,兼具榜样的文化熏陶力量。学生社区通过文化活动挖掘榜样身上崇高的精神品质、典型的行为示范等,将其所蕴含的时代内涵融入社区育人实践中,能进一步引导大学生从言行举止、知情意

行上对标榜样、学习榜样,在学习和对标中增强文化认同。例如,华东师范大学孟宪承书院通过在学生生活园区建设师道文化互动体验馆,在古今对话中模塑榜样力量。师道文化体验馆除陈设学科教学用具、现当代教育理念和实践、展望师范教育未来外,还以互动体验的形式记录下书院学生的点滴成长,以引导社区师范生在对师范教育史、红色文化教育和社会主义核心价值观践行案例的了解后,对教师这份职业产生归属感和使命感。

(三)以线上线下联动赋能社区空间文化

通过社区物理空间优化、社区软文化营造等方式让社区文化"动"起来,让文化空间"活"起来。一方面在有限的学生社区优先开发公共空间,通过布局规划、功能设置、运营机制等的创新优化延展社区空间,打造特色社区文化环境和主题文化空间;另一方面因地制宜整合社区文化育人资源,通过关照情感需求增强师生参与社区空间营造的积极性,强化学生社区空间的品牌布局、审美趋向、价值功能等方面的文化功能,以文化"软实力"促学生社区"硬治理"。此外运用高新科技和前沿技术,打破传统社区空间边界,以数字赋能打造学生网络社区。整体而言,学生社区以网络空间为阵地,借助数字空间丰富社区"一站式"线上社交平台,搭建形式更为多样、内容更加丰富的立体式文化体系,在学生社区数字网络空间中更好灌注中华优秀传统文化、革命文化、社会主义先进文化的内涵。

三、创优:打造社区品牌专项,推送特色文化精品

(一)在一体化实践中创造社区特色品牌

中国特色社会主义文化蕴含爱国主义、团结奋斗等中华民族伟大精神,将中国特色社会主义文化融入集知识性、思想性、实践性和文化性为一体的社区活动,在成体系化的实践活动中帮助学生感知文化的魅力。一是通过教育与生活融合、大社区一体化实践,不断创新活动载体,丰富活动内涵,引导社区大学生充分了解中华民族的基本历史、文化传统和道德观念;二是构筑体系化的社区导师团队,通过一体化社区专家领学、社区朋辈互学等具体形式从优秀传统文化、革命文化和

社会主义先进文化中挖掘其时代内涵；三是通过社区校友录、名人墙搭建资源库，在沉浸式品味和体验优秀校友们的情怀、追求和愿景基础上自觉将个人理想与社会理想结合起来，强化对社区认同感、个人奋斗和社会发展导向的思想认同。

（二）从特色活动中盘活社区资源能动力

通过思想传承与文化渗透的双向联动，融合优秀文化活动于学生社区文化育人中。全方位探索和挖掘优秀文化中蕴含的广博而深厚的思想资源，从活动设计和优化的角度给出丰富社区文化育人的涵养资源。具体来看，一方面在社区丰富的第二课堂活动建设中逐步凝练优化，形成"一社区一特色"品牌，使社区文化标识系统潜移默化感染学生，让学生在认知内化中实现其对文化的自觉、自信和自强。另一方面可以通过社区特色主题活动的设计盘活校内外资源，持续营造文化涵养氛围，比如链接社会大课堂、创新大社区概念开展中华优秀传统文化、革命文化、社会主义先进文化等主题活动，组织师生探索专业领域内外的知识的发展和文化传统，深化对优秀文化的内化、传承、弘扬和创新。

（三）于仪式教育中发挥象征符号吸引力

学生社区育人可以通过礼仪仪式帮助大学生体验优秀文化的精髓，在耳濡目染的仪式教育和节庆文化中提升其对文化的认同。仪式教育和节庆活动通常围绕特定主题而开展，特别是学生社区对于仪式教育的达成有着独到的环境优势，帮助大学生在礼仪仪式中强化文化认同感、民族意识与爱国情怀，在耳濡目染中树立正确的价值观。仪式教育主要有文化传承、情感升华、价值导向等功能，社区通过有效整合仪式教育资源，能促进校内仪式教育与校园文化建设结合，对于培育大学生的文化情感认同有着重要的意义。社区文化育人中应注重在大学生成长的关键节点与重要节日开展社区仪式教育，引导大学生在宣誓、致敬中强化角色身份认同和情感共鸣，在传统节庆和民俗活动中感受中国特色社会主义文化的魅力和精髓。

习近平总书记在文化传承发展座谈会上对建设中华民族现代文明做出了学理性的阐释和现实性的呼吁。中国特色社会主义文化蕴涵家国情怀、人格修养和社会关爱的价值功能,在高校学生社区育人中存在文化育人的独特优势。高校学生社区是第一课堂外的文化育人阵地,其文化育人功能在特定空间、特定群体中有着直接体现,是深化高校立德树人的重要载体。现阶段各高校"一站式"学生社区建设正处在由点及面、快速发展的重要阶段,"一站式"学生社区文化育人面临新形势下的机遇和挑战。面对主体意识不强、文化氛围不足、空间赋能缺失的现实困阻,应进一步剖析"一站式"学生社区文化建设的现实价值和实践路径。新时代高校学生社区育人中的文化建设,需要坚持先进文化导向,激活社区文化主体;营造浓厚文化氛围,助力社区价值外溢;打造社区品牌专项,推送特色文化精品……通过多维举措推进落实,进一步呼应党和国家对高等教育的内涵式发展要求。

第十章　新时代高校"一站式"学生社区育人中的空间营造

习近平总书记指出,要推动思想政治工作贯通人才培养体系,发挥融入式、嵌入式、渗入式的立德树人协同效应。① 作为既定空间环境场所的高校学生社区,以学生宿舍、公寓为中心,也涵盖学生食堂、学生活动中心、生活学习性功能场所、商业服务网点等在内,同时包含绿地、道路、景观、广场等室外空间环境要素。高校"一站式"学生社区育人指向大学生日常生活空间基础之上学生社区的复合功能转型,在物理空间的基础上更强调其作为文化空间、精神空间和社会空间的价值属性,旨在唤醒学生社区空间的社会功能、情感功能和人本功能,进而达成教育世界和生活世界的育人合一。面对新时代高校学生社区空间功能拓展的新要求,高校应积极探索以学生为中心,以学生社区空间赋能为抓手,营造全时空、立体化、多向度的学生社区育人"关键场",以服务学生在课堂学习之外的全面发展和成长成才。

第一节 ‖ 高校学生社区育人中空间营造的价值指向

"空间"概念经历了从绝对空间,到功能空间,再到社会空间的认识演变。学校作为育人场所,其空间价值在物理功能的基础上需发挥相应的教育意蕴和文化价值。高校"一站式"学生社区的建设指向,需把握其从单一属性的物理空间到多元功能的复合空间,从外显性质的位置同场到"内隐性质"的"情感同频",从单向静态发展到和合共生发展的内在价值演变逻辑。

---

① 习近平.思政课是落实立德树人根本任务的关键课程[J].求是,2020(17):4—16.

一、从单一生活功能到多元综合功能的拓展升级

（一）指向多元功能的教育生活园地

早在 2004 年，中共中央、国务院颁发的《关于进一步加强和改进大学生思想政治教育的意见》就明确指出，高校要高度重视大学生生活社区、学生公寓的思想政治教育工作，发挥大学生自身的积极性和主动性，增强教育效果。[①] 该文件第一次在思想政治教育工作领域引入"社区"概念。近年来，各高校都在尝试探索学生社区教育管理模式，并在实践中同步移植了我国城市社区建设的基本内涵及方式方法。2020 年，教育部等八部门印发的《关于加快构建高校思想政治工作体系的意见》明确提出，高校要推动"一站式"学生社区建设，将学生生活园区打造成为集学生思想教育、师生交流、文化活动、生活服务于一体的教育生活园地。[②] 该文件系统明确了我国高校"一站式"学生社区的建设指向，即实现学生社区从单一生活功能向多元综合功能的拓展，通过空间整合在学生生活区域建立主体聚合的交互模式，将以学生为中心的事务性工程和教育生活于一体的功能性需求聚集起来，将原来单一住宿功能的物理空间创设成为具有多元育人功能的复合空间，进而在固定的空间场中实现思想政治教育阵地的全覆盖，因地制宜地打通育人"最后一公里"。如何通过一体化的空间设计和改造在学生社区空间中达成育人资源的整合和优化，在有限的空间中实现"麻雀虽小、五脏俱全"的功能效果，成为高校学生社区建设的关键目标。

（二）指向多重属性的复合空间载体

学校空间具有与生俱来的社会性，一系列与教育相关的关系、行为和活动在这一空间中上演，而学生社区则是学校空间中的重要组成部分。从物理空间功能

[①] 中华人民共和国教育部. 中共中央国务院发出《关于进一步加强和改进大学生思想政治教育的意见》[EB/OL]. (2004-10-15)[2023-06-11]. http://www.moe.gov.cn/jyb_xwfb/gzdt_gzdt/moe_1485/tnull_3939.html.

[②] 中华人民共和国教育部. 教育部等八部门关于加快构建高校思想政治工作体系的意见[EB/OL]. (2020-05-12)[2023-06-11]. http://www.moe.gov.cn/srcsite/A12/moe.1407/s253/202005/t20200511_452697.html.

上看,高校学生社区由相对集中的公寓、食堂以及生活配套设施等构成,是大学生进行日常生活的场所,相对于教学楼、实验室、办公楼、活动中心等建筑物或空间来说具有更为复杂的功能属性。空间视域下的学生社区是物理空间、社会空间和意义空间的聚合体,空间的物理性、社会性和主观性与社区不同层面的职能相互契合。[①] 学生社区进一步强调物理空间的建设升级,学生社区由若干楼宇组成的宿舍群、分众化社区空间和全校性公共事务区域共同组成,生活空间、学习空间、服务空间、文化空间、虚拟空间集聚于此。[②] 物理空间的建设升级旨在通过外在形态的可视化呈现,通过视觉上的感知、功能上的整合等建构该空间的复合使用价值,进而改变学生的生活方式和生活状态。高校学生社区作为一个教育属性和生活属性交融、个人空间和群体空间重叠的空间,[③]具有鲜明的社会化、网格化特征,不仅是学生学习和生活的复合性场所,更是高校之社会属性生成、彰显及功能性运作的重要空间载体。

二、从物理位置同场到情感价值同频的拓展升级

(一)指向相互作用的同存性空间

学校生活是社会生活的简化,教育是社会生活的过程。学校空间象征着知识训练和行为养成的理性场合,也被期望成为一种生动的社会生活的真正形式,而不仅仅是学习功课的场所。这充分印证了马克思的社会概念的空间化理论,即社会是人类相互作用的行为的产物,但构成社会的相互作用必须在空间中发生。高校学生社区既是一群同质性较强的青年人集中居住生活的物理空间,更是大学生各种社交行为发生的同存性空间。学生社区为大学生在校园生活中养成行为习惯、接受生活教育提供条件,也为接轨社会搭建桥梁。学生社区空间育人的建设指向,要在对学生社区物理空间功能升级的基础上,指向空间中学生群体的同存

[①] 王寓凡,杨朝清.空间视域下高校学生社区情感共同体建设[J].中国青年研究,2019(2):21.
[②] 周远,张振.高校"一站式"学生社区的空间建构逻辑与路向[J].思想理论教育,2022(7):104.
[③] 杨爱华.新时代大学生社区育人面临的挑战与优化路径[J].思想教育研究,2021(5):154.

关系，即在建设吸引大学生长居、安居、乐居的生活园区、学习园区和发展园区的基础上，更进一步唤醒学生社区作为社会关系与相互作用发生的联结场功能，促成大学生在学生社区空间中"相互依存"，形塑具有共同生活方式、共同信念与情感维系的社群共同体，从"在场"到"同频"，从物理空间的接触和互动到社会空间的理解和认同，进而实现学生社区空间原本序列框架的再生产和突破升级，实现从生活家园到成长学园再到幸福乐园的发展。

（二）指向情感同频的集群性空间

空间形态在形塑社区生活秩序的同时，也形塑着社区在情感联结、情感体验、情感认同等层面的独特意涵。学生社区不仅仅是集学生学习、生活于一体的便捷服务区，更是学生产生情感认同的投射载体。学生社区的空间建构过程更为注重情感与文化的价值赋能，如通过公共空间的建设满足学生分众化的成长需求，通过文化标识的嵌入营造正向积极的社区文化氛围，通过情感元素的浸润催生润物无声的社区治理情境。据此，在学生社区的同一空间中强化由相对松散到紧密联结的关系感，大学生在学生社区中形成了归属于同一文化价值理念引导下的集群，产生了相互间社会关系的自我认同、身份认同和群体认同，在无形中形塑了对学校的归属感，以及对自己所属群体的特定认知，并且这种场景下的情感体验、价值认知具有延续性、感染性，即使因毕业等失去物质空间的体验价值，其在精神生活中的在场感也仍然联结着生活的过去和未来，当下一届的学生进入这一情感域中，他们也会受到该空间内已有认知趋向的影响。学生社区是承载着学生对空间的主观认知、情感体验和集体记忆的情感共同体，在代际传递中成为实现知识传授与价值引领有效融合的浸润空间，承担着从"位置同场"到"情感同频"的关键转向功能，成为提升学生组织的凝聚力和高校治理有效性的重要载体。

三、从单向静态发展到和合共生发展的拓展升级

（一）指向协同育人的一体化平台

学生社区并不仅仅是一个固定不动的物理空间，还是由学生、教师、管理和服

务人员、社会力量等行动者构成的关系网络。① 大多数学生需要在学生社区这一空间中度过四年甚至更久的大学校园生活,相对于教室等正式性公共空间,学生社区作为非正式公共空间和相对自由的私人化空间,更容易使学生在生活化的氛围中构建和谐的人际关系以及产生民主化的互动体验。人、关系网、结构空间构成了学生社区互动场,学生社区作为社会关系生成的空间场所,通过在其中配置相应的结构资源与条件,达成社区关系网络的整合和空间中多方行动者的融合,促使学生社区空间作为社会关系行为的存在场所发挥社会属性和功能。对于学生社区来说,社区中的"人"是社区空间中最重要的内生力量。通过聚合辅导员、班主任、学业导师、院校领导、机关干部、离退休教师和社会导师等多元育人队伍进驻学生社区空间,以育人资源的力量整合实现育人空间的功能复合,进而搭建起队伍互通、平台联通、载体贯通、内容融通、信息畅通的一体化育人平台,汇聚学生社区空间育人合力,全时空式、源源不断地为强化学生社区在思想引领、学业指导、实践锻炼、生活服务等方面的多元功能提供必要的结构资源和场所条件。

(二) 指向内生发展的成长共同体

学生社区建设要求把院校领导力量、管理力量、服务力量等压到学生社区一线,使得学校党建引领、社区院系协同、思政队伍入驻和治理服务下沉等多重情境相互交叉,为学生在社区关系网络中实现自我同一性的发展提供了保障空间。学生作为社区中的主体,在建立"自我意识"的同时,也持续通过社区中的关系网络加强并尊重和欣赏不同于自身的文化;学生在参与社区生活、社团活动和社区建设的过程中,社区情境不仅是课堂学习情境的有力延伸,还是社会关系场所的融合和人际情感交流的窗口,从日常学习、生活和社会参与等方面对学生发展产生直接影响;在学生主体性参与过程中,隐含其中的"师生关系""同伴友谊""成长共同体"作为学生联结社会的重要人际因素,贯穿学生在校生活始终,使得学生与社区中的他人形成了良性互动。在学生社区中,空间营造的出发点和落脚点是日复

---

① 史龙鳞.场域理论视角下高校学生社区建设——基于教育部"一站式"学生社区综合管理模式建设试点案例分析[J].高校辅导员,2021(3):58.

一日的常态化生活,这就使得空间内的师生更容易突破传统教育规训下师生互动、生生互动的框架式规则,转而通过一种相对自由和轻松的联结关系,建构一种相对和谐的社区风气。师生之间通过在社区空间中的持续不断互动,强化了从正式空间到非正式空间的关系转场,进而共同建构出从结构围合到内生发展的成长共同体,营造了空间共建、价值共育、文化共享、成长共赢的良好育人范式。

第二节 ‖ 高校学生社区育人中空间营造的现实瓶颈

当前,各高校陆续结合"一站式"学生社区的建设要求,不断探索升级高校学生社区的空间育人功能,涌现了诸多"一站式"学生社区育人空间的建设案例,但也存在一些现实挑战。

一、学生社区作为复合空间的功能升级略滞后

学生社区的空间建设强调"复合功能",即通过升级学生"生活园区"的软硬件设施,嵌入各级各类育人资源,将学生社区营造为全景式、立体化、多面向的教育生活空间。当前,在大力推进学生社区功能升级、建设"同场空间"的过程中,学生社区从单一生活园区向多元复合场所的属性转换略滞后,作为教育生活一体化的阵地优势尚未凸显。

(一)学生社区空间的设施建设有待强化

长期以来,学生社区主要承载居住和生活的功能,在原有的硬件基础上转型升级为第一课堂教育延伸空间,确实存在公共空间数量上的不充分、分布上的不均衡、功能上的不适配,配套设施"鸡肋"、管理成本较高、管理效能较低、利用率不高等问题,[①]更面临公共学习、研讨的空间场地严重不足,满足高质量学习生活的

---

① 王懿.高校"一站式"学生社区建设的价值意蕴、现实问题与实践理路[J].思想理论教育,2022(2):109.

配套服务尚显匮乏等问题的掣肘。部分高校虽然在学生社区建设中改良了功能性空间离学生社区的距离，但仍表现为"围绕式"集聚，而非"嵌入式"集聚，即无法在学生社区内部满足学生日常学习生活的绝大部分需求。物理分隔、场所缺失、资金不足等社区现实环境、软硬件条件等都是学生社区功能优化、品质效能提升过程中需着力破解的难题。

（二）学生社区空间的管理制度有待细化

高校后勤社会化服务改革以来，学生社区的管理单位主要以后勤、物业等职能部门为主，常见的管理模式为"社区—楼宇—楼层—寝室"的条块管理模式，这与系科建制的教学管理模式下的"院系—专业—班级"的条线管理模式形成了"双管齐下"的局面。两者在管理队伍、人事构成和运转机制上既有一定程度的交叉，又存在诸多不同，如果不能从顶层设计上提出有效的融合方案，就容易出现各自为政的真空地带，不同育人主体之间联动机制不健全，进而导致权责不明确、分工不细致、运作不科学、成效不明显等问题。在学生层面也经常出现"打架""重叠""多条线"的状况，从而掣肘了学生社区的一体化发展。

二、学生社区作为情感空间的属性建构略浅显

学生社区的空间建设强调"在场同频"，即通过学生社区的空间氛围营造及精神文化建设，将学生社区建设为情感相通、思想相融、师生相知的博雅社群，增进学生对社区的认同感、归属感，提升学生社区的凝聚力以及社区空间环境育人的效果。当前，在纵深推进学生社区环境优化、建设"共振系统"的过程中，学生社区从物理空间向情感空间的属性转换略浅显，作为情感共同体的场域优势尚未凸显。

（一）学生社区空间的环境文化有待深化

高校学生社区的一个突出问题是师生关系、生生关系松散化、工作化，人与人之间的交往流于表层，而缺乏共同的话语体系和精神文化世界。作为学生生活与学习最基本且相对固定的基本单位，学生社区是集"思想教育、行为指导、生活服务、文化活动"等功能于一体的育人生态系统。国内建筑学学者普遍认为，随着高

校后勤社会化改革,高校空间环境设计元素进一步丰富,但是在此前阶段缺乏总体规划和设计,没有依据学生的成长规律、思想政治教育规律,进一步挖掘、利用和发挥学生社区中广场、草地、景观节点、墙面、色彩等空间环境要素的育人价值。缺乏独特的文化标识、契合青年成长需求的文化品牌或特有精神文化的体系支撑,都导致了学生社区的内在系统活性不足,从而无法作为独立管理单元而发挥"润物细无声"的环境育人功能。

（二）学生社区空间的网络文化有待实化

在"互联网+"时代,师生之间、生生之间的"面对面"频率大大降低,线上网络社区同线下学生社区的一体化联动远远不够。"Z世代"大学生,一出生就与网络信息时代无缝对接,活跃在多元网络社群中的他们往往在学生社区中销声匿迹,进而阻碍了学生社区情感共同体的建立。相比于学生社区硬件设施建设的脚步,如若能同线下社区相适配的网络社区配套建设不足,就会导致线上线下立体交互的耦合联动受阻,"键对键"和"面对面"的融合互动出现嫌隙,从而无法促进学生在社区现实空间的"在场",更阻碍了社区情感层面的"同频"。

三、学生社区作为社群空间的动能激发略迟缓

学生社区的空间建设强调"内生动力",即通过把握学生成长发展的关键节点、针对不同学生因材施教,将学生社区建设成为一个师生共同交往、砥砺成长的教育生活园地,通过"肩并肩"实现社会学家滕尼斯所说的"一种持久的和真正的共同生活"[1]。当前,在系统盘活学生社区内生动能、建设"和谐社群"的过程中,学生社区从结构围合向内生发展的属性转换略显滞后,作为人本空间的发展优势尚未凸显。

（一）学生社区空间的人本效应有待固化

大学生在学生社区中的主人翁地位难以凸显。受"技术主义"(technicalism)和"校本管理"(school-based management)的交互涤荡,内嵌于学校内部的规训体

---

[1] 滕尼斯.共同体与社会[M].林荣远,译.北京:商务印书馆,1999:3.

系成为了一种空间的统治术,现代化权力机构通过形式多样且较为隐蔽的空间机制来消除组织运转中的不确定性,同时将校园策略性地建构为"兼具学习、监督、筛选和奖励的庞大机器"①。大学生作为"被管理人员"没有被赋予自主管理权力和空格键,无法真正成为社区公共生活的参与者及社区风险的应对者。在学生社区的日常生活中发声、发力较少,主人翁意识不强、主体性地位不显,作为"人"的能动性尚未被充分激发,学生社区尚不能作为学生学会处理"自我"与"自治"关系的有效平台。

(二)学生社区空间的队伍建设有待精化

社区共同体建设对于社区空间中的社群营造至关重要,但在学生社区全员导师入驻、营造育人共同体营造过程中,学生的个性化成长以及育人队伍的专业化、职业化发展都面临一些发展瓶颈。长期以来处于育人工作一线的辅导员辗转应对于繁复的学生日常事务,往往要身兼科研教学辅助、办公行政管理等数项工作,一体多面、单边作战的工作困局使其成为所谓的"多面手"和"万金油",导致思想政治工作只能点到为止、纵深不足。进驻学生社区后,以辅导员为主的育人队伍工作量有增无减,由于工作强度、成长平台、自身规划等方面的局限,专业化、职业化发展明显不足,难以实现与学生"肩并肩"的同向成长。

第三节 ‖ 高校学生社区育人中空间营造的优化路径

高校学生社区作为具有共同互动、共同纽带、共同文化以及呈现共同自治精神的共同体,是大学生成长成才的第一社会、第二家庭和第三课堂。② 牢牢占据学生社区主阵地,通过全景式设计、系统化工程营造学生社区空间,培植良好的育人

---

① 福柯.规训与惩罚:监狱的诞生[M].刘北成,杨远婴,译.北京:生活·读书·新知三联书店,1999:167.转引自:文军,王云龙.空间视域下高校学生社区情感治理的实践探索——以广东省D校"知行学院"为例[J].国家教育行政学院学报,2022(8):35.
② 杨爱华.新时代大学生社区育人面临的挑战与优化路径[J].思想教育研究,2021(5):154.

生态,是高校打通"育人最后一公里"、实现思想政治教育全时空的关键之举,更是以教育之力厚植人民幸福之本、不断实现大学生对美好生活的向往的应有之义。

一、强化立体阵地建设,搭建学生社区复合空间

面对高校学生社区空间的立体化、全景式的建设趋势,亟须基于其功能需求,对传统校园包含生活空间、教育空间、文化空间及社会空间在内的多重育人空间进行有机整合,构建一体化、网格化的高校"一站式"学生社区复合空间,搭建立体育人格局。

(一)着力优化物理空间布局,构建一体化空间支撑体系

对标"一站式"学生社区的建设要求,高校要划拨专项经费、引进专业设计团队,结合本校学生社区的空间实际,通过社区功能空间的"嵌入式""集聚性"布局实现功能重构,持续升级社区空间的软硬件设施,打造集课堂、生活、学习、审美于一体的空间支持体系,[1]以满足学生"足不出区"的多元化、多层次需求。高质量人才培养需要促进人人皆学、处处能学、时时可学,学生社区空间的建设升级是在生活功能的基础上将价值引导、知识教育、协同育人等教育功能融入其中,真正实现学生社区空间一体化、功能一站式的基础环节,据此使学生社区中的每一处生活空间都成为立德树人的最佳场所,发挥"处处育人"的浸润作用。

如浙江大学以深入开展"一站式"学生社区综合管理模式建设试点为契机,学生生活园区空间改造升级3 600平方米,着力提升园区育人功能。每个园区打造"五个一":一个健身房、一个艺术室、一个宣传彩屏、一个"一站式"育人服务中心、一个宿舍调整改造项目,在每栋宿舍实行"六个一":一个党员之家、一个谈心讨论室、一个自习室、一个毕至居、一个自助洗衣房、一个自助服务室。[2] 上海交通大学

---

[1] 李昕. 营造"三全育人"生态圈:高校思政工作"新三同"的理念与实践[J]. 中国高等教育,2020(17):26.

[2] 中华人民共和国教育部. 浙江大学打造"一站式"学生社区综合管理模式 扎实推进生活园区育人工作[EB/OL]. (2020-12-15)[2023-06-11]. http://www.moe.gov.cn/jyb_xwfb/s6192/s133/s192/202012/t20201216_505802.html.

则积极营造社区空间的育人效能,创建上海市"六T"学生公寓,响应学生个性化学习生活需求,打造符合学生使用特点的楼栋公共空间:健客室、瑜伽室、书画室、棋艺室、休闲室等,增加师生交流,助力学生成长。① 这些高校通过社区空间营造、软硬件设施升级来实现社区复合空间建设,让社区空间育人功能有抓手、有平台,让社区空间育人效能能运转、能落地。

(二)聚力优化学生社区制度,构建一体化管理运行机制

结合学生社区网格化治理思路,学生社区要从源头上优化管理格局、打造"横向到边、纵向到底"的四级网格管理模式,促使"学校—院系—班级""学校—社区—公寓—楼层—宿舍"双线管理协同并进,通过采取按照楼栋集合分区设置院系、专业和年级;修订完善社区管理规范和细则,最大限度做优网格化配置机制;厘清多元管理主体之间的权责关系,群策群力实现各部门之间的良性互动和有效配合;从公共物理空间到信息化服务平台,发挥线上社区育人功能,通过智慧化信息平台建设提升社区育人工作的精准度、精确性和精心化。

如江苏大学在学生社区内成立"大厅式、一站制、专业化"的"一站式"学生事务与发展中心,将学生工作处、教务处、信息化处等13个与学生事务相关部门集中整合,积极构建智慧服务平台打通数据壁垒、推动流程再造,社区管理更趋精细智能、社区服务更趋优质高效。② 四川大学持续提升社区硬件环境,共拓展7厅32室,面积超过600平米的社区公共空间,并打造微信"微服务"平台,构建线上社区服务圈,精准对接学生需求和校园管理服务需要,为学生提供线上"一站式"服务平台。③ 这些高校通过社区空间管理、社区空间的数据赋能等有效提升学生社

---

① 高校思政网."一站式"学生社区|上海交通大学:探索"一站式"学生社区建设新模式,开创社区管理服务育人新局面[EB/OL].(2022-02-13)[2023-06-11]. https://mp.weixin.qq.com/s/9KDICpvmA3X19NYSsO86ww.
② 全国高校思想政治工作网.江苏大学:智慧服务下沉一线,社区育人提质增效[EB/OL].(2022-12-31)[2023-06-11]. https://www.sizhengwang.cn/a/zyfwpt_gxszzyk_gxyzsxssqgzal_zhfw/221231/1205854.shtml.
③ 高校思政网."一站式"学生社区|四川大学:因地制宜探索多模式社区建设,凝心聚力促进育人软实力提升[EB/OL].(2022-02-13)[2023-06-11]. https://mp.weixin.qq.com/s/X-MI-2q09KkTg0a11X8MwA.

区党团活动、学业发展、素质拓展以及综合服务保障能力,积极建设一站集成育人资源、育人项目、育人功能的学生社区。

二、优化文化生态建设,营造学生社区共振系统

学生社区作为一个集学习、生活、交往等复杂属性相叠加的综合空间,是大学生情感认同的重要投射载体和生成环境,也是大学生知情意信行合一的实践体认。在实现各类育人资源向学生社区延伸、聚合的基础上,亟需通过充分的载体资源、情境营造和有机互动,以学生社区为育人生态构建"同频率"共振系统。

(一)着力学生社区文化建设,增加环境育人的资源供给

教育学家杜威、陶行知等相继提出"教育即生活""生活即教育"理念,学生社区物理空间的"自给自足"会催生以情感联结和现实交往为内驱的"熟人社群",进而形成专业班级之外的公共社会生活。在组织发展、价值生成、行为养成甚或结构塑造中,"情感"都将作为组织得以良性运转的基础性存在,因此提升学生社区空间育人水平的关键在于从外延式"技术治理"到内生式"情感治理"的转向。通过充分利用校园古建筑、社区文脉廊等凝聚社区文化标识体系;充分挖掘学生社区内部丰富多样的精神文化资源,常规性、周期性开展符号化、仪式化的社区公共活动;充分利用楼栋、寝室文化营造等优化学生社区的育人资源供给,将有形空间建设与无形文化体验充分融合,进而盘活社区空间的潜在育人功能。

如中山大学聚焦学生成长需求,以学生宿舍为育人单元,推动"六个百分百"行动,营造学生社区"家园"氛围,充分利用校园古建筑、校史馆、图书馆等场馆资源构建社区文化空间,挖掘学校历史文化的红色基因,打造沉浸式社区育人文化。[①] 东北大学注重以文化人、以文育人,充分利用学生社区主题活动室、知行书吧等公共空间载体,依托社会主义先进文化、中华优秀传统文化、校园文化、革命

---

① 高校思政网."一站式"学生社区|中山大学:打造沉浸式学生社区文化,一体化构建高质量思想政治工作体系[EB/OL].(2022-04-18)[2023-06-11]. https://mp.weixin.qq.com/s/vwdrR84yyESscu6aigFSIw.

文化四方面教育精品项目活动,切实营造鲜明的社区文化育人导向。① 同济大学由"显性"向"隐性"转变,营造"浸润式"社区文化环境,以党建活动室、学业研讨室、自习室、阅读室、健身房、心语屋、爱心屋等为依托开展社区文化品牌活动,2021年开展社区品牌活动214余场,覆盖4个校区28栋楼宇,覆盖学生三万余人。② 这些高校都是通过精神意向的凝练与培植,实现从外生的"制度规设"到内生的"关系营造",使学生对社区的共同情感内化于心,从而塑造大学生社区情感共同体,达到"潜移默化、润物无声、同频共振"的育人效果。

(二)延展学生社区网络空间,实现线上线下的有机统一

网络已内嵌于"Z世代"学生的生活日常,网络社区更日益成为社区物理空间的脱域补充,推进学生社区"线上+线下"深度融合,将育人阵地从传统的实体空间延展至虚拟的网络空间,是真正实现学生社区"同场"的关键。要在传统学生社区宣传栏、楼栋黑板报的基础上加大学生社区网络阵地建设,灵活利用微信、微博等新媒体渠道打造全媒体宣传平台,通过"面对面"和"键对键"的多维联动,推动思想政治教育工作融入大学生的"身边"和"心间",进而营造校内"三全育人"微型生态圈。

如苏州大学将教学模式改革、信息化建设、就业服务等内容融入"一站式"学生社区综合管理模式建设中,集聚全校资源向学生社区汇聚,在"云中苏大"建设中运用信息化手段精准指导学生"五育融合、全面发展"。③ 南京大学通过网上办事大厅建设,依托"南京大学APP"推出"南青格庐在线预约系统",保障全流程"无纸化""一键式",通过打造"南青格庐"学生社区和"格庐致知"系列活动,把"我为

---

① 高校思政网."一站式"学生社区|东北大学:瞄准"四点"精准发力 推进"一站式"学生社区综合管理模式建设[EB/OL].(2021-12-27)[2023-06-11]. https://mp.weixin.qq.com/s/elfCrBefnBrn03O_NvrG9g.
② 高校思政网."一站式"学生社区|同济大学:激发学生社区创新活力 构建"全景式"社区育人生态[EB/OL].(2022-01-11)[2023-06-11]. https://mp.weixin.qq.com/s/zYwUV2oSj6HzcQv6ov8Ajw.
③ 高校思政网."一站式"学生社区|苏州大学:聚焦铸魂逐梦,推进"一站式"学生社区综合管理模式建设[EB/OL].(2022-03-08)[2023-06-11]. https://mp.weixin.qq.com/s/_VwTBBYRIUAabIuOanD4gw.

群众办实事"实践活动和"一站式"学生社区建设工作有机结合。① 这些高校都是通过线上线下育人空间的耦合联动,搭建嵌入学生社区的学习型、服务型、成长型"一站式"空间,描绘共建共治共享的"一站式"学生社区建设新蓝图。

三、深化人力资本建设,激活学生社区内生动力

高校思想政治工作本质上是以大学生为对象的群众工作,必须坚持"从学生中来、到学生中去"的工作理念和方法。面对当前学生社区育人横纵链接不够、有机联动不足等问题,要充分认清"以人为本"的价值导向,以学生社区空间的结构围合关键载体,构建"人人在场"的内生发展路径,实现学生社区空间育人的与时俱进、教学相长、师生互促、动态提升。

(一)凝聚进驻的人才资源,提升育人队伍协同共育能力

高校学生社区育人资源的凝聚,需以全员育人为理念导向,在选派社区辅导员入驻学生社区常态化开展社区育人工作的同时,注重吸纳专任教师、兼职导师和社会导师等育人师资,逐步形成"常驻导师、人生导师、兼职班主任、社会导师、朋辈导师"的多元导师制度,驱动辅导员从独角戏变成协同者,以多元导师资源为向心力,制度化协调各育人力量下沉到学生社区一线,形成专业、专心、专情的社区空间育人共同体。

如清华大学将师生密切互动的"从游"文化作为"一站式"学生社区建设的突出特色,秉持教师深度参与学生培养过程的优良传统,将"从游"文化带进学生社区,使得师生互动得到进一步加强。② 华南理工大学通过构建"学业导师学习指导、成长导师社区互动、科创导师引领创新、家校导师协同培养、朋辈导师互助帮

---

① 高校思政网."一站式"学生社区|南京大学:打造"南青格庐"空间,构建"一站式"学生社区[EB/OL].(2021-12-13)[2023-06-11]. https://mp.weixin.qq.com/s/A_8_wPbYQRQ2nhXaY6zZ6w.
② 高校思政网."一站式"学生社区|清华大学:大鱼前导,小鱼尾随,营造师生"从游"的学生社区文化[EB/OL].(2022-03-25)[2023-06-11]. https://mp.weixin.qq.com/s/_9OIbiizkSplS47y4IQBdA.

扶"的全员导师制,实现宿区同层必有导师,社区党委、学生事务办公室、辅导员、学业导师、心理团队、医务队伍等全部进驻学生社区,满足学生360度全方位的成长需求。① 这些高校都是通过自觉践行"一线规则",凝聚各方面优势资源,实现全链条运行、全过程覆盖、全方位关怀,构建学生社区立体化的育人新格局、构建起和谐统一的育人新环境。

(二)激发学生的内在动能,提升"主人翁"主体身份意识

高校学生社区空间是大学生成长成才的"第一社会",要突破传统"管理-被管理"的学生社区权力格局,设立学生自我管理委员会,建立学生社区管理制度、自律公约和监察条例等;充分发挥学生骨干、党员先锋在社区中的模范带头作用,鼓励学生从做中学,通过在社区中参与志愿服务等增强公共意识和集体观念;优化社区学生骨干的竞聘、考核和激励机制,由表及里促进学生对社区公共事务的自主参与,引导学生化被动管理为主动参与,进而达成自我管理、自我服务、自我约束的效果,充分激发学生社区的内生动能。

如沈阳航空航天大学通过成立学生自我管理委员会,由学生党员、学生干部、退役士兵等组建学生自管队伍,在老师的指导下全方位参与社区工作,培养学生自主意识和自律能力,"零距离"反映和解决好学生实际困难。② 宁波大学的S2S伴同中心以"成长伴同"为理念,集党团伴同、文化伴同、学业伴同、心理伴同、服务伴同、平安伴同六大伴同功能于一身,是一个学生自我管理、自我服务、自我成长的学生成长平台,为增进师生交流、激励学生发展打造了良好的环境。这些高校都是通过将"一站式"学生社区建设成为促进学生价值塑造、素养提升、能力达成的"三全育人"实践园地,激发学生在社区空间自我赋能、自我进阶和自我发展的意识、动力和行为,唤醒学生社区空间的内生发展动力。

---

① 高校思政网."一站式"学生社区|华南理工大学:老师就是导师,学生社区助你成长[EB/OL]. (2022-04-25)[2023-06-11]. https://mp.weixin.qq.com/s/ukjRdJTF6Ky-FpKMftSBjA.
② 高校思政网."一站式"学生社区|沈阳航空航天大学:全面开展"一站式"学生社区建设,让学生真正享受"零距离"服务[EB/OL]. (2022-06-23)[2023-06-11]. https://mp.weixin.qq.com/s/TnMhknT4xWEsFc1XKCGx4A.

高校"一站式"学生社区的建设指向,是将学生社区打造成集学生思想教育、师生交流、文化活动、生活服务于一体的教育生活园地。空间和社区两个概念之间存在天然的关联性,高校"一站式"学生社区育人进程中的空间营造,不仅仅需要从理论层面探讨学生社区空间的生成、生产和升级逻辑,更需要从高校建设实际着眼,探赜其建设过程中的宝贵经验和发展瓶颈。对标高校"一站式"的建设要求,高校学生社区经历了从物理空间到复合空间,从位置同场到情感同频,从结构围合到内生发展的内在价值转轨;也面临着在转型升级为复合空间、情感空间和社群空间的过程中的外在功能阻滞。作为高校打通育人"最后一公里"的关键场所,高校"一站式"学生社区需要空间赋能,通过强化立体阵地建设、优化文化生态建设、深化人力资本建设三管齐下,搭建全时空、立体化、多向度的学生社区育人"关键场",让学生社区真正焕发"教育生活园地"的育人魅力。

第十一章　新时代高校"一站式"学生社区育人中的数字赋能

习近平总书记指出:"当今世界,信息技术创新日新月异,数字化、网络化、智能化深入发展,在推动经济社会发展、促进国家治理体系和治理能力现代化、满足人民日益增长的美好生活需要方面发挥着越来越重要的作用。"[1]国家《"十四五"数字经济发展规划》明确强调要加强教育新型基础设施建设,着力推动"互联网+教育"的持续健康发展。当前数字化已处于不可或缺的阶段,对于高校各项工作的支撑起到至关重要的作用。高校"一站式"学生社区作为高校学生学习生活的重要场景,应主动适应数字化发展趋势,以数字赋能学生社区育人,以精准化服务更好满足学生成长需求。

本章从高校学生社区数字赋能的内在逻辑出发,探讨数字化变革在高校"一站式"学生社区育人中的应然作为,分析高校数字化赋能的内在要求,梳理高校数字赋能的现实困境,并从全面提升服务品质、全面提高治理效能、全面完善教育内容等多个层面提供数字赋能的实践路径,从而全面加强高校学生社区数字化建设,助力高校智慧校园再上新台阶,以信息化和智能化支撑现代高校治理体系和治理能力现代化。

第一节 ‖ 高校学生社区育人中数字赋能的内在要求

随着数字技术的发展和普及,数字化已深入到人类生活的方方面面。数字

---

[1] 中国政府网. 习近平致首届数字中国建设峰会的贺信[EB/OL]. (2018-04-22)[2023-06-11]. https://www.gov.cn/xinwen/2018-04/22/content_5284936.htm.

化教育已经成为新时代的教育发展方向,并且在改变着传统的教育模式,是新时代高等教育高质量发展和高校治理现代化的必然选择。高校"一站式"学生社区育人要依托数字化技术,开展数字化服务、数字化治理、数字化教育,以人技结合"双轮"驱动高质量发展,凝聚信息化建设合力,提升学生社区管理服务质量。

一、高校数字化服务的重要领域

(一)保障社区安全的坚强屏障

学生社区的安全保障是学生社区数字化服务的最核心、最基础的领域,是指利用校园信息系统,通过视频监控、人脸识别、物联网等技术,实现对学生社区内的人员、车辆、设施等的全面感知和管理,提高学生社区的安全防范和服务水平的系统。通过线上线下相结合,构建党政领导、教师指导、学生主体、社会参与的共同体,形成群防群治网络,保障学生生命财产安全。

(二)优化业务办理的直接窗口

学生业务办理是学生社区数字化服务的最直接的领域。要切实加强智慧服务,提升学生业务办理实效。利用信息技术和网络平台,为学生提供一站式的管理和服务的育人模式,使学生在宿舍报修、设施预约等业务办理"网上办""掌上办""最多跑一次"。通过不断优化服务,提供智能化、便捷化、个性化的服务,满足学生的日常需求,如宿舍管理、饮食卫生、医疗保健、心理咨询等,增强学生的归属感和幸福感。

(三)推进信息集成的数据网络

学生社区的信息集成是学生社区数字化服务的最具温度和触达性的领域。要针对大学生"网络原住民"的特点,充分发挥网络的媒介作用,针对精准的团体和人员精准广播,将学生生活中的各项通知进行分包拆解,更加精准地实现信息共享,加强与学生的高效协作。学生可通过实名身份进驻线上群组,与各项应用进行深度融合,使用公告、云盘等载体进行支撑,发布活动、内容和直播信息,提升社区活动触达性,推进社区与学生的双向互动;学生可依托线上平台建立兴趣爱好、资源共享、生活互助的社群,提升权威可信的组织动员,实现学生社区文化与思政宣传教育的生产、宣发、管理闭环,建立"一站式"学生社区的线上虚拟社区。

大数据是以容量大、类型多、存取速度快、应用价值高为主要特征的数据集合。通过对大学生的高度结构化数据和基于文字、图片、视频等半结构化数据的挖掘、采集、分析,可以生成以基本信息、学习活动、校园生活为主的大学生个人大数据、大学生群体大数据,建立实时采集、智能分析、交互作用的大数据分析中心。采用物联网感知技术、网评网阅技术、智能爬虫技术等云计算、分布式处理技术和超级计算机等在海量数据中抽取关键性指标进行关联性分析,既对大学生个体进行及时诊断"精准画像",又对大学生群体进行整体扫描"整体成像"。

二、高校数字化治理的重要手段

(一)打造线上线下协同的开放系统

整合、优化校内各类学生服务资源,突破学生社区的物理空间局限,建设线上与线下协同的"一站式"学生事务大厅,集合多部门资源,针对学生业务办理开展"最多跑一次"改革①,以基础数据库、数据交换平台等信息化基础,置入分散在各职能部门的支撑模块,打破各部门业务系统数据壁垒,解决学生信息分散、平台冗余割裂的问题,有效整合信息资源,实现数据的统一归集、交换和共享,实现学生从入校、在校、离校的全程全方位管理。利用信息技术和网络平台,构建网格化管理、精细化服务、信息化支撑、开放共享的智慧社区服务平台,满足学生的日常需求和个性化需求,增强学生的归属感和幸福感。

(二)构建数据资源整合的全域平台

打通学生社区全域业务系统,实现数据互联、互通,实现学生基础数据"一键

---

① 周远,张振.高校"一站式"学生社区的空间建构逻辑与路向[J].思想理论教育,2022(7):106.

调取"、学生事务"一网通办",打造一体化的学生信息服务平台,以数据直连的方式促进社区学生各级事务的高效、精准处理,用信息化方式助力职能部门破解管理上的痛点问题,全时空开展智慧社区服务,让师生"只进一扇门,最多跑一次"。利用信息化打破各部门主体之间的行政壁垒,实现学生与学生、学生与教师等不同主体之间的交流互动。既要打造基于网络服务的管理协同服务"云生态",全方位做好学生情况摸排,了解学生在学业、就业、资助、心理等方面的实际问题,全面做好学生的线上服务工作,也要健全学生线上维权诉求绿色通道。畅通学生合法有序表达渠道,以线上社区大数据建设有效支撑学习生活共同体的打造。

（三）建设信息辅助决策的联动机制

充分利用信息共享、技术赋能,发挥高校科技优势,运用信息技术提升整体性治理的科学化水平。整体性治理是网络技术进步的时代产物,数字化时代的到来使管理决策对资源信息整合、功能协调的需求与日俱增,这为整体性治理提供了技术条件。以学生为中心的信息整合和数据交互能够在不作治理层级硬性调整的基础上,促进部门实体之间的业务协调和整合,从而有效改善因部门分置所导致的碎片化问题,为学生提供"一站式"的数据支持。

三、高校数字化教育的核心理念

（一）数字思维是数字赋能的有效保证

数字化管理的理念是我国高等教育发展新的方向,数字化在高校治理中具有巨大潜力。在推进高校学生社区治理体系和治理能力现代化的过程中,不仅要重视数字化技术,更要建立数字化思维理念,转变传统观念,强化思维的突破和创新,让信息化成为高校治理的重要媒介和手段。要不断加强信息化顶层设计,让学校各项工作同信息化紧密融合,建立现代化的治理体系。加强对信息化的投入力度,组建专业化的人才队伍,加强数字化思维培训,不断提升人才队伍的基本素质和工作能力。健全完善的信息化工作机制,进一步推动制度建设,不断完善和规范信息化管理制度,保障高校学生社区信息化治理取得实效。

(二)数字思政是数字赋能的重要目的

要加强党建引领下的智慧学生社区人本建设。高标准建设智慧校园场景下的智慧党建平台,进一步强化大数据技术在智慧党建建设中的应用,扩充智慧党建工作平台的存储空间,提升党建工作的效率性和科学性,为智慧校园建设提供价值方向的支撑载体。科学规划设计智慧党建的数据和信息共享模式,通过党建平台对接各单元平台,发挥党建优势,提升智慧校园平台工作人员的认知能力和服务水平,为人本化校园建设打造高素质工作队伍。将"大思政课"覆盖智慧校园的学习、教育、科研平台,将家国情怀、服务理念、责任意识等社会主义核心价值观融入智慧平台与学生成长、教师发展的互动中,培养新时代社会主义建设者。最后,在技术研发与优化的过程中,增强其文化适应性,打造技术与文化相融合的人本化智慧校园平台,打通了为学生解决实际问题、思政育人的"最后一公里"。

(三)以人为本是数字赋能的关键内核

为达到"管理育人、服务育人"的目标,必须始终坚持以人为本的出发点。要以人为本,注重学生体验。从数字化、信息化到智能化,从智慧城市、智慧校园再到智慧社区。在治理效果方面,要逐步实现从简单的数据收集和初步整理,到精准的数据抓取和整理,再到精准的反馈和预测,从而实现精确治理。在学生社区育人过程中,只要是有利于实现"育人"目标的新的管理方式和方法,管理者可大胆尝试与实践,注重创新手段,提升管理效率。利用信息技术和网络平台,建设并创新学生社区育人模式,实现学生社区的网格化管理、精细化服务、信息化支撑、开放共享,方便学生的日常生活和学习需求,提高社区管理水平和服务质量。

第二节 ‖ 高校学生社区育人中数字赋能的发展瓶颈

当前,各高校结合"一站式"学生社区的建设要求,不断探索高校学生社区的数字化赋能建设,涌现了诸多"一站式"学生社区数字化赋能的建设案例,但也存在一些现实挑战。

一、学生需求的匹配度还不够精确

运用数字化赋能学生社区的教育、管理、服务，需要更加明确学生需求。学生在社区中开展学习、生活、活动，首要需求就是社区安全度、生活舒适度和服务便捷度。学生社区信息化建设需要围绕学生需求开展精细化匹配，以提升学生获得感。

（一）学生社区安全性有待进一步升级

目前，数字化技术已经成为学生社区安全保障的重要基础设施。图像识别、人脸识别、指纹识别、车牌识别、运动检测、视频摘要、视频浓缩等视频分析技术对于学生社区安防系统升级具有重要积极意义。高校学生社区要通过智能化安防系统建设，将各类系统集成数据集中，形成安防大数据，从中发现威胁，消灭隐患，遏制严重事故的发生，解放安保人员工作压力，为学生营造更安全、高效的学习环境。但是校园安全保障系统存在着建设成本较高、设备的稳定性与可靠性不充分、系统数据安全性不足等方面的问题。

（二）学生社区便捷性有待进一步提升

学生社区承载着学生居住、学习、生活等各项职能。但是，学生的现实需求与学生社区的服务供给存在着明显的供需矛盾，依托传统的服务模式无法将为学生社区提供的服务及时触达到学生，部分学生社区的故障报修、通知公告、衣物清洁、水电费缴纳等仍然依靠传统的纸质信息登记、人工收集汇总等方式开展，无法满足服务的即时性、高效性和可操作性，无法充分满足学生对学生社区美好生活的期望，学生社区高质量服务有待进一步升级。

（三）学生社区集成性有待进一步完善

高校基于数字化的服务水平提升是一项复杂的系统工程。要及时采集和分析数据进行精准治理，通过数字技术简化业务流程，加强学生社区服务的集成性建设。但是，以"互联网＋"技术手段为基础的集成性学生社区建设还不够完备，实现师生交互、人机交互等实时和非实时的学生社区服务保障系统建设还有差距,无法全面满足信息化的时代要求和学生的实际需求。

二、社区治理的灵敏度还不够精准

当前,学生数据信息处理难度日渐增大,育人主体要加强对数字化信息的分析能力、处理能力、解读能力,做到线上线下联动、"面对面"与"键对键"互相支撑,健全"用数据决策、用数据管理、用数据创新"的机制,提升学生社区信息处理和利用大数据辅助决策的效能,不断提升治理能力现代化水平。

(一)学生社区数字化虚实联动有待进一步协同

学生社区应是线上服务与线下服务相结合的平台,但现阶段由于线上系统缺乏、信息化水平不高、治理队伍的信息化能力还有短板,学生社区各项管理与服务的整合度还不够高,学生办理社区业务更多依赖线下途径,线上服务与线下服务不同步,学生业务办理不及时、体验不佳、效率较低,学生社区服务站出现"道路不通""高峰堵车""窗口排队"等现象。

(二)学生社区数字化治理素质有待进一步提升

学生社区数字化建设仍处在起步阶段,学生社区的管理服务职能发挥受限,特别是学生社区治理队伍的数字化素养还不够高、熟练应用数字化系统的能力还不够强、数字化治理的思维还需要明显提升。学生社区的管理和服务需要依赖学生处、保卫处、教务处、后勤等单位的协同配合,但是由于管理部门多、管理条线杂,管理部门间的管理壁垒比较严重,各单位均有学生社区管理相关系统,但数据缺乏联通,容易出现"九龙治水"的情况,存在"一站一管理、信息不流通"等现象。

(三)学生社区数字化决策体系有待进一步构建

由于学生社区数字化建设尚未完备,基于数字治理的决策体系尚未构建完成,影响治理体系的建立,学生社区治理中基于数据驱动的决策模式没有建设完备。一是部分高校在开展数字化治理的出发点并非主要用于数字化决策,因而在开展重大决策时更多依赖以问题为导向、具有路径依赖和决策惯性的经验决策,而非数字化决策。二是决策者对于解决问题的逻辑更偏向于传统的"发现问题—

分析问题—解决问题"的"事后心态",而非"整合信息—分析数据—及早决策"的"防治心态"。这种心态和逻辑有悖于对数据价值的认知,影响学校高质量发展的重大决策制定。

三、高质量育人的颗粒度还不够精细

在信息技术快速发展的背景下,学生是互联网时代的原住民。当前,在系统盘活学生社区内生动能、建设"和谐社群"的过程中,学生社区从结构围合向内生发展的属性转换略显滞后,作为人本场域的发展优势尚未凸显。要探索通过线上线下延展思想政治教育功能,培育网络思想政治教育品牌项目,有效提高学生管理工作的信息化水平,为育人工作模式的改革增添新活力。

（一）数字设施有待进一步完善

数字化学习环境之间缺乏沟通,学生的学习过程并非数据全覆盖;学习设备系统不兼容、网络卡顿等问题,导致学生无法顺畅地进行数字化学习;教学工作者缺少相应知识和技能保障数字化教学等。特别是在信息社会背景下,人才培养已成为各行各业数字化转型的关键推力,教育需要培养出能够主动适应未来数字化社会发展的人才。

同时,信息化时代对危机预警提出了更高要求,对于预警和处理以及科学利用大数据手段做好学生社区危机预警、意外伤害预警等工作日益成为学生社区工作的一项重要内容。如何能够依托信息化手段、大数据分析开展预警工作,努力实现"措施跟上去、损失挽回来、数据降下来",尽可能防范风险、减少损失,成为学生社区信息化工作的一项新课题。

（二）数字思政有待进一步加强

如何更好地运用数字化赋能高校学生社区思想政治教育是高校"一站式"学生社区育人的重要内容。学生社区育人不能仅仅局限于通过信息化建设提供管理与服务能力,而且还需要满足基层党组织引领和多方主体参与,让学生社区成为学生协同发展的支撑系统。在网络时代中,高校学生由于本身接触新生事物的

能力较强,在思想政治教育领域中教育工作者也需要紧跟时代步伐,从管理上和教育方法上,对学生的思想动态进行深入分析,并且利用大数据功能提高思想政治教育的效率和工作方法。

(三)人本理念有待进一步深化

学生社区的主体是学生。在学生社区的数字化建设中要深化"以学生为中心"的建设理念,坚定以"人"作为主体的工作要求,明确数字化为工作方法,而学生的管理服务为工作重心和工作要求。部分高校在学生社区的数字化建设中过分追求数据和线上联系,而忽略了与学生面对面交流、心与心感受,让学生难以感受到社区育人工作的温度,不利于学生社区育人工作的有效开展。

第三节 ‖ 高校学生社区育人中数字赋能的优化路径

高校"一站式"学生社区要主动适应信息化发展趋势,系统推进信息技术与教育教学、管理服务深度融合,打造学习生活智慧化、一体化学生社区,搭建数据驱动信息平台,以多维评价推动学生全面发展,着力提升服务品质、提高治理效能、完善教育内容,切实推进学生社区数字化建设。

一、注重转型升级,全面提升服务品质

高校要打造善治共建、智能友好、功能融合的新时代学生社区,推动学生社区数字化改造升级,用更为高效的服务平台提升学生体验。其中功能性的提升和扩展,是学生社区建设的关键,随着学生管理精准化、精确化要求的不断提高,简单的住宿配置已经无法满足学校对学生日常管理的需求,更无法满足大学生丰富的课余生活需要。

(一)打造更加安全的学生社区

利用物联网设备,实现对学生社区内的重点区域、出入口、车库等的视频监控

和人脸识别。利用大数据和人工智能技术,对学生社区内的数据和事件进行分析和预警,提高安防效率和水平。在宿舍出入门口利用高清摄像头对出入人员进行分辨和跟踪,当可疑人员进入学生宿舍时提前发出预警信号,同时触发监控系统实时跟踪,确保宿舍安全。

采用物联网技术,实现动态管理宿舍房间门锁,利用学校统一身份各种认证介质,无需独立发卡,大幅度减少人力物力成本;通过系统后台管理,学生信息自动同步到门锁,结合一卡通黑白名单管理提高安全性,实现房间智能分配与入住,提高宿舍房间资源调度能力;实现留宿情况查询与自动统计;实现智慧化管理学生公寓系统,提升宿舍门锁管理效率。

利用多媒体平台和学生社群以线上线下相结合的方式开展消防安全、防诈防骗、应急逃生、国家安全等安全宣传教育。基于互联网和大数据中心,构建"一体化"信息管理平台和学生社区安全网,为学生健康成长、顺利成才塑造更加便捷、健康、安全的环境。以学生为中心,以寝室、楼层、楼宇为单位推行网格化管理,动员学校各种力量参与学生社区建设,形成人人参与、群防联治的格局,密织共建联防共享的安全大网,为学生健康成长、顺利成才创建平安校园。

(二)打造更加便捷的学生社区

进一步整合学生社区治理基础业务,针对网上办事入口多、账户多的问题,建立智慧社区管理系统,推动"一网通办",夯实"一站式"学生社区线上服务基础。包含卫生评比在线信息、宿舍报修与跟进、社区活动与宣传、线上缴费等多个模块,重组社区管理业务流程,实现应用、评测、管理、查询等方面的智能应用,打造全方位、全过程、全时域的社区业务管理新流程,突破部门管理和各个系统业务对接的壁垒,实现学生入校、在校、离校的全程全方位管理,打通了学生处、学院、学生之间信息传递的渠道,充分实现管理流程的智能化与管理服务流程的智慧化,将原本繁琐、易出错的人工管理工作信息化、远程化、数据化及动态化,使得学校有关部门能实时掌握学生在社区动态的需求。

(三)打造更加集成的学生社区

学生社区建设要充分运用"物联网+云计算"等信息技术,建设学生综合事务管理平台、大数据分析与服务平台,涵盖学生信息管理、学生成长成才等发展主题,实现学生学期画像、主题画像等特征库在群体共性发现、群体差异性分析、特征关联分析等场景的应用,提升社区育人的精准性。依托高校学生综合事务管理平台,构建信息数据库,打造活动、人员、物资管理、党团建设等功能,形成精准的学生画像,生成客观写实、全面量化的学生社区成长档案,反映学生各项能力分布及提升情况,成为学校人才培养评估、学生综合素质评价、社会单位选人用人的观测参考依据。需要重视的是,在各类信息的采集、梳理、分析和使用中,要充分考虑其科学性、合法性、合理性和伦理性,确保信息安全。积极进行数据赋能,推进服务智能化、精细化,为学生提供更优质、便捷的服务,增强归属感、获得感,满足学生对美好校园生活的向往和追求,使学生社区更具有时代性和育人内涵。

以校园 GIS(地理信息系统)及 BIM(建筑信息模型)的数据体系为基础,形成包括学生社区资产管理在内的校园物联网。在此基础上由学生生活的方方面面切入,由生活成长学生社区、教育实践学生社区、业务服务学生社区三部分构成。生活成长学生社区是指以学生共同生活区域为基础,以服务学生在课堂学习之外的成长成才为目标,以共同价值观念为联结的学生教育生活成长共同体。教育实践学生社区是指以学生参与社会实践活动为主要内容,以培养学生社会责任感、创新精神和实践能力为目标,以社会需求和问题为导向的学生教育实践共同体。业务服务学生社区是指以学生日常生活、学习、活动等需求为导向,以提供便捷、高效、优质的服务为目标,以信息化平台为支撑的学生教育服务共同体。

二、注重提质增效,全面提高治理效能

学生社区治理面临着学生数据庞大冗杂、易产生信息孤岛等问题,收集的数据往往缺乏统一性和规范性,完善度较低。同时学生社区区域大、分布散,各片区管理人员专业能力差异大、流动性大,这些因素对学生社区育人工作提出了严峻挑战。根据高校"一站式"学生社区建设试点工作指南,高校要基于学生社区建设大数据平台,深度挖掘学生学习生活、成长发展纪实数据,实现一键画像、过程记

录、趋势预警、智能推荐和科学评价等功能。随着数字化、智能化的不断推进,高校要把握住自身拥有的资源与人才优势,以学生社区为中心,转变管理理念,创新管理方式,构筑"全生命周期"数字思政平台,育人场景从"封闭孤立"向"交互共生"转变,善于运用数字化提升学生社区治理效能。

（一）整合多方资源,协同建设学生社区综合事务大厅

要将线上申请同线下办理相统一,更好地将"键对键"与"面对面"相结合。建立"一站式"的教育管理服务平台,将宿舍教育管理系统、其他教育管理系统和后勤事务管理系统等融合,系统思考、一体设计,可以实现教育管理服务的多系统融合,发挥党建引领、思想政治教育、教育教学、生活服务和文化宣传等多项功能。在移动互联网快速发展的环境下,学生对于住宿等后勤事务处理的移动化需求日益增强,因此,"一站式"的教育管理服务平台以学生需求为出发点,利用线上优势,倡导"人性化"的教育管理服务,解决学生办事难的痛点。

系统推进信息化软硬件协同升级,用硬件升级降低后勤工作成本,提高数据的准确性,提升社区安全管理能级。用软件升级整合各部门学生事务,整体性推进线上"一站式"教育管理服务平台建设,简化程序、再造流程,运用"猜你喜欢"等大数据技术为学生提供线上个性化导航服务,实现学生事务线上一站式办理,建设"方便、快捷、高效"的学生社区一体化虚拟服务平台。通过学校信息化工作部门等第三方技术供应部门为单一网站入口来进行数据整合,建设以学生为中心的,涵盖学生学习情况、党团(社团、学生组织)活动情况、校园行为、社区生活等多元数据的信息平台,成为海量学生数据的集散地,并且在各部门的专业指导下对数据进行可视化分析。来自不同部门的数据得以互相耦合验证,从而得到更加完整且真实的学生"画像"。学生社区育人实现精准识别、分析、预测、实施、评价和追踪,形成育人工作闭环。各部门既是源数据的提供方,更是数据共享的获益者,从而增强数据共享的积极性,实现数据共赢的良性循环。

（二）实现互联互通,打造一体化的学生信息服务平台

构建以学生为中心"一站式"网上学生社区。互联网是学生社区不可或缺的元素,在大数据时代背景下,应对有效利用互联网工具,持续完善社区系统建设,

加强数据分析运用，总结和归纳学生社区日常治理和日常需求，加大对社区设施设备的"数字化"投入，形成社区大数据。构建数据、报表中心，实现跨部门、跨业务、跨应用的信息共享和集成。依托网上"一站式"教育管理服务平台，最大限度实现可定制的"制度流程化、流程表单化、表单信息化"，为学生社区中跨部门协作、柔性动态审批、数据采集提供基础性工具集，实现随时、随地、随心办公和行政审批，利用既有数据最大限度实现数据核对事项的自动智能审批。将互联网应用到学生社区治理和服务中，在当前预约空间、多媒体设备的基础上，采用学院社区监管、学生运维、线上预约、全校共享的原则运行，同时对传统的设施设备实施智能化提升，解决一系列日常治理和服务难题，增强学生社区治理和服务的便捷性和实效性，提升社区空间使用效益，明晰社区的管理模式，构建"以学生为中心"的服务创新机制，打造数字化学生社区。

利用高校学生综合事务管理平台，建立信息数据库，实现活动、人员、物资管理、党团建设等功能，形成精准的学生画像，生成客观写实、全面量化的学生社区成长档案，反映学生各项能力分布及提升情况，成为学校人才培养评估、学生综合素质评价、社会单位选人用人的观测参考依据。通过大数据分析与服务平台，实时采集学生学业、社团、社交等各方面数据，结合学生学习状态、异常行为分析、生活行为习惯、社交关系模型等精确算法，依托多类多维评价体系，实现学生行为预警、学业预警、精准资助等功能，推动社区学生育人向精准服务、个性教育、前置管理、科学决策迭代升级。

（三）打通部门壁垒，构建可持续的协同管理决策机制

学生社区的数字化转型要聚焦学生社区建设管理的全要素、全流程和全业务，必须有可持续的多部门协调机制作为有效保证。要统筹规划建设和维护更新的关系，充分发挥相关要素的积极性和主动性，协调参与数字化建设。

通过构建大数据分析模块，强化精细管理水平。依照学生社区育人中各部门职责要求，提出决策分析模型，多维度统计晚归、未归及重点人员在学生社区的整体情况，分析社区学生生活和学习习惯，输出丰富的各种统计报表；实现学生社区的多维度可视化、精细化管理，记录学生社区行为轨迹，完成学生失联预警、在寝预警、

出入预警、生活预警等;了解学生最近的变化趋势,对反常行为作出预测分析,及时提醒教育管理工作者尽早介入;实现住宿可视化管理住房状态和业务信息;结合教务教学课表,实现学生考勤分析;根据系统日常运维数据实现宿管员业务考核、运维业务考核分析、平台综合业务分析、数据监控展示和其他大数据分析。

三、注重方式方法,全面完善教育内容

数字经济和数字社会的发展,推动教育的发展与变革。教育的数字化转型是教育信息化的重要阶段,要充分应用数字化技术,改变传统的工作思路,加强数字化转型;要构建智慧教育生态,加强技术赋能的统筹规划、技术支持和创新评价;要以学生的发展为目的,贴近学生、依靠学生、为了学生,以是否促进学生的发展为衡量标准。

(一)转变学生社区的教育顶层设计

社会的数字化变革关键是人的要素,教师和学生的数字能力提升是学生社区数字化转型的关键。学生社区信息化赋能教育不仅要从教育内容上着手,更要在战略层面进行规划,推动数字化意识和思维的转变。要加强数字化意识和数字化思维构建,推动运用数字化思维及技术在学生社区建设中全方位赋能党建引领、队伍入驻、三全育人、平安社区等。加强数字孪生、环境智联等方面建设,构建信息化工作机制。要加大人力资源投入,更新教师观念、增强数字化意识、提升数字化教学能力。

借助自媒体平台等新的媒介来提升学生社区的信息化管理能力。随着移动网络的发展,自媒体已经基本融入学生的学习和生活中,深受学生欢迎。自媒体是一种以现代化、电子化的传播手段,具有平民性、普泛化、碎片化、交互性强及传播快等性质,面向社会公众进行信息传播的媒介形式。

完善学生社区育人硬件基础设施建设,努力实现高校学生社区无线网络100%覆盖,让泛在互联、平台云化为学生社区育人赋能,让网络成为学生社区的重要基础设施。要加强教育软件基础设施建设,教育行政部门、各级主管部门和高校要着力推动5G、大数据、人工智能等新一代信息技术在学生社区的发展和应

用,以学生发展为导向打造智慧教育平台,统筹各项学习、教学和管理中的大数据,切实促进教育数据的互通共享,统筹推进数据融合。要探索基于各种生态的数字化教学模式,推进智能化教学工具与课堂教学融合,用好用足课堂教学数据,培养学生创新能力。

(二) 提升学生社区的思想政治教育质量

要以互联网技术推动发展学生社区智慧党建。互联网时代,无处不网、无事不网、无人不网,互联网不但改变了人们获取信息的途径和方法,而且改变了人们的思维方式和行为方式。为了迎接挑战,学生社区应采用互联网技术推动智慧党建,将学生社区党员、基层党组织等信息及时录入、适时更新,在全面、完整收集信息的基础上,自动生成学生社区大学生党员基本情况报告,通过数据、图表、曲线呈现社区基层党组织情况;可以通过系统完成党员向学生社区报到,组织学生社区党组织活动报名,推动学生社区党建工作电子化、数字化、智能化。

提升信息利用率,全面提升学生社区治理能力。学生社区具备人员数量多、活动多、风险多等特点,致使学生社区治理中经常存在诸多治理盲区的现象。如何在完善学生社区智能化和学生社区信息数据充足的基础上,针对学生社区治理,运用大数据分析平台,实现智能分析学生社区治理数据,是研究的重点。通过对学生社区消费记录、进出记录、活动记录等数据的收集,深入挖掘分析,确保学生在校安全;研判学生生活水平,及时介入社区学生贫困资助工作;分析群体活动规律和成长趋势,调整社区服务标准和内容。有效利用大数据分析平台,为学生社区中智能化治理赋能,通过收集学生"点"的数据,分析个体和群体"线"的规律,实现学生社区"面"的治理效果。

建立学生社区党务信息教育系统。通过手机 APP、微信公众号等途径将党的最新动态、时政热点及时向学生社区传播,使社区党员关心国家大事,培养其主人翁精神。通过在学生社区建立立体式、全方位、多领域的宣传阵地,为社区党员提供充足的可选择课程,使他们能利用各种时机自主地学习。既可以针对党员个人发展提出改进建议,又可以对党组织工作提出改进措施,促使党建工作全面提升,充分发挥大学生党员在"一站式"学生社区建设中的先锋模范作用,不断发挥基层党组织在"一站式"学生社区治理中的带动提升作用。①

（三）加强学生社区建设的人文关怀

利用自媒体平台，发布贴近校园生活、青年话语的推文内容等，展示正能量的行为规范，与学生进行互动交流，掌握自媒体平台的话语权。通过开通学生社区育人的微信公众号，定期推送规章制度、社区活动、公告信息、生活小知识、政策与法规等内容给学生，利用小视频、动画以及音频与文字结合的方式，贴近学生的阅读习惯，提高版式设计能力，增强视觉效果和感染力。突破师生的界限，更好地了解学生日常生活，拉近师生的情感距离。

注重线上线下方式组合，形成育人合力。将传统方式与创新手段有机融合，构建多元化、立体化、全方位的育人模式，将思想政治教育、专业技能培养和素质拓展等有机融入学生社区各个环节中，以实现"三全育人"的目标。为更好地服务学生，学校应在条件允许的情况下建立自己的信息网络活动室、电视播放室、心理咨询室和学生活动中心，将学生社区信息化思政同面对面交互有机整合。

此外，在大多数领域，数字化程度越高，线下参与的程度越低，就越便利、越高效、越精准、越成功。但是教育不是如此，教育不是物与物的联系，而是人与人的联系。学生社区的数字化赋能不能局限于连结客观数据，而要以数字化为手段，统筹好"传统"与"创新"两者关系，并不能完全离开传统思想政治教育工作，面对面的场景、心对心的沟通必不可少。

以数字赋能高校"一站式"学生社区育人，以智能引领未来学生社区，是学生社区向数字化治理的关键一环。学生社区作为高校学生活动的第一场景，应全面发挥全感知、全连接、全场景、全智能的数字化应用新优势，充分利用数字信息、智能平台、现代设施，科学研判学生成长规律和发展需求，打造集"价值引领—成长助力—资源整合—风险化解"于一体的数字化育人工作矩阵，强化大数据赋能精准思政，提升学生社区育人精准性、时效性，更好满足学生成长需求。

---

① 江孤迅.互联网技术视域下"一站式"学生社区建设探析[J].中国高等教育，2022(22)：54.

第三篇

新时代高校"一站式"学生社区育人的创新发展

高校学生社区育人工作的探索与实践伴随着我们党的发展历程以及对高等教育的改革发展过程。新时代背景下,高校"一站式"学生社区的创新发展,事关高校思想政治工作体系、人才培养模式改革,是我国教育事业发展和改革的必要举措,也是现代大学治理的现实需要,事关教育现代化建设。高校"一站式"学生社区综合管理模式建设工作虽正式启动于2019年,但是这场改革工作推动的速度与力度是空前的,2023年底全国所有高校均将实现"一站式"学生社区综合管理模式的改革工作。在此背景之下,高校"一站式"学生社区"建设什么""建设到什么程度""靠什么建设",其未来的发展趋势以及如何创新发展,成为各大高校的必答题。

本篇章将着重从高校"一站式"学生社区育人的理论视域、效果评价、国际比较以及未来展望四部分进行展开。高校"一站式"学生社区建设具有深厚的理论渊源,马克思主义经典理论、马克思主义中国化理论,以及共同体理论、场域理论、行动交往等西方理论均对"一站式"学生社区的实践探索有借鉴意义。作为全国高校普遍性的改革活动,"一站式"学生社区建设将迎来新的发展阶段,即成效评价阶段,高校应基于实践探索围绕立德树人、育心育德、治理体系等维度进行效果评价。与此同时,在推动"一站式"学生社区育人的过程中,还应具有国际视野和未来眼光,充分吸收与借鉴境内外高校学生社区建设的有益经验,为我所用。本篇章还就"一站式"学生社区建设的未来发展趋势进行展望。

第十二章　新时代高校"一站式"学生社区育人的理论视域

新时代背景下,高校"一站式"学生社区不仅是学生从事人际交往、学习活动、日常生活的物理空间,更承载着党建引领、文化浸润、心理服务等多重功能,是高校开展日常思想政治教育的重要载体。伴随着高校学生社区改革创新的蓬勃发展,学生社区围绕着价值引领、空间建构、队伍进驻、资源下沉、学生参与、智慧服务以及制度保障等方面进行了广泛的探索与实践工作。众所周知,理念是行动的先导,一定的发展实践都是由一定的发展理念来引领的。发展理念是否对头,从根本上决定着发展成效乃至成败。① 在"一站式"学生社区育人迎来全面铺开的背景之下,从理论视角重新审视学生社区建设,意义重大。

马克思主义经典空间理论,西方整体性治理理论、哈贝马斯的交往行动理论、滕尼斯的共同体理论、布迪厄的场域领域以及马克思主义中国化的理论成果,都为高校学生社区综合管理改革调适策略以及育人路径的推进等提供理论参考与借鉴。然而,本章节不能无所不包地囊括古今中外所有关于社区、学生社区、交往等领域的相关理论,只能择其中影响比较大的进行简要介绍,以丰富本书关于高校"一站式"学生社区育人的理论视野。

第一节 ‖ 马克思主义的空间理论

在马克思恩格斯的经典著作中,虽然没有"空间理论"的专门论述章节,其本

---

① 习近平.习近平谈治国理政:第2卷[M].北京:外文出版社,2017:197.

人也未提出"空间"理论体系,但其关于空间的思想常隐含于对其他问题的阐释之中,为当代的空间理论和"空间转向"提供了诸多理论支撑、奠定了理论基础。总体而言,马克思主义空间思想具有三重性,分别为自然空间、社会空间和历史空间,构成了人们总体性的活动空间。

一、马克思自然空间理论

马克思认为,自然界是人类在客观世界中存续的基本空间,也是人类实践活动的实际空间,具有客观性、实践性和发展性,其空间布局、结构功能、地理位置等共同构成了人类实践活动赖以依靠的空间形态。

(一)自然空间的客观性

首先,马克思认为自然空间是一个有形的客观存在,是人类存在与发展的第一空间。"自然界是人为了不致死亡而必须与之处于持续不断的交互作用过程的、人的身体"[①],"自然界是工人的劳动得以实现、工人的劳动在其中活动、工人的劳动从中生产出和借以生产出自己的产品的材料。"[②]也就是说,自然界是"人在客观世界得以存续的基础空间,也是人类活动的实践空间"[③]。其次,从人和自然的关系来说,自然并不孤立静止于人的世界之外,是人类和自然共同构成了人类活动的空间,没有这个空间,人类活动就无着落;同时,如若没有人类实践活动,自然空间就变成了"冰冷"的存在物,无现实意义可言。因此,在马克思的自然空间理论中,自然空间不仅是客观存在物,亦是人类得以生存与发展的基础空间和实践空间。

(二)自然空间的实践性

自然空间的客观性告诉我们,自然空间作为一种基础空间和实践空间,让人

---

① 马克思,恩格斯.马克思恩格斯文集:第1卷[M].中共中央马克思恩格斯列宁斯大林著作编译局,译.北京:人民出版社.2009:161.
② 马克思,恩格斯.马克思恩格斯文集:第1卷[M].中共中央马克思恩格斯列宁斯大林著作编译局,译.北京:人民出版社.2009:158.
③ 李辉,庄新岸.马克思空间思想及其思想政治教育价值[J].思想教育研究,2019(2):19.

与人在其空间实践中衍生了社会性。即人类通过主动在自然空间中烙下自己的印迹,建构属于"人"的空间,并推动着自然空间向"人化的自然空间"转化。所谓"人化的自然空间"源于马克思提出的人的"类本性",就是"自由自觉的活动",即作为"人的能动的类生活"改造对象世界的活动①。随着人类实践水平的不断提升,人类对自然空间的认识不断深入,人类实践活动极大地拓展了自然空间的范围。而自然空间的不断拓展,又促使着自然空间向"人化的自然空间"转向,二者贯通于实践之中,在实践中存在和发展。

（三）自然空间的发展性

在马克思与恩格斯的经典著作中,其所理解的"空间"就是人的实践活动所指向的地理环境和社会关系。而无论是地理环境还是社会关系,并不是静止孤立的,自然空间不是"直接存在的、始终如一",是"历史的产物"②,将伴随着人和人类实践而不断发展变化,自然空间的重新塑造和建构是新样态。由此,我们应充分认识到面对"强国建设,教育何为"的时代课题,对高校来说,就是要始终围绕落实立德树人根本任务,拓展空间场景,善于创新与拓展自然空间,构建"以学生发展为中心"、致力于实现"人的全面发展与自由发展"的自然空间。

二、马克思社会空间理论

社会空间不仅是人们各种实践活动的实践结果体现,更是人们各种实践活动的必需场所。社会空间并非从来就有,有其自身的空间形式、内涵以及特性。

（一）社会空间的形式

社会空间产生于人类社会的发展过程,是由于自然空间在实践过程中被赋予了"人"的性质而转化为人类的社会空间。从形式上来说,在人类社会的早期阶

---

① 马克思,恩格斯. 马克思恩格斯全集:第42卷[M]. 中共中央马克思恩格斯列宁斯大林著作编译局,译. 北京:人民出版社. 1979:96—97.
② 马克思,恩格斯. 马克思恩格斯选集:第1卷[M]. 中共中央马克思恩格斯列宁斯大林著作编译局,译. 北京:人民出版社,2012:155.

段,人们的社会空间活动往往囿于某一地点进行,而这种地点范围是狭窄的和孤立的,但随着社会生产力的快速发展以及人类社会交往水平的提升,人们不断扩大实践活动的范围,以满足自身的生存和发展需要,目前为止人类社会已经实现了经济全球化。马克思的社会空间理论启发我们,依托学生社区开展教育引导工作,在空间形式上要以学生社区为起点,拓展新的发展空间,要具备国际视野,构建"大社区圈"的概念,将与学生社区紧密相连的运动场所、学习场所、饮食场所等作为社区育人的有效支撑空间,链接更多育人队伍与育人资源引入学生社区。

(二) 社会空间的内涵

从社会空间内涵来说,人们对于社区空间的诉求已不是基本的生活需求,而是注重对美好生活的向往与需要。社会空间是人类特有的空间形态,是"人自由全面发展"的社会条件,是整个社会生产和再生产的重要保障,在历史进程中不断更迭与建构。而"人的自由而全面发展"的社会空间使人从物的统治中得以解放,以自由、全面的发展状态扩张社会关系空间。因此,社会空间内涵的概念启发我们,高校学生社区育人空间在内涵上,要以学生成长为中心,构建共生双赢的"生生关系""师生关系",促进青年学生德智体美劳全面发展,将学生社区打造成为具有多重功能的教育生活园地。

(三) 社会空间的三维性

马克思主义空间理论认为社会空间具有三维性,即物理—地理空间、社会—经济空间、文化—心理空间,三者与物理空间、实践空间、精神空间高度吻合。社会空间重组与转向不囿于物理空间。思想政治教育作为人的一项实践活动,不同的空间观将会产生不同的思想政治教育理念。根据马克思对于自然空间和社会空间的构建,可将其场域空间划分日常生活空间、社会交往空间、生产实践空间等,这些不同类型的空间场景,为大学生思想政治教育工作奠定了空间基础。

三、马克思历史空间理论

马克思说:"生产关系总和起来就构成所谓社会关系,构成所谓社会,并且是构成一个处于一定历史发展阶段上的社会,具有独特的特征的社会。"①人的历史空间是一种现实的空间形态,不仅仅是社会空间在其发展过程中的一种轨迹,而是人的活动框架之一。

(一)历史空间的历史形式

在马克思主义的历史空间理论中,历史空间是一种历史形式。自然空间与社会空间均处在一定的历史过程中,在自然空间与社会空间的前后更替或者是发展进步时,此前空间形态中所具备的积极价值的形式与内容将会包含于此后出现的空间形态之中。即从历史发展视域考察自然空间和社会空间,我们可以看到历史空间的内容贯穿于自然空间和社会空间之中,同时,自然空间和社会空间也将会在自身的发展过程中最终归于历史空间。就学生社区育人工作的发展过程而言,就是一种历史空间的延续性,新时代学生社区育人工作所拥有的全部经验与方法,源自于对中国共产党历史上有效的社区育人经验的探索吸收与借鉴。

(二)历史空间的空间形态

纵观人类社会发展的不同历史阶段,我们可以看到人与人之间的交往关系与交往行动具有历史性的特质,在人类社会的特定历史阶段,其交往方式是与特定历史阶段相适应的。与此同时,在人与人的交往过程中,人们所采取的交往形式,会受到当时一定社会历史条件的影响,与交往者的价值取向,交往者所处的生活状况以及制度环境等紧密相连。比如在学生社区育人工作中,如果我们始终把协同育人的理念在不同育人队伍下沉社区时加以凸显,那么在学生社区内不同育人队伍之间的交往将会与原有育人队伍中"各自为政"现象有很大不同。

四、马克思空间理论的育人价值

通过探索马克思主义的空间理论,我们可以看到,其关于自然空间、社会空间

---

① 马克思,恩格斯.马克思恩格斯选集:第1卷[M],中共中央马克思恩格斯列宁斯大林著作编译局,译.北京:人民出版社,2012:340.

和历史空间的相关论述,对高校开展思想政治教育工作以及学生社区育人实践具有现实的教育意义。

(一)育人实践需要空间在场

马克思主义自然空间理论启发我们,人类的生存与发展离不开自然空间所提供的基础空间和实践空间。就高校学生社区思想政治教育的本质而言,是一种以学生社区为空间在场的育人实践。学生社区的思想政治教育,离不开人的实践活动,教育主体与客体之间应在活动场域内围绕社会交往、知识生产、政治意识、经验共享、情感维系以及社会认同等维度开展各类育人实践。而育人实践需求反过来也需要学生社区提供更多的空间保障。如一些高校在"一站式"学生社区建设过程中,非常注重延展学生社区育人空间,根据学生成长过程中呈现的多元需求,结合不同社区空间的实际情况及学生特点,在社区全方位配齐完善宿舍软硬件设施,实现丰富多样的社区功能。可见,高校学生社区思想政治教育的空间在场,所指"空间"不能囿于物理空间,更是交往空间、精神空间等。此外,学生社区育人功能的充分发挥,不仅需要"空间"的同时在场,还要与时俱进以应对当前高校思想政治教育工作面临的新要求、新挑战。

(二)育人实践需要空间优化

当前社会面对百年未有之大变局,且这一变局仍在快速演进,社会空间的嬗变呼吁着大学生思想政治教育的空间转向,新时代大学生思想政治教育空间转向是对学生思想政治教育各要素在社会空间中优化、重塑、建构等状态的诠释,是对高校学生思想政治教育内涵式发展所作出的现实回应。思想政治教育的空间转向倒逼着作为大学生思想政治教育的重要空间载体的学生社区,要从社区空间结构的优化、社区空间形态的重塑与社区空间关系的建构等方面进行优化与改革创新。具体而言,高校要进行学生社区空间功能优化、社区育人模式转向升级与师生关系重新建构等,旨在通过空间优化,增进思想政治教育实施过程中育人主体与教育对象之间精神生产与交流,以实现建构信念、凝聚意志、呈现情感的育人目标。

(三)育人实践需要历史关照

高校思想政治教育具有历史性,学生社区作为思想政治教育系统中的重要一环同样具备历史性特征。高校学生社区育人工作,伴随着我们党的发展历程,中国共产党在不同历史阶段的学生社区育人实践,通过持续的经验积累,形成了一套独特的育人理念和实践经验。历史渗透在人们的惯习中。因此,在新时代背景之下,高校学生社区育人工作的探索与实践,要从历史空间视角,对原有历史经验适当改革,考察其发展的来龙去脉,以使之在新社会现实中唤起历史经验,要善于传承历史经验与做法,在此基础之上,解放思想、与时俱进,不断结合高校人才培养改革的新需求,创新社区育人理念、育人方法。

第二节 ‖ 西方经典理论探析

在西方经典理论视域中,西方整体性治理理论、哈贝马斯的交往行动理论、滕尼斯的共同体理论等都具有丰富的理论体系和知识内容。现在看来,西方经典理论的相关论述,时至今日,仍有一定的借鉴意义,对高校学生社区育人实践具有一定的启发与借鉴意义。

一、整体性治理理论

整体性治理理论其治理导向为符合公众合理需求,治理手段偏重于信息技术,治理机制呈现为三个关键词,即协调、整合与责任。整体性治理理论通过对碎片化问题进行有机整合,从而形成"从破碎走向整合,从部分走向整体,从分散走向集中"的治理模式。就目前高校"一站式"学生社区的建设现状而言,仍然存在治理领域的"九龙治水"现象以及育人队伍的协同不够问题,整体性治理理论其出发点便是聚焦"碎片化",并以协调和整合为主要内容,对于解决学生社区建设中的治理难点提供参考借鉴。

(一)整体性治理的逻辑起点

新公共管理带来的"碎片化"现象是整体治理视角的出发点所在,也是对

"碎片化"现象的一种战略回应和反思。整体治理试图从整体主义的角度解决新公共管理运动带来的政府治理碎片化问题。对于碎片化问题,整体性治理理论按照系统整合的基本遵循,以积极应对公众总需求为核心要义,通过对公众利益和行动的整合、协调,从而为公众提供整体性的服务内容,达到整体性治理的目标。

(二)整体性治理的基本内容

整体治理旨在满足公众的基本需求,通过对政府部门、企业和社会组织等方面利益和行为的整合,从而实现更有效的公共服务供给,以及对社会治理方式的创新,以"1+1>2"的方式实现公共产品的共同供给和多元社会的协同治理。协调与整合是整体性治理的两个核心概念。所谓"协调"是指为了破解碎片化难题,政府机构之间通过科学的信息系统、机构间联合对话、联合规划和决策过程等方式,以开展联合和整体的工作。在整体治理的背景下,"整合"是指通过建立一个共同的组织结构和专业实践来协调产生的一系列概念的实施。

二、交往行动理论

哈贝马斯的交往行为理论提出利用"对话"来加强个体之间的交往,在真实、真诚、相互理解的基础上达成共识。交往行为理论强调交往的意义所在,人们通过交往来达成理解和共识。高校"一站式"学生社区作为师生交流的教育空间,交往行为理论对如何看待"生活世界",如何进行"沟通与沟通行动",对于建立新型师生关系具有一定的启发性。

(一)生活世界的内容

哈贝马斯交往行为理论其宏观背景便是生活世界。关于构成,哈贝马斯认为生活世界包括文化、社会和个人三大结构成分。所谓文化就是一种知识储存,即交往参与者之间按照一定知识储备来解释世界上的某种事物,从而促进文化的延续和创新;所谓社会,就是一种合法的秩序,交往参与者依托合法秩序,调节参与成员使其成为一个巩固联合的社会集团;所谓个性,就是指让主体在语言能力和行动能力方面具有的语言和行为特点,从而使主体能够参与理解过程,能论断自己的同一性。①

(二) 沟通与沟通行动

哈贝马斯交往行动理论所强调的重要内容便是沟通与沟通行动。在他看来,社会行动"因为是按照两种行动方向加以区分的,这两种行动方向,就是通过利益状况表现的一种行动合作化,和通过规范成就所进行的社会行动"②。因此,基于既定的目标而选择最佳手段的行动,就是目的性行动,这种目的性是对人的压制。沟通行动的合理性在于,人们得以通过对话、交流等语言的或非语言的符号,实现思想、意识、观念、情感等方面的交流,以使双方理解彼此的处境和实现目标计划的手段。沟通可以让人们相互间协调彼此的行为,以达成意见的一致。沟通行动让人们相互理解、彼此信任、共享信息、分享知识、步调一致。

(三) 主体间性的思想

西方哲学的重要命题之一就是主体间性,所谓主体间性又被称为交互相关性,即与他者的相关性。主体间性的思想源自哈贝马斯对社会历史的交往实践的总结,他认为交往行为是合理性的、全面性的,超越其他行为。③ 在哈贝马斯的理论视域中,主体间性主张主体间的彼此认同、相互尊重等,旨在通过交互实现主体性意义。具体来看:一是思想的逐步形成依赖于主体间的交往,而不是在孤立的状态下形成;二是借助理性的交谈、讨论等沟通行动,可以实现主体间的相互理解,同时个性差异是得到尊重的;三是主体之间只有相互认可,才能真正地相互理解,为了相互理解而进行的交往活动才是有效的。

三、"共同体"理论

"共同体"理论的相关论述是斐迪南·滕尼斯(德国古典社会学家)在《共同体与

---

① 哈贝马斯. 交往行动理论[M]. 洪佩郁,蔺青,译. 重庆:重庆出版社,1994:189.
② 哈贝马斯. 交往行动理论[M]. 洪佩郁,蔺青,译. 重庆:重庆出版社,1994:361.
③ 龚群. 道德乌托邦的重构——哈贝马斯交往伦理思想研究[M]. 北京:商务印书馆,2003:87—96.

社会:纯粹社会学的基本概念》一书中所提出的。高校"一站式"学生社区的改革创新,其目标之一便是将学生社区打造成为一个"三全育人"的协同育人共同体,因此滕尼斯关于"共同体"理论的阐释对于协同育人共同体的建设具有一定的启发意义。

(一)"共同体"基本概念

在滕尼斯看来,"共同体"之中的群体因血缘、利益、感情等联结在一起,存在血缘关系,同时也是地缘共同体和精神共同体[①]。滕尼斯认为,"共同体"从人类历史发展的长远视角来看,是一种具有持久性、真正性的共同生活。"共同体"是由本质意愿决定的,本质意志是一种整体的意志,生命、情感及全部的人类经验与其思维过程紧密相关,其主要来源于人性最深处的意志。这种意志决定了人们思考问题大部分是基于情感,抑或是受到整体的影响,从而很少将个体的私利掺杂其中。可以说,他们的取向主要是价值合理性。

(二)"共同体"与"社会"比较

滕尼斯在提出"共同体"概念的同时,还提出了"社会"概念,但是两者存在诸多不同之处,分析两者的关系,有助于我们更好地了解"共同体"的内涵。滕尼斯认为相较于"社会"的现代性,"共同体"相对传统而古老;"共同体"的形成更多是自然使然,强调整体本位,如共同意志、社区利益支配、信仰、道德和习俗,是一种在自然感情一致的基础上形成的密切联系的有机群体。而"社会"却是相反,更强调人为属性以及个人本位,如个人意志、个人利益支配、契约交换等,是一种外在的、利益合理基础上的机械组合的群体;此外相较于"社会"的广阔范围,"共同体"的范围相对较小[②]。

四、场域理论

场域理论是关于人类行为的一种概念模式,它起源于十九世纪中叶的物理学

[①] 滕尼斯.共同体与社会:纯粹社会学的基本概念[M].林荣远,译.北京:商务印书馆,1999:65.
[②] 秦晖.共同体•社会•大共同体——评滕尼斯《共同体与社会》[J].书屋,2000(2):57—59.

概念,核心观点是认为人的每一个行动均会被行动所发生的场域所影响,同时所谓的场域并非全单指物理环境,还包括他人的行为以及与此相连的许多因素。在高校"一站式"学生社区的推进中,学生社区本身以及学生社区内的各育人队伍和育人资源要素均会对学生群体的成长发展带来潜移默化的影响。

（一）场域的概念

场域理论是社会学的重要理论之一,同时也是重要的理论分析工具,起源于19世纪中叶的物理学概念。格式塔心理学最先将"场"理论引入社会科学,其中以卢因的场论最为著名。将场域理论普遍化的是法国社会学家皮埃尔·布迪厄,他提出了场域理论(field theory)。在布迪厄的理论视野中,所谓场域,是一种网络(network)或者构型(configuration),而这种网络或构型是一种客观关系,且这种客观关系存在于各种位置之间[1],即场域是一种具有相对独立性的社会空间,相互独立性既是不同场域相互区别的标志,也是不同场域得以存在的依据。

（二）主要观点

布迪厄的场域理论由位置、关系与构型三个核心概念组成。所谓位置,是一种结点,该结点处于社会关系网络中,且结点所处的位置不是由现实生活中人们的具体职位来决定,而是取决于人们在资本分配或权力竞争中的地位[2]。所谓关系,是一种网络,由客观且复杂的社会关系构成,并不是一个个简单的物理空间。所谓构型,是一种逻辑和结构,该逻辑和结构是每个场域所独有的,身处场域的行动者如要发挥作用,其前提是要遵守该场域内部特定的法则与规则。简言之,布迪厄认为是客观关系的网络即是场域,这种网络是不断变化、是充满斗争的,而这种客观关系网络的运转要靠身处其中的行动者,而行动者又要受到一定的法则与规则的制约。

---

[1] 布迪厄,华康德.实践与反思:反思社会学导引[M].李猛,李康,译.北京:中央编译出版社,1998:133—134.
[2] 刘远杰.场域概念的教育学建构[J].教育学报,2018,14(6):21—33.

五、西方经典理论的育人价值

西方经典理论的相关论述虽然有其特定的时代背景，但这些观点时至今日仍然具有一定的合理性，值得我们借鉴和吸收。特别是在学生社区育人的特定场景之下，西方经典理论中的相关论述，对于我们做好学生社区育人工作仍然具有一定的启发意义。

（一）整体性治理理论与社区治理模式

在大力推进国家治理能力与治理现代化的背景之下，高等教育领域治理能力现代化建设也是应有之义。高校学生社区作为高等教育治理现代化体系的微观视域，要结合高校"学分制""大类培养"等教育改革要求，推动治理模式的改革创新。然而，在高校全覆盖推动"一站式"学生社区创新改革的背景之下，我们还应看到目前学生社区在治理理念、工作机制、资源配置等方面仍存在碎片化问题。针对存在的问题，高校可以充分借鉴、吸收整体性治理理论中以协调和整合破解"碎片化"的理论观点，从创新治理理念、理顺工作机制、合理配置资源等维度推动高校学生社区育人模式的转向。具体而言，高校在实际工作中要善于引导各类育人资源与育人队伍深入社区一线，整体、系统、协同推进育人工作，建立收集问题、反馈问题、解决问题的闭环工作机制，将学生社区打造成为"三全育人"生动的实践场地。同时，针对高校是人才聚集地，师生对信息技术的掌握能力较强等特点，高校要善于用好信息化工具，以信息化手段打破工作壁垒，将学生社区作为治理高质量运用以及发展提供的最佳场所[①]，从而实现整体治理的有效性。

（二）交往行动理论与新型师生互动

哈贝马斯的交往行动理论启发我们，人与人之间要注重"对话"，打造一种平等、自由和宽松的双向互动模式，交往双方需要互相信任，如此才能实现互相尊重

---

① 马成瑶.整体性治理视域下推进高校"一站式"学生社区综合管理的思考[J].思想理论教育.2022(3):98—99.

和互相理解。在学生社区育人工作中,师生互动是主体间性交际行为的一种表现形式,强调师生交往互动过程中的平等性。这样一种新型师生互动模式,与高校学生社区育人工作所强调的"一线规则"具有目标方向上的一致性,社区内不同育人主体间要交互性建构成为关系共同体。在具体工作实践中,育人主体要积极践行"一线规则",深入学生社区通过交流沟通,了解学生需求,以促进学生的全面发展。育人主体需要以平等包容的态度,理性对话,创造师生之间平等的沟通场景,从而实现面对面、心连心的沟通与交流,如可通过双向互动,打开师生心扉,相互接纳,以实现平等对话和精神交流;通过分享,师生产生新的共识,建立人际纽带,以实现精神交流,教学相长。

(三)"共同体"理论与社区"情感治理"

滕尼斯认为"共同体"有共同的感观与精神,是一种"共同生活"。[①] 众所周知,学生社区治理实践的逻辑起点在于促进学生的全面成长发展,而"共同体"理论启发我们,具体的治理实践中要在注重学生情感体验的基础之上,才能实现师生之间相互信任与相互理解。唯如此,高校才能将价值引领、行为规范等理念融入社区实践中,才能形成目标一致、利益共通的学生社区治理体系。在学生社区治理中,注重"情感治理",有助于营造和谐平等的师生关系,这就为学生社区治理各类治理主体间、治理主体与治理客体将协调方方面面的利益关系打牢基础,将有效促进学生社区凝聚力和认同感的实现,也为社区丰富多彩的精神场景培育提供了便利条件。

(四)场域理论与关系网络整合

场域理论认为所谓关系是一种客观且复杂的社会关系网络,身处关系网络中的个体只有遵守场域内的特定法则与规则,才能发挥作用。学生社区作为服务学生课堂学习之外成长成才的重要空间,也是一个复杂的关系网络空间,不同的育人力量及学生群体构成了关系网络的"主角"。学生社区空间的关系网络只有有序运转,才能实现师生共同成长发展的教育目标。关系网络整合的观点启发我

[①] 滕尼斯.共同体与社会[M].林荣远,译.北京:商务印书馆,1999:3.

们,学生社区育人实践不同于日常基于班级、党团的思政育人活动,其特定的育人规律和育人要求,育人主体与学生群体只有遵循社区育人的规律和要求,才能实现立德树人的根本任务。当然,学生社区育人实践的实现,除遵循一定的规律和要求,更需要不同育人主体间的整合协同、分工协作,也要学校层面在工作条件和资源配置方面给予一定保障。在具体做法上,高校应引导多方主体共同参与立德树人根本任务,不断完善协同育人机制;加强有效制度供给,以出台相关文件和规章制度等方式为抓手,建立管理协作、民主参与的基本制度,并确保其有效性等。①

第三节 ‖ 马克思主义中国化的理论创新

建设高校"一站式"学生社区,要以马克思主义中国化相关理论,特别是习近平新时代中国特色社会主义思想为指导,从"培养什么人、怎样培养人、为谁培养人"这一根本性问题出发,站在确保中国特色社会主义事业后继有人的政治高度,为实现高等教育治理体系的现代化、治理能力的现代化,为办好扎根中国大地的中国特色社会主义大学拓展实践路径、夯实内涵支撑,回答好新时代的育人命题。

一、党的建设理论的升华与创新

中国共产党作为国家和社会治理的主导性组织,具有内蕴的组织力量,全心全意为人民服务是党的宗旨所在。有学者认为,中国共产党是使命型政党②,不仅具备代表与表达的功能,而且具有整合与分配、服务与引领的功能。在高校"一站式"学生社区综合管理模式建设过程中,党建引领是关键。马克思主义中国化理

---

① 史龙鳞. 场域理论视角下高校学生社区建设——基于教育部"一站式"学生社区综合管理模式建设试点案例分析[J]. 高校辅导员,2021(3):57—61.
② 唐亚林,等. 社区治理的逻辑:城市社区营造的实践创新与理论模式[M]. 上海:复旦大学出版社,2020:10.

论中党的建设的相关理论对"一站式"学生社区育人起着先导、指引作用。由于篇幅所限,本文主要从思想建党、组织建设、作风建设三个维度进行分析阐述。

(一)思想建设是党的基础性建设

从思想建党的历程和形式上看,不同历史时期思想建党的内容与特定历史背景相适应,其基本依托是不断推进党内集中教育。思想建设是党的基础性建设,是党的重大创举和优良传统。在中国共产党的初创阶段就非常重视从思想上建党。1929年的古田会议确立了"思想建党"的基本原则。1941—1945年的延安整风运动将思想整顿放在首位。新中国成立后,党内进行了多次开展整党整风运动,以真理标准问题的大讨论应对"两个凡是"思想禁锢。1978年以来,党内先后开展整党运动、"三讲"教育活动、共产党员先进性教育活动、学习实践科学发展观活动、创先争优活动等集中思想教育活动。党的十八大以来,已先后开展党的群众路线教育实践活动、"三严三实"专题教育、"两学一做"学习教育、"不忘初心、牢记使命"主题教育、党史学习教育、习近平新时代中国特色社会主义思想主题教育等党内集中学习教育,坚持不懈用马克思主义中国化最新成果武装全党。

从思想建党的基本内容来看,思想建党的首要任务是坚定理想信念,马克思主义信仰、共产主义远大理想、中国特色社会主义共同理想历来被作为共产党人的精神支柱和政治灵魂,正因为坚定的理想信念为保持党的团结统一奠定了思想基础。思想建党的根本保证是科学理论武装,党自创建之初起就高举马克思列宁主义旗帜,将马克思主义基本理论与中国具体实际相结合,以马克思主义中国化的科学理论引领伟大实践。思想建党的基本要求是全心全意为人民服务,全心全意为人民服务是党的思想建设的基本问题。思想建党的活力保障是与党的各项建设紧密相连、相互促进,思想建设成为各项建设的基础和保障,各项建设推动了党的思想建设并使其永葆生机和活力。

中国共产党思想建党的基本经验启发我们,高校在推动学生社区育人工作中,要善于发挥中国共产党思想建党的强大政治优势,坚持"学生在哪里,思政工作就应该推进到哪里",善于运用多种媒介和特色主题教育活动,将"大思政课"融入学生社区的每一个角落,让思想政治教育实起来、动起来、活起来,以思想建设推动学生社区育人工作的改革创新。

（二）党的力量来自组织

从党的组织体系建设历程看，马克思主义政党的优势所在、力量所在便是非常严密的组织体系。中国共产党从成立之初，就将党的组织体系建设作为重要内容，并把"支部建在连上"确立为重大原则。1945年七大党章将"党的基础组织"作为单独章节，并规定党支部是党的基础组织。新中国成立以后，中国共产党围绕政府机构内建设党的组织机构、加强党中央的领导权、加强基层党组织建设、整顿党的组织等方面进行系列探索与实践，并在八大党章中提出了"党的基层组织"的概念。党的十一届三中全会以后，邓小平强调把党的组织路线与党的思想路线、政治路线三者并列。党的十二大通过的党章，对党的基层组织进行了明确界定，即"党的基层组织是党在社会基层组织中的战斗堡垒。"①此后党的十四大、十五大、十六大、十七大通过的党章，都对党的基层组织进行了界定，在十二大党章界定的基础上，增加了党的基层组织是"党的全部工作和战斗力的基础"的界定。② 党的十八大以来，习近平总书记提出了一系列新观点、新论断、新表述，尤其是在2018年7月全国组织工作会议上创造性地提出并阐述了新时代党的组织路线，即"全面贯彻习近平新时代中国特色社会主义思想，以组织体系建设为重点，着力培养忠诚干净担当的高素质干部，着力集聚爱国奉献的各方面优秀人才，坚持德才兼备、以德为先、任人唯贤"。2021年，中共中央发布了《中国共产党组织工作条例》（以下简称《条例》），这是党的历史上第一部关于组织工作的纲领性法规文件。《条例》提出了坚持大抓基层的鲜明导向以及以提升组织力为重点、推进组织设置和活动方式创新、增强党组织政治功能的明确要求。

从党的组织建设内容上看，党的组织建设要以党的政治建设为统领，从而确保政治方向的正确性。党的根本性建设是党的政治建设，党的组织体系建设在任何时候都不能偏离此方向；党的组织建设要恪守民主集中制的组织原则，维护党

---

① 选编组编.中国共产党章程汇编（从一大——十六大）[M].北京：中共中央党校出版社，2006：111.
② 选编组编.中国共产党章程汇编（从一大——十六大）[M].北京：中共中央党校出版社，2006：135，156，178.

中央权威;党的组织建设要重视党的基层组织建设,夯实党的组织根基。把基层党组织建设成为宣传党的主张、贯彻党的决定、领导基层治理、团结动员群众、推动改革发展的坚强战斗堡垒;党的组织建设要建设高素质的党员干部队伍,纯洁党的组织。"党的组织是由千千万万个党员干部组成的集合体,广大党员干部是党的活动的主体,党员干部的素质在一定程度上决定党组织的先进性和纯洁性、凝聚力和战斗力。"①

中国共产党组织建设的基本经验启发我们,新时代加强以党建引领学生社区育人,需要弘扬支部建在连上等优良传统,要创新党组织的活动方式和设置方式,通过建设学生社区功能型党支部等方式推动党团组织进社区;要真正提高学生社区基层党组织的组织力,把青年学子凝聚、团结在党的周围,充分发挥学生社区党组织引领政治思想、服务学习平台、助力社区治理等方面发挥战斗堡垒作用。

(三) 作风建设永远在路上

从作风建设的发展历程上看,作为百年大党,我们党始终高度重视作风建设。毛泽东同志在《论联合政府》报告中第一次阐明了党的三大优良作风。党七届二中全会,毛泽东同志提出了"两个务必"的著名论断。邓小平同志在中国共产党第十一次全国代表大会上明确提出五个优良传统和作风。2001年9月,《中共中央关于加强和改进党的作风建设的决定》在党的十五届六中全会审议通过。这是我们党的历史上第一个以党的作风建设为主题的全会,江泽民同志提出的"八个坚持八个反对"。十六届中央纪委第七次全体会议上,胡锦涛同志提出,要全面加强新形势下的领导干部作风建设,大力倡导八个方面的良好风气。2016年10月,《关于新形势下党内政治生活的若干准则》在十八届六中全会上通过,若干准则把实事求是、理论联系实际、密切联系群众、批评和自我批评、民主集中制、严明党的纪律作为党内政治生活的基本规范,也是党的六大作风。党的十九大报告提出要全面推进党的政治建设、思想建设、组织建设、作风建设、纪律建设,同时要把制度建设贯穿其中,其在党的十八大报告提出的五大建设的基础上,增加了"政治建

---

① 孙照红.中国共产党组织体系建设的百年历程和基本经验[J].马克思主义研究,2021(9):50.

设"和"纪律建设"。党的二十大报告中指出,要深化纠治"四风"、落实中央八项规定精神,重点纠治形式主义、官僚主义等。

在加强作风建设的有效路径方面,习近平总书记指出,要坚持党的领导、强化理论武装,坚持不懈用党的创新理论最新成果武装头脑、指导实践、推动工作;要"始终坚持人民立场,坚持人民主体地位,虚心向人民学习,倾听人民呼声,汲取人民智慧,把人民拥护不拥护、赞成不赞成、高兴不高兴、答应不答应作为衡量一切工作得失的根本标准,着力解决好人民最关心最直接最现实的利益问题"①,"心中装着人民,工作为了人民,想群众之所想,急群众之所急,解群众之所难,密切联系群众"②;坚持问题导向、抓常抓细抓长。抓常,要把作风建设有机融入日常工作;抓细,要对群众反映的作风建设问题一一回应、具体解决;抓长,就是要反复抓;此外,加强党的作风建设还要坚持领导带头、以上率下,要坚持建章立制、狠抓执行等。

中国共产党作风建设的基本经验启发我们,学生社区育人过程中,要坚持以学生的全面发展为本,各类育人队伍要坚持"一线规则",深入学生、了解学生,关注学生成长发展中的各类需求,依托学生社区育人优势,以精细化服务、人性化管理、新时代理念、科技优势打造温馨"一站式"学生社区,为学生的健康成长全方位保驾护航。同时,学生社区建设还要善于"依靠群众",充分发挥社区内青年学子的主人翁精神,激发其参与社区治理的积极性和主动性。

二、党的十八大以来高校思想政治工作的深化与创新

高校"一站式"学生社区育人是高校思想政治工作的重要组成部分。党的十八大以来,以习近平同志为核心的党中央高度重视思想政治工作,围绕"培养什么

---

① 中国人大网.习近平在第十三届全国人民代表大会第一次会议上的讲话[EB/OL].(2018-03-21)[2023-06-11]. http://www.npc.gov.cn/npc/c238/201803/0534f59db81c42908d5f06fd1f28bf55.shtml.
② 中国政府网.习近平在"七一勋章"颁授仪式上的讲话[EB/OL].(2021-06-21)[2023-06-11]. https://www.gov.cn/gongbao/content/2021/content_5623048.htm.

人、怎样培养人、为谁培养人"这个根本问题,所发表的一系列重要讲话和所作出的一系列重要指示、批示,为包括高校"一站式"学生社区育人在内的高校思想政治工作,提供了重要的理论支撑,指明了前进的方向。

(一)思想政治教育工作理念的创新发展

"要因事而化、因时而进、因势而新","要遵循思想政治工作规律、教书育人规律、学生成长规律","围绕学生、关照学生、服务学生","把思想政治工作贯穿教育教学全过程","发挥融入式、嵌入式、渗入式的立德树人协同效应","三全育人"等系列新观点,为新时代高校思想政治工作提供新理念。在思想政治教育新理念的指导下,相关部门出台的关于十大育人体系、课程思政建设、"三全育人"试点、思想政治工作体系建设、"大思政课"建设、时代新人铸魂工程等的工作探索。同时高校思想政治工作的领域也得到逐步拓展,"不断将科研、文化、心理、资助、实践、网络等领域纳入进来,拓展到其他非专门领域"[①];高校思想政治工作更加注重协同性,在思想政治教育工作开展过程中充分发挥各育人资源和育人队伍的协同配合功能,如此才能产生良好效果等。这些思想政治教育的理念与工作举措,特别是以生为本、协同配合、"三全育人"等思想政治教育理念,均为高校"一站式"学生社区育人提供了宝贵经验和思想方法。

(二)思想政治教育方式的丰富拓展

党的十八大以来,高校思想政治工作顺应时代发展,育人方式方法进一步丰富与发展,正如有学者指出,高校思想政治工作"紧贴学生学习活动范围和生活方式的变化","内容不断向道德、心理、情感、文化等方面拓展"。与此同时,高校思想政治工作的延伸领域不断拓展,"向学校所有教育领域、社会生活领域、网络虚拟领域延伸。"[②]正是在这样的时代背景之下,高校思想政治教育工作育人方式的丰富,育人领域的拓展,让学生社区思想政治教育在整个育人系统中的重要性越

---

① 余双好,周伟.党的十八大以来高校思想政治工作的主要成就、基本经验与发展趋势[J].思想理论教育,2022(9):14.

② 余双好,周伟.党的十八大以来高校思想政治工作的主要成就、基本经验与发展趋势[J].思想理论教育,2022(9):16.

发凸显。在育人载体构建方面,学生社区育人载体要融合文化载体、活动载体、管理载体、网络载体等不同载体协同配合。在育人工作方法上,学生社区育人要充分考虑学生社区"德育生活化"的独特功能,善于用活动体验、文化浸润、环境熏陶等方法开展学生社区育人工作。总而言之,新时代高校学生社区育人工作要更加重视多元多样的直接引领和间接渗透开展,以提升学生社区育人工作的针对性、精准性和有效性。

(三) 思想政治教育体系的数字转型

党的十八大以来,高校思想政治工作把传统优势和信息技术相结合,通过开发网络资源、搭建网络平台、利用网络媒体,逐渐形成了高校思想政治工作的新样态。就数字化转型问题,党的二十大报告提出要推进教育数字化。具体到思想政治教育,我们必须回答好、解决好思想政治教育数字化转型的价值意蕴,充分认识数字生产力跃升驱动思想政治教育转型的客观必然性,深化数字技术赋能思想政治教育革新现实路径等研究,切实推动思想政治教育实现数字化转型。我们应该看到,高校思想政治工作由于人工智能、大数据等新技术的广泛运用,呈现着越来越旺盛的"活力"。在工作实践中,各高校已在通过信息化建设,实现高校思想政治工作线上线下优势互补,以推动高校思想政治工作从传统向现代转化。高校学生社区育人实践同样需要依托信息化建设,用好数字信息、智能平台、数字化育人矩阵等方式,打通校内数据壁垒,追踪学生成长轨迹,为预警排查、精准施策、指导帮扶等提供技术保障。

(四) 思想政治教育队伍的专业化增强

高校思想政治工作的工作对象具有复杂性,从事思想政治工作的工作人员需要具备一定专业化素养,要有一支会做思想政治工作的专门队伍,"整体推进高校党政干部和共青团干部、思想政治理论课教师和哲学社会科学课教师、辅导员班主任和心理咨询教师等队伍建设"。[①] 在此背景之下,高校要进一步配齐建强辅导员队伍、思政课教师队伍、心理健康教育教师队伍等,且在高校的所有教职员工宣

---

① 习近平.习近平谈治国理政:第2卷[M].北京:外文出版社,2017:380.

传贯彻"全员育人"的育人理念。"高校思想政治工作队伍建设在加强专业化的同时高度重视全员化,逐渐形成了由专业引领的全员化的发展态势。"①高校"一站式"学生社区育人实践同样需要专业化的育人队伍,这些育人队伍中不仅需要辅导员队伍在学生社区与学生的同吃、同住、同学习,更需要"全员育人"、协同育人,即学校、部处、院系领导干部等要常态化深入学生社区,优秀的专任教师也应定期在学生社区承担学业发展、心理服务、生涯规划、就业创业、科研训练、技能实训等职能,满足学生个性化需求。

三、马克思主义中国化理论及育人价值

以马克思主义中国化理论为指引对高校"一站式"学生社区育人实践探索具有重要意义,关键是要做好马克思主义中国化理论的落地落实和入耳入脑入心入行的转化工作,要将马克思主义中国化理论创新最新成果创造性转化为学生社区育人的重要理念,转化为开展学生社区育人的方法论。

(一)始终坚持党对教育事业的全面领导

历史和实践充分表明,坚持党的全面领导是中国特色社会主义教育事业健康发展和兴旺发达的根本保证,也只有坚持党对教育事业的全面领导才能在根本上保证教育强国建设任务的实现。就学生社区育人实践而言,高校要深入推动党建引领学生社区育人,依托学生社区持续扩大基层党的组织覆盖和工作覆盖,打通育人"最后一公里"。具体来说,高校通过党建引领,构建全链条育人队伍,将基层党组织通过一定机制建设深入到学生社区一线中去,增强党的领导能力、组织能力、凝聚能力以及回应能力,发挥党组织的战斗堡垒作用,将学生社区作为高校党建的重要战略性空间,密切党与青年学子的联系,构建党的领导和执政的广泛的社会基础。

---

① 佘双好,周伟.党的十八大以来高校思想政治工作的主要成就、基本经验与发展趋势[J].思想理论教育,2022(9):18.

（二）始终坚持与时俱进的理论品格

"我们党之所以能不断从胜利走向胜利,很重要的一条就是坚持用科学理论武装广大党员、干部的头脑,使全党始终保持统一的思想、坚定的意志、强大的战斗力。"①高校学生社区育人实践把要马克思主义理论与时俱进的品质作为看家本领,以更宽广的视野、更长远的眼光来思考问题,不断提高运用马克思主义中国化理论分析和解决实际社区育人问题的能力,不断提高运用科学理论指导我们应对学生社区育人中教育主体思想认识不实、教育对象参与意识不强、教育方式创新方法不多、教育机制管理体制不顺等问题的能力。高校在学生社区育人实践中,教育主体要善于坚持不懈用马克思主义中国化最新成果武装头脑、凝心聚魂,把党的建设理论的最新成果、把思想政治教育的创新理念如"三全育人""十大育人体系""时代新人铸魂育人"等贯穿学生社区育人工作始终,有效提高学生社区阵地凝聚青年、服务青年、引导青年功能。

（三）始终坚持以人为本的价值导向

深厚的人民情怀是新时代中国特色社会主义思想鲜明的理论风格。新时代中国特色社会主义思想强调人民对美好生活的向往就是我们的奋斗目标。同样,在学生社区育人实践中,高校要把促进学生的全面成长成才作为价值追求和育人目标。在具体做法上,高校要将学生社区打造成为全员育人的实践园地,通过对"三全育人"理念的宣传贯彻,强化教职员工的育德意识和育德能力。高校要形成以立德树人为中心的全过程、全方位育人格局,将理想信念、学风建设、校园文化等与学生成长紧密相关的育人内容通过课程、实践等方式融入学生社区。此外,高校学生社区也要主动适应教育数字化发展趋势,以数字化赋能学生社区建设,以精准服务更好满足学生成长成才需求。要树立精准化服务的理念,以学生成长发展需求为切入点,挖掘高校自身育人资源与人才优势,构筑"全生命周期"数字思政平台。

---

① 新华社.新华社评论员:永远保持与时俱进的理论品格——学习习近平总书记在中央政治局第四十三次集体学习的重要讲话[EB/OL].(2017-09-30)[2023-06-11]. https://www.xinhuanet.com/pocitics/2017-09130/c_1121754484.htm.

整体而言,随着高校"一站式"学生社区建设的蓬勃发展,我们在关注学生社区育人的具体实践时,更应从理论视角重新审视学生社区建设。通过理论梳理可以看出,建设"一站式"学生社区不仅是高等教育事业改革发展的产物,更是推动理论落地落实的实践检验。在学生社区育人实践的未来探索中,高校要善于运用马克思主义经典理论、西方经典理论以及马克思主义中国化理论等的最新成果指引学生社区育人路径的探索与实践,最终将学生社区打造为以党建为引领、以学生发展为中心、以共同价值理念为联结的学生教育生活成长共同体。

第十三章　新时代高校"一站式"学生社区育人的效果评价

高校"一站式"学生社区作为新时代思想政治工作创新实践的重要阵地，是提升思想政治工作质量的重要载体和抓手，学生社区育人效果评价对于高校思想政治教育创新发展具有重要价值，其实效性关乎到高校立德树人工作的落实、思政育人工作价值的体现，对其效果的评价亦是验证高校育人工作实效性的重要衡量标准[1]。因而系统、科学的高校学生社区育人的效果评价是打造富有中国特色、体现思政要求、贴近学生实际的"一站式"学生社区综合育人平台的改革方向和要求[2]。

在高校学生社区育人工作全面开展的背景之下，我们也应看到高校之间受多重因素的影响，学生社区育人工作仍存在不均衡、不平衡现象。如何结合新时代高校学生思想政治教育的工作实践，促使学生社区育人工作更加符合高等教育高质量发展的现实需要以及学生综合素养全面发展的现实需求，全面系统地把握学生社区育人工作的效果，是各高校面临的全新课题，也是需要创新突破的重点话题。本章主要就高校学生社区育人效果评价的价值意蕴、要素分析以及主要评价举措等方面进行分析阐述。

第一节 ‖ 高校学生社区育人中效果评价的价值意蕴

随着"三全育人"综合改革的深入推进以及"大思政"工作格局的系统构建，高

---

[1] 徐菲.高校思想政治教育效果评价指标及其赋值研究：基于效果阶梯理论和结构层次系数[J].江苏高教，2021(7)：80—84.
[2] 周远，张振，岳娅萍.高校"一站式"学生社区的内涵生成、结构要素和现实意义[J].中国高等教育，2022(19)：53.

校思想政治教育创新发展进入新阶段,无论在制度安排、体系构建,还是理论武装、实践锻炼、教育空间场域拓展等方面,都成效显著。尤其是高校在教育空间场域拓展方面,随着各类功能空间的出现,空间文化设计和其背后的价值含义,显得尤为重要①。高校"一站式"学生社区作为教育空间之一,蕴含着丰富的育人内涵,已嵌入高校思想政治教育实践全过程的重要一环,在高校思想政治教育体系和育人链条中发挥着不可替代的作用②,对大学生的成长成才以及世界观、人生观和价值观的形成也具有深远影响③。

一、社区育人效果评价有助于高校高质量人才培养

人才是国家高质量发展的重要资源,高校是高素质人才培养的重要阵地,需从课程设置、师资配备、实践环节、教学环境等方面系统保障,全面提高学生的综合素质。随着学生在社区学习生活多元化、个性化需求的日益增长,学生社区作为"集学生思想教育、师生交流、文化活动、生活服务于一体的"具有丰富育人内涵的精神家园,在育人链条上的重要性日益凸显。特别是"一站式"学生社区育人工作的全面推进,各高校日益深刻认识到学生社区作为学生在学校生活的主要场所,其承载的育人内涵能为高校实现全面育人、提升治理能力、治理水平以及落实"立德树人"根本任务提供现实支撑,是高校高质量人才培养的改革新高地。对学生社区育人效果开展评价和科学评估,可使高校了解学生社区育人模式在育人实践中的实际效果,便于高校根据育人效果调整育人方式及创新育人路径,对育人模式进行改进及创新,提升育人质量和水平。

---

① 徐业坤,曹文泽.新时代高校思想政治教育发展的空间向度[J].思想理论教育,2022(12):53.
② 刘润.论新时代高校学生社区空间育人功能的拓展[J].思想理论教育,2021(4):108—111.
③ 廖勇,夏泉.社区育人视角下的大学生党建工作探析[J].暨南学报(哲学社会科学版),2017,39(8):1.

二、社区育人效果评价有助于以生为本

当前高校学生社区空间育人功能已从单纯的生活服务拓展至兼具传递价值理念、知识与信息等方面,功能内涵极大拓展。同时,社区工作重心也由管理向育人转变,各高校将多支育人力量下沉社区,通过贴身陪伴、贴心交流、因材施教、深耕细作,践行"一线规则"。同时围绕学生自身需求,配备必要的软硬件设施,挖掘和引入特色品牌活动等,满足学生学习、师生交流、生活服务、活动开展等需要。总而言之,高校学生社区应承担除服务之外的育人功能,以满足学生综合发展的需求。[1] 学生社区育人效果评价不是简单为"社区育人工作"打分评价好坏,其主要目的是通过评价育人实效全面助力青年学子的综合发展、成长成才,更好地了解学生的需求和期望,帮助学校和学生社区了解学生的特点和发展情况,及时发现学生的成长需求、思想动态、行为特征等,以制定富有针对性的措施和方案,从而满足学生在社区中的成长需求以及提升学生未来融入社会的综合素养。

三、社区育人效果评价有助于"三全育人"落地

"三全育人"作为一种育人理念,其实质是调动各类育人资源和力量,聚焦全员、全过程、全方位,培养堪当大任的时代新人。学生社区是为学生提供空间场所、物质和精神保障的全员育人的聚集地、全过程育人的时间延伸、全方位育人的空间拓展,是完善高校"三全育人"格局的重要阵地。学生社区育人功能的充分发挥需要各职能部门、学院的全员合力,全过程投入,全方位顶层设计,将学校育人资源进行重构或创新,向学生社区倾斜,精准打造学生社区育人模式。通过学生社区育人效果评价,将社区育人工作作为评价对象,将全员参与、全过程培养、全方位设计,作为"输入性"评价指标,以评价社区育人模式构建的合理性。评价结

---

[1] 刘润.论新时代高校学生社区空间育人功能的拓展[J].思想理论教育,2021(4):108—111.

果一方面反映的是社区本身的育人成效,另一方面可以更加直观地反映高校落实"三全育人"工作的实效性,检验高校是否健全全员、全过程、全方位社区育人机制,队伍是否在社区一线融合,资源是否有效的向社区倾斜,育人空间是否在社区有机融合,学生参与是否真实体现,学生获得感是否得到满足等。

第二节 ‖ 高校学生社区育人中效果评价的要素分析

评价主体、评价客体、评价内容等是构建高校"一站式"学生社区育人效果评价的基本要素,本节将主要从评价主体、评价客体、评价内容三个方面对评价要素进行系统性分析,而评价方法和过程等将在本章第三节展开。

一、学生社区育人效果评价的主体

高校学生社区育人效果评价主体所解决的是"谁评价"社区育人效果这一问题。有学者提出,思想政治教育工作质量评价工作的主体是评价的承担者、发动者、组织者和实施者。[1] 学生社区育人实践是思想政治工作的重要内容之一,在确定学生社区育人效果评价主体时,可以参照思想政治教育工作评价主体的逻辑来设定。具体而言,学生社区育人效果评价主体不能简单将评价主体视为教育主管部门或个人,也不能简单地将承担学生社区思想政治教育工作的学生管理部门、后勤服务部门或个人作为评价的主体,而应该将真正承担、发动、组织和实施社区育人效果评价的组织团体和个体纳入评价主体范畴。具体可以从团体与个人两个视角进行分析:团体,如各地区教育管理部门、学校教育管理部门、学生社区组织等;个体,如专兼职思想政治教育工作队伍、党政领导干部、专业教师、学生、家长等都是评价主体之一。

---

[1] 冯刚,等.高校思想政治教育工作质量评价研究[M].北京:人民出版社,2020:187.

在评价过程中,不同的组织团体和个人扮演着不同的角色和责任。从组织团体的角度来说,各地区教育管理部门,负责对高校学生社区育人工作提供政策指导,通过制定考核标准等对高校学生社区育人工作的落实情况进行评价;高校教育管理部门,负责对学生社区的育人工作进行整体规划、设计和监督,并对育人效果进行综合评估;学生社区组织,作为社区育人工作的实施者,负责组织、策划和推进各类活动,对活动的设计和运作进行评价。从个体的角度来说,教师队伍,在学生社区中承担着引领和指导学生的角色,负责对学生的参与度、成长情况、行为表现等进行评价;学生,作为育人的直接受益者,可以通过反馈意见、参与评价活动等方式表达对学生社区育人效果的看法;家长,可以通过参与学生社区活动、关注学生的参与情况以及与学校、教师进行交流等方式,对学生社区育人效果进行评价。

二、学生社区育人效果评价的客体

高校学生社区育人效果评价客体所解决的是"评价谁"的问题。有学者指出,"思想政治教育工作质量评价的对象,是评价影响的接收者和评价效果最主要的体现者","凡是能直接或间接影响思想政治教育质量效果的要素在一般情况下都应被涵盖在思想政治教育工作质量评价课题之一概念范畴内"。① 进一步而言,可以将思想政治教育的客体归纳为教育者、受教育者、教育内容和方法、教育环境。② 依据以上观点,具体到学生社区育人效果评价客体,本文主要从人的角度进行客体范围的界定,具体可以从评价的管理客体、施教客体、受教客体三个方面进行分析。

管理客体主要是在学生社区育人实践中,作为被评价对象的行政管理机构和行政管理者,在这里我们应该认识到管理客体"承上启下的现实状态也导致其在

---

① 冯刚,等.高校思想政治教育工作质量评价研究[M].北京:人民出版社,2020:189.
② 冯刚,等.高校思想政治教育工作质量评价研究[M].北京:人民出版社,2020:191.

评价过程中处于既是主体又是客体的双重地位"①;施教客体从广义上看,所有下沉学生社区的各育人力量都是施教客体的范围,施教客体在学生社区具体育人实践中发挥知识传授、价值引领和行为规范等作用;受教客体是指居住于学生社区的大学生群体,其思想政治素质、道德素养、文化素养、身心健康素质等内容均可纳入评价范围。总体而言,社区育人效果的评价客体,除了对"人"的评价,还涉及到对"事"的评价以及对"思想观念"的评价,因此在社区育人效果评价时要对社区育人的各要素、各环节、全过程以及未来效果进行系统全面的评价。同时,我们还要看到在学生社区育人实践中,对育人效果的评价,呈现着主客体互动的特点,主客体是辩证统一的,具有统一性和动态性。

三、学生社区育人效果评价的内容

在明确学生社区育人效果评价的主体、客体之后,我们需要从工作的维度明晰评价的具体内容。结合文献综述和高校实际探索与实践,本文认为可以从价值引领、队伍入驻、学生参与、数字化发展、社区服务、空间建设和制度保障等七个方面进行评价。

(一)价值引领维度

这一维度主要评价学生社区育人实践对学生理想信念影响较大的思想引领类工作的开展程度,可从以下内容进行具体评价:高校党委高度重视,党委书记履行"一站式"学生社区建设工作第一责任人职责,领导班子成员强化"一岗双责",建立学生社区党建工作联系点,通过党员干部教师联系学生入党积极分子、将学生社区表现纳入整体培养考察等方式。在学生社区灵活设置学生党团支部,探索学生社区党团组织设置方式,厘清与书院、学院党组织的关系,实现楼宇全覆盖。建立学生党员网格化管理体系,健全线上线下责任区,设立党员示范岗、党员先锋队,实行党员亮身份及党员联系寝室制度,创新学生社区党团组织功能实现方式。

---

① 冯刚,等.高校思想政治教育工作质量评价研究[M].北京:人民出版社,2020:209.

依托学生社区开展理想信念教育、爱国主义教育、社会主义核心价值观教育、公民道德教育等,推动学风建设进社区,开展学业指导、生涯规划、科研训练等指导,引导学生良好学习习惯,培养优良学风。

（二）队伍入驻维度

这一维度评价主要是评价各育人力量在学生社区中的参与程度、协同效果,可从以下内容进行具体评价：学校领导、职能部门负责人、学院党政领导践行"一线规则",常态化深入社区。辅导员在学生社区有办公场所和住宿空间,优化岗位职责,发挥桥梁纽带作用,与学生同吃同住同生活。发挥社区管理服务人员、学生骨干日常管理、自我教育的作用。选聘校党政团干部、思想政治理论课和优秀青年教师担任学生社区兼职辅导员,组织学业指导品牌活动,推动知名教授、专任教师等入驻楼社区。邀请两院院士、大国工匠、时代楷模、国家勋章、国家荣誉称号获得者、党政领导干部、国企管理人员、杰出校友或各行业先进人物以及"五老"等先进群体进入社区开展教育活动。引入心理咨询、生涯规划等专业力量,组建社区朋辈心理辅导队伍,提供全方位的心理疏导。完善各育人队伍选聘、培训、管理、考核、激励机制。

（三）学生参与维度

这一评价维度主要评价学生对于学生社区工作的主动参与情况以及学生的主人翁意识等,可从以下内容进行具体评价：依托学生会、学生社区自我管理委员会、寓委会、楼委会等学生组织,建立"楼栋—楼层—寝室"网格化管理系统,遴选学生党员、入党积极分子及班团干部担任楼层长,建立以服务和贡献为导向的激励和纪律约束机制。在学生社区建立活动场所集群,打造一批育人实践品牌项目。拓宽勤工助学岗位渠道,开发学生社区内的各项活动运营、服务管理相关的勤工助学岗位,积极参与宿舍文化建设和园区公共事务管理,建立健全以服务奉献为导向、以素质养成为目标、以经历认证为保障、以制度规范为基础的长效机制。

（四）数字化发展维度

这一维度主要关注学生社区以数字化技术为手段,如何实现学生社区育人工作的数字化赋能,可从以下内容进行具体评价：建设"智慧社区",推进信息技术与教育教学、管理服务深度融合,线下提供证明打印、卡证申领等学生社区自助服务设备,线上提供集信息查询、一键报修等云端服务入口,打造资源数字化的便捷学生社区;完善涵盖学工信息等的数据集成平台,深度挖掘学生成长的轨迹数据,围绕"数据赋能精准服务和科学决策",探索过程记录、成长画像、趋势预警、智能推荐、科学评价等功能,打造高效治理的智能学生社区;培育多学科跨领域的新型学习社群,探索建立基于主题兴趣的智能学习中心,紧扣"数字化终身学习和创新能力提升",以社区数字课堂引领学生学习范式的转化,打造泛在多元的学生学习社区。

（五）社区服务维度

这一维度主要关注学生社区的服务下沉,如何为学生全面发展提供更加便捷、高效的服务,可从以下内容进行具体评价:设立"一站式"学生社区服务站点或线上服务平台,提供勤工助学、学业发展、学生资助等日常事务办理与咨询服务。设立学生成长服务站,把学生社区作为学生认识自我、适应集体、学会交流的无形课堂,丰富学生参与社区建设的载体形式,构建学生参与社区建设的长效机制。向学生社区赋予学业辅导、心理疏导、专业咨询、创新创业、就业政策咨询、生涯规划指导、学生社团活动策划等功能。强化心理健康教育提质增效,加强个性化咨询,建设心理辅导站,在学生社区内广泛普及心理健康知识,将心理健康教育与职业生涯规划相结合。成立校领导牵头的学生意见建议受理平台工作专班,在学生社区创建接诉即办平台,通过设置电话、邮箱、微信平台等畅通学生反映问题渠道。

（六）空间建设维度

这一维度主要关注学生社区公共空间的质量、功能及育人内涵,可从以下内容进行具体评价:各高校大修楼宇及新建宿舍,应预留功能空间,在学生社区设置一定面积的公共空间,配备必要的软硬件设施,满足学生学习、师生交流、生活服务、活动开展等需要。为驻楼辅导员工作、生活等提供方便务实的办公、生活等条件,建设辅导员、驻楼导师社区工作室。结合书院、"一站式"学生社区建设等,丰富学生社区空间育人功能,合理规划设计空间布局,因地制宜建好党团活动、师生交流、心理健康、体育健身、艺术熏陶、生活服务等功能齐全、类型多样、富有特色的育人空间。注重学生社区空间的管理规范性、文化引领性和空间舒适性。构建以文明学生社区创建为主体，文化社区与文明寝室创建为两翼的环境育人新格局。厚植学生社区特色文化、深挖精神文化，加强学生社区人文景观建设。

（七）制度保障维度

制度保障维度关注学生社区相关改革工作有效落地执行的各项制度建设，可从以下内容进行具体评价：成立专项工作领导小组，将学生社区建设工作纳入学校整体工作，作为常委会、全委会和校长办公会重要议题，每学期专题研究，集中研究解决"一站式"学生社区机制改革、资源配置、经费保障等关键问题，形成党委统一领导、党政齐抓共管、部门各司其职的工作格局。明确牵头部门，强化统筹协调、组织推进、管理监督，确保多方力量和资源在学生社区实现整合协同。探索成立学生社区教育管理服务中心等机构，明确挂靠单位和配合单位，各司其职，协同推进"行动计划"。

第三节 ‖ 高校学生社区育人中效果评价的主要措施

高校"一站式"学生社区育人实践相较于其他的思想政治教育工作具有一定的特殊性，因此在实施评价的过程中，所采用的评价步骤、评价方法、评价模型等要充分结合高校学生社区育人实践的独特性，采用科学、客观、综合的方法来确定评价各项措施。

一、学生社区育人效果评价的主要步骤

高校学生社区育人效果评价是一项复杂的系统工程，评价标准比较复杂、抽象。对其进行评价时应采用多指标的"综合评价"方式。具体而言，在构建学生社区育人效果评价内容时，应注重评价体系的完整性，要充分反映新时代学生社区的育人内涵。在具体评价时，要根据评价对象的不同，分层分类地开展评价工作，

切忌评价工作的"一刀切",要充分考虑管理客体、施教客体、受教客体的不同层次,按照层次性原则确定评价内容。

在具体评价过程中,各环节设计应遵循整体性、科学性、可操作性等原则,包括以下几个方面:第一步,确定学生社区育人效果评价具体目标;第二步,建立学生社区育人效果评价指标体系,对目标值进行结构化分析,筛选初步的指标,对筛选指标及体系进行合理性检验,并进行优化,确定最终学生社区育人效果指标体系;第三步,选择学生社区育人效果评价方法与模型;第四步,对学生社区育人效果评价进行综合评价实施,收集能支撑效果评价的数据,并进行必要的数据运算;第五步,对学生社区育人效果结果进行综合评估并进行检验,确定所选模型、指标、权重合理性;第六步,开展学生社区育人效果评价,并进行结果分析,为高校开展学生社区育人工作提供政策指导。

二、学生社区育人效果评价的模式选择

学生社区育人工作内涵丰富,是一个完整的育人生态系统。学生社区育人效果评价的主体和客体众多、多元且复杂。在对学生社区于育人效果评价时,应将学生社区育人效果视为教育评价的分支,以育人目标为导向,参照一定的标准,结合新时代育人要求,对学生社区育人工作进行高低、优劣状态的综合评价,通过学生社区育人效果的评价,进一步评估其有效性,指导下一步的决策行为[①]。具体来说,可将学生社区育人效果评价模式分为以下几类,在实际进行评价时,可综合分析选择适合的模式进行评价。

(一)过程模式

过程模式可采用经典的CIPP模型,将学生社区育人工作评价视为过程模式,目的不是证明,而是不断改进,这也正符合新时代学生社区育人工作的目标,适应时代发展特征的需求。在具体实施过程,可将社区育人效果评价分为四个阶段:

---

① 苏为华.多指标综合评价理论与方法问题研究[D].福建:厦门大学,2002.

背景描述、信息输入、信息处理和结果输出等四个阶段。将学生社区育人效果评价作为最终目标，基于CIPP模式的四个过程，构建如图所示的过程评价模型，将背景评价、输入评价、过程评价、结果评价作为一级指标，结合学生社区建设目标确定二级指标，构建指标体系，选择相适应的评价方法对学生社区育人效果进行评价。

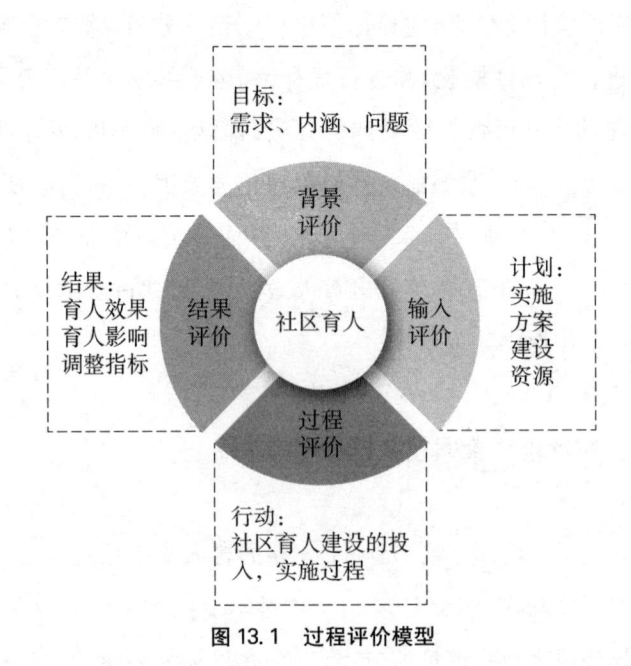

图 13.1　过程评价模型

（二）绩效模式

绩效管理模式，由高校教育管理部门制定理想化的学生社区育人效果评价指标和考核原则，在已构建的理想化模型的基础上，以理想的育人效果为目标，对学生社区育人效果进行综合考量，分别对各高校开展的社区育人工作进行绩效考核。具体可以采用基于普通多指标评价方法，基于DEA（数据包络分析）的高校绩效评价方法、基于标杆管理的高校绩效评价方法等。

（三）项目模式

项目管理模式，是指将学生社区育人效果评价视为一个项目，再将其分为多个细分的项目，如党建引领、条件保障、学生参与、队伍入驻、文化浸润、心理健康、智慧建设、空间提升等多个维度进行要素分类，并制定每一个要素的标准。按照指标的同异点和联系点开展层级归类,分为多个准则层,构建如图 13.2 所示的树状层结构,个别情况可构建网状的层次结构。

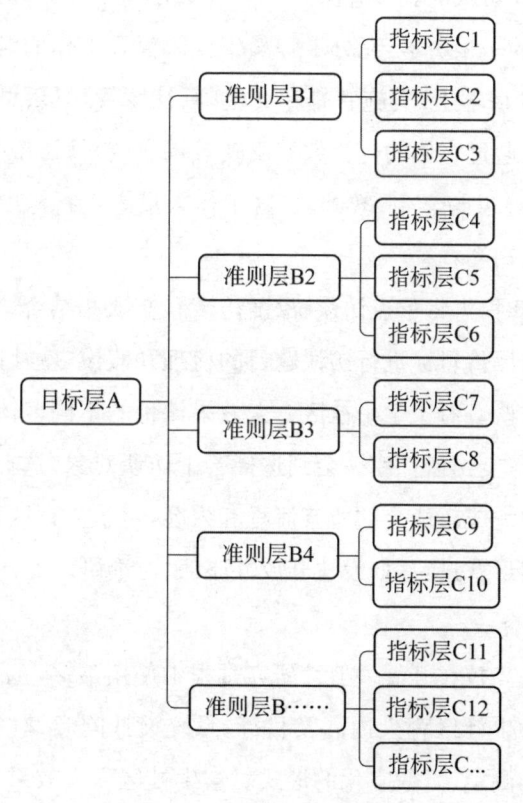

```
目标层A ─┬─ 准则层B1 ─┬─ 指标层C1
        │           ├─ 指标层C2
        │           └─ 指标层C3
        ├─ 准则层B2 ─┬─ 指标层C4
        │           ├─ 指标层C5
        │           └─ 指标层C6
        ├─ 准则层B3 ─┬─ 指标层C7
        │           └─ 指标层C8
        ├─ 准则层B4 ─┬─ 指标层C9
        │           └─ 指标层C10
        └─ 准则层B…… ─┬─ 指标层C11
                     ├─ 指标层C12
                     └─ 指标层C…
```

图 13.2　递阶层次结构图

"项目模式"有效地将"过程模式"与"绩效模式"的优势相融合,能够比较全面地反映学生社区育人效果。

三、学生社区育人效果评价的方法

学生社区育人效果评价主体和客体的多元复杂性,在评价方法的选择上不能以某一种方法简单诠释,而要根据育人效果评价的目的,灵活选择评价方法。篇幅所限,本文主要就学生社区育人效果评价中常用的几种方法进行简要介绍。

（一）访谈法

访谈法在高校教育管理工作中运用较多。该方法操作方便，可以通过研究性交谈，及时了解研究对象的真实想法。访谈组织方，能够根据访谈对象的答复，有效收集客观、真实的一手资料，充分了解学生社区育人工作的时效性、针对性。学生社区育人的受体是学生，实施者是专业教师、社区管理员、思政队伍等，学生社区育人评价虽然可通过客体的行为数据反映效果成效，但访谈则能更直观能表达客体的真实感受，通过与学生、教师、社区工作人员等进行深度交流，获取他们对学生社区育人的认知和看法。

进行访谈操作时，可将重点访谈、深度访谈和座谈相结合。重点访谈时，应围绕学生社区育人的评价目标进行访谈题目的梳理和假设，就社区育人的某方面进行针对性的提问访谈。对于学生社区育人效果评价的不同客体，对某一具体的评价指标，可以开展深度访谈。座谈会则选择若干访谈对象，选择有代表性的个体，代表需有一定能力完成座谈会的所有流程和内容，对学生社区育人工作有一定了解。座谈会可以多形式进行，如设置开放性座谈、讨论研讨等。

（二）问卷调查法

问卷调查法是高校在开展一般性研究过程中使用最多，也是效率较高的收集资料方法。根据学生社区育人内涵及目标，系统设计问卷，对学生社区育人工作的过程进行精准的测定，以数字化的形式对学生社区育人效果指标进行收集并加以分析，获取学生社区育人效果评价的调查数据。

开展问卷调查时，应确定调查目的，明确学生社区育人效果评价要解决的问题或评价目标。根据学生社区育人效果评价的目的，系统设计系列问题，问题可以分为开放性问题和封闭性问题。确保问题具有明确、简洁、清晰的表达，避免使用模糊或导向性的问题。确定问卷的整体结构，包括引言、背景信息、核心问题、结束语等部分。合理安排问题的顺序，使其有逻辑性和连贯性。需注意问题的中性和客观性，避免引导性语言和偏见，保持问题的客观性和可比性。为获得准确、可靠的数据，发布前需要进行测试调试，确保设计问题的合理性、有效性，根据测试结果对问卷进行必要的修改和调整。同时，要建立有效的数据收集和管理机制,确保数据的准确性和完整性。对收集到的数据进行统计分析和解读。要使用合适的统计方法和工具,提取并总结出有意义的结果。

(三) 追踪调查法

追踪调查法,是将学生群体作为研究对象,进行长期、连续的跟进调查。采用追踪调查法,可以充分了解研究对象的动态信息和反馈。育人实施措施是否有效,不仅要看当下,更要在未来实践验证。对学生实施育人措施后,仅凭一次或几次的调查了解,从科学角度来看很难全面了解育人工作的真实效果。学生社区育人效果评价客体有其复杂性,时代对高校育人工作的要求也在不断迭代变更,进行学生社区育人效果评价时,会因为获取的数据和反馈的时效性问题导致调研数据的不准确。因此,在对学生社区育人工作效果评价时,可采用追踪调查法,进行补充验证,获取更全面的信息,以验证育人效果的有效性。具体来说,要将学生作为研究对象,围绕学生社区育人工作这一内容,确定调查的目的、范围,对学生社区育人的对象进行追踪调查。追踪调查法,需选择代表性的研究对象,确定对象后续在不同时间维度上进行连续多次的开展调查,最终获得全面、准确的数据信息。

(四) 其他方法

学生社区育人效果评价还可用档案袋评价法、观察法、绝对评价法、相对评价法等。但是无论采用哪种评价方法,其出发点都是落实立德树人根本任务,通过评价,真实客观地了解教育主体、客体等评价维度的情况,进而更好地推动学生社区育人实践。

伴随着高校"一站式"学生社区的蓬勃发展,高校针对学生社区育人工作的质量开展评价是极其必要的,相关评价结果既可为上级部门提供决策依据,也可以督促思想政治教育工作者进一步改进工作方法。高校学生社区育人效果评价中,定量评价是基础,但基于教育者、受教者、教育内容和方法、教育环境等的质性判断也同等重要。定量定性协同,评估的科学性才会更强。同时,我们也应充分认识到,高校学生社区育人效果评价应始终坚持的评价目的是满足学生成长成才的需要,既要求数据的科学性,也强调评价主客体的经验和价值生成。

第十四章　新时代高校"一站式"学生社区育人的比较视野

习近平总书记在全国高校思想政治工作会议上提出，要"正确认识中国特色和国际比较，全面客观认识当代中国、看待外部世界"①，为拓宽新时代高校思想政治工作的国际视野提供了根本方向。高校"一站式"学生社区育人实践也应以"正确认识中国特色与国际比较"为遵循，对学生社区育人的国际视野进行研究，由此得出一定的经验启示，并对我国高校学生社区育人实践提出建议。

本章主要从欧美国家、日本、我国香港地区等高校的学生社区工作实践出发，对中外高校的学生社区育人情况进行对比，对其积累的成熟经验进行总结，开阔视野，借鉴吸收，汲取积极有效的学生社区育人工作方法，促进我国学生社区育人工作的发展和完善，为我国高校学生社区育人工作的创新提供新思路。

第一节 ‖ 国（境）外高校学生社区育人的演进与特点

当前世界知名高校主要分布在欧美、日本、我国香港地区等，其深厚的办学底蕴，也积累了较为丰富的学生社区育人工作实践。由于章节所限，本文在探索国（境）外高校学生社区育人的演进与特点时，选取了主要国家和地区的部分高校学生社区育人典型经验进行分析研究。

---

① 张烁，鞠鹏. 习近平在全国高校思想政治工作会议上强调：把思想政治工作贯穿教育教学全过程开创我国高等教育事业发展新局面——刘云山讲话　王岐山张高丽出席［N］. 人民日报，2016 - 12 - 09(1).

一、国(境)外高校学生社区工作概览

从学生居住场地看,以欧美为代表的高校学生的居住地与我国有极大不同。首先,国外高校不安排集体宿舍,居住的房间都是单人单房,而且非常分散。其次,学生居住地的所有权并非都属于高校,而是学校所有与私人所有并存。学生可以选择离学校较近的学校公寓住,也可租赁条件较好但距离较远的私人房屋居住。最后,学校不对学生居住地进行规定和统一管理,不会过多了解和干预学生的选择。总体来看,国外高校学生居住地的特点是分散和自由选择。

从主要居住人群看,长久以来,以欧美国家为代表的国外高校是一个文化的"大熔炉",所录取的学生来自世界各地。因而,国外高校学生居住地的人员结构比较复杂,不仅有青年学生,还有社会人士,在宗教、种族和社会背景上也有很大不同。以一个典型的学生宿舍套间为例,在多室一厅的环境下,往往会呈现出不同性别、国籍、学校、宗教、种族的学生居住在同一个套间中的情况。

从学生住宿环境看,单独租赁校外房屋学生的居住环境与一般居民并无差异。选择居住在学校所有权公寓的学生则能享受到在设施、文化等方面的便利与教育。欧美国家大学宿舍的空间类型比较多,有单元宿舍、公寓和单体小住宅等,内部空间设施比较完善,通常有厨房、自习室、娱乐室、洗衣房等空间。因邻近学校,还能便捷地享受到健身房、游泳池等学校设施,这一点与国内高校基本相似。

从管理模式看,牛津大学、剑桥大学和耶鲁大学等名校实行住宿学院制。住宿学院制是供教师和学生居住生活的场所。在学校管辖的学生宿舍,校方一般会配备一定数量的管理人员,如生活顾问、学生兼职管理员等,以开展对学生居住期间的管理、引导、组织等工作。

二、美国高校学生社区育人总体分析

美国高校学生社区育人从开始到发展,经历了一个较长的演变过程。有学者

指出,美国高校学生社区育人早期主要承担生活功能、管理功能,近年来逐渐以教育功能为导向,开始有目的地设计宿舍的教育性环境,开发宿舍的教育潜能,把宿舍改造为学生课堂与非课堂教育的衔接点,成为专业化的学生事务领域。[①] 有美国学者认为,住宿生活项目"支持学生发展的具体目标是帮助学生寻求人文的价值,拓宽学生在艺术、人文和科学方面的经验;进行公民教育,增强学生对社会和对他人的责任感"等。

(一) 关于住宿模式

美国高校的基本住宿模式分为三种:住宿学院制、校内住宿制和家庭寄宿制。学生宿舍现代化程度较高,宿舍条件整体较好,除了满足基本生活需求的功能性设施之外,还配置有所需的人性化服务设施,例如自习室、厨房、会客室、咖啡厅、健身房、影视厅、洗衣房、便利店等;有不同的户型、不同的住宿价位,可以供不同需求的学生自主选择。学生社区管理制度完善,多数的美国高校将大学生社会服务工作、学生社团、自治会、勤工俭学、津贴、伙食减免、住宿减免等多种方式进行结合,将学生社区的事务管理与服务纳入大学生自治范畴,增强大学生社会责任感和主人翁意识,达到学生社区育人的目的。同时,宿舍管理和服务人员一般都拥有教育学等专业知识背景,或有着丰富的学生社区管理一线经历。

(二) 关于展示方式

美国高校普遍在学校官网上公布了详细的学生社区情况。例如,美国加州大学伯克利分校在其官网上开辟专栏"校园生活"(campus life),在这一专栏下又分栏"住宿和餐饮"(housing & dining),向全球展示了其学生社区建设最新进展,以及宿舍服务最新消息。在"住宿和餐饮"一栏中,用VR技术全景展示了校园各处学生社区的实景图,供住宿学生进行网上选择。该栏目还详细展示了宿舍的"搬入"和"搬出"政策,以及无线网络、厨房、洗衣房、运动场、医疗室、安全保障、房屋清洁、房型选择、特色活动等内容,为宿舍申请者提供了丰富的信息。

[①] 徐波,苍玉权.美国高校宿舍教育的历史分析:宿舍与人才培养[J].复旦教育论坛,2014,12(5):91.

三、英国高校学生社区育人总体分析

英国部分高校采取书院制,具有深厚的历史底蕴和特色,形成了在世界上享有盛誉的教学模式,其中牛津大学和剑桥大学的书院最具典型。在英国,"college"一词与我们传统意义上理解的专业"学院"不同,该词意为"书院",意味着不同学科、专业的学生混住在一起,在导师引领、朋辈帮助、自我管理中实现自我成长与发展。虽是混住,但每年新生住宿安排时,书院会充分考虑学生的生活习惯、学科专业和兴趣爱好等因素,尽可能地创造条件,实现学生间的和谐相处。书院内部也有较为成熟的管理体系,形成了由院长、学监、学术导师、管理秘书、研究生助教、学生助管等组成的管理团队。该团队在由书院形成的学生社区中各司其职,负责学生的学术指导、事务管理、活动策划等工作,为学生提供了良好的学习、生活与社会交往环境。

(一) 关于住宿模式

英国高校学生宿舍主要分为校内住宿(campus dorm)和商业型学生公寓(student housing)住宿。近些年,因留学生人数的激增,英国高校内的宿舍容量已难以承受,大部分英国高校宿舍采取申请制的方式对校内有限的寝室资源进行分配,学生需要通过抢选的方式提交住宿申请。英国校外商业型学生公寓的经营和管理模式已相当成熟,依据地理位置、居住设施、管理状况等条件分不同档次。在同一公寓中一般都也分为不同房型,主要有套间(带独立洗浴,但共享客厅)、单间(比套间多带厨房)、公寓套房(各类设施都有)等房型,房间配置的不同,价格有所区分。英国学生公寓均较为重视学生独立性和隐私性,一般都有独立房间,视房型而定是否配备独立卫浴、独立厨房或客厅。英国学生公寓较为注重安全性,一般都配备24小时监控和安全门禁系统。同时一般都会设置充足的公共活动空间,如公共阅览自习室、电影播放室、桌球娱乐场地、健身房、衣物盥洗室等,以供学生使用。

（二）关于分配方式

无论是英国校内宿舍还是商业性学生公寓，英国高校学生公寓会给予学生较大的选择范围，在申请或预定时，一般会请学生完成系列倾向选择问答，如是否能接受宠物、是否吸烟、是否爱开派对等。在分配房间前会充分考虑和尊重学生的行为习惯和偏好，最大限度避免寝室矛盾的发生，且均不会按照性别、国家、宗教信仰等划分寝室区域。因此英国学生公寓文化具有较高的多样性和包容性，学生们来自不同国家、文化和背景，学生公寓被视为小型社区，学生可以在公寓内组织、参加各种活动，学生公寓成为了跨文化居住和交流的重要场所之一。

四、日本高校学生社区育人总体分析

日本高校学生社区建设主要由专业化的社会团体承担，十分注重学生社区自治，专门成立了相关团体以保障自我管理、服务、教育的质量；通过制定严格的学生社区管理规定，较好地约束了学生的日常行为。

（一）关于管理方式

日本高校学生社区的建设管理保持了较高程度的社会化和自治化。在餐饮、住宿等学生社区的基本保障方面，大多数由社会专业团体负责。与此同时，大部分日本高校设立了"全国大学生活协同组合联合会"，该联合会由学生、教工自发组成，选举联合会代表，并成立理事会，专门负责学生在社区中的自我管理、服务、运行、教育。此外，日本高校注重学生社区的教育功能。例如，早稻田大学在学生社区开展了 Social Intelligence 项目，组织学生在社区中开展学术研讨和知识学习。京都大学的"船哲房"宿舍倡导学生完全自治，设立自习室、讨论室等促进形成浓郁的学习氛围。

（二）关于管理政策

日本大学宿舍的管理方面非常严格，从维护宿舍设施到维护宿舍秩序都做得非常到位。宿舍管理员会负责每天的值班和巡查，确保宿舍的安全和稳定。日本大学宿舍还设有一系列的规定和管理制度来维护宿舍秩序。例如，学生禁止吸烟、不能喧哗、保持干净整洁的卫生情况、不允许访客随意进入等,住宿生需要进行每周一次的房间清洁,并保证垃圾分类和垃圾分时分段投放。若住宿生违反规定,管理部门也会进行相应的处罚,包括警告、罚款、停用宿舍等。这种严格的管理能够带给住宿生一个相对良好和安全的生活环境。在学生社区文化建设方面,日本高校学生社区会提供较为丰富的社交活动,例如宿舍聚餐会、正式的新年宴会、花祭活动等。宿舍内也可以组织各类活动,例如合唱团、舞蹈社、篮球社等。

五、我国香港地区高校学生社区育人总体分析

香港各高校把宿舍定位为"实现全人教育目标的重要途径"。全人教育是香港一个传统的特色教育理念,主张教育要促进人的全面协调发展。作为全人教育的实践,香港大学提倡的"舍堂①教育",以学生德、智、体、群、美、事、情全面发展为目标,通过完备的设施保障、特色文化营造、寓教于乐的舍堂活动等将舍堂打造成为重要的育人阵地。其主要目标是使学生从群体生活中培养独立的见解,发展个人的思想及开放态度,尊重他人的权利和自由,从而醒觉自己对社会的责任②,这与"全人教育"的目标一致。

(一)关于管理队伍

香港高校学生社区管理组织机构主要由两支队伍构成。一支为行政管理队伍,重点负责学生宿舍事务及行政活动,由学生事务处分管行政及学生活动的副处长主管。另外一支队伍是非行政管理队伍,由学生、教师、宿舍管理人员组成,专门负责学生社区生活指导和教育,开展各项文娱康乐活动,推动学生社区教育文化建设工作。

(二)关于文化建设

香港高校宿舍管理制度与内地高校宿舍管理制度最大的不同就在于遴选入

---

① 舍堂(hall)这一称呼,相当于内地高校的学生社区。
② 吴永平.香港高校宿舍教育管理探究和启示[J].宁波大学学报(教育科学版),2013,35(4):62—64.

住制度。内地的高校一般都是统一规定所有学生必须住校，无特殊情况不允许申请外宿。但香港面积小，高校占地面积也都不大，宿舍楼建筑用地有限，宿舍床位也非常有限，所以实行遴选制度；学生自主申请住宿，经过遴选委员会综合学术成绩、社团活动参加情况、竞赛情况等方面的选拔才有资格入住。同时，香港高校健康的宿舍文化也加强了学生的归属认同感，重视学生的体验学习，促进学生全面发展。例如，香港科技大学学生事务处在宿舍区举行的一项不定期活动"卓贤汇"，宗旨就是为本地精英人士和学生之间搭建一个交流的平台。校方邀请社会各界的成功人士、杰出校友和在校大学生共同进餐，每周举办两至三次。还有重大节日举行的"高桌晚宴"等活动，学生不仅可以交流思想，增长见识，还能接触社会、锻炼社交能力。

第二节 ‖ 高校学生社区育人的比较

在逐步梳理了国外以及我国香港地区学生社区的主要特点后，我们要以辩证的眼光探析不同地区与高校间的学生社区育人模式，借鉴上述地区学生社区建设的有益经验，从而为我国内地高校更好地建设自己的学生社区，更好地开展我国高校学生社区育人工作提供启示。

总体来看，中外高校学生社区育人工作主要有如下共同特点：一是都具有一定规模、在一定范围内相对聚集，构成了比较鲜明的学生社区区域特点；二是除了满足学生住宿这一基本需求外，还增设了微型厨房、洗衣间、自习室、娱乐空间等功能区域，基本满足了学生在校学习期间除了住宿外的其他生活、学习、娱乐需要；三是学生社区都配备了包括社区工作者、学生助理等相对充足的管理人员，建立了包括宿舍管理条例、宿舍居住公约等相对完善的管理机制，较好地保证了学生社区运行的规范性；四是除了必须在教学楼内完成的第一课堂学习之外，如小型学术讲座、小型文娱活动、社区文化节等第二课堂活动都不同程度地延伸向学生社区延伸，丰富了学生在住宿之余的生活。

一、寝室类型与管理队伍的比较

由于国情、社情、区情和历史、经济、文化等原因,中外高校学生社区育人模式也存在很大的差异,首先体现在学生社区寝室类型和管理队伍的不同。

(一)寝室类型比较

首先,欧美国家高校一般提供多种类型的寝室房型,包括单人间、双人间和公寓式寝室等,学生拥有比较大的自由选择度,可以根据个人的情况进行预先选择。而我国高校的寝室类型相对较为统一,通常以多人间为主,分配的方式主要以学校统一分配为主,个性化选择程度相对较低。其次,从寝室活动和社区建设方面看,欧美国家及中国香港地区高校宿舍大多设置多种类型的公共活动空间,由寝室委员会定期举办或学生自主发起、组织各种活动,促进学生之间的交流和社交,为不同国籍、不同专业的学生群体创造沟通交往的活动平台。在这方面,我国内地高校学生社区的文化建设也普遍比较充分,丰富多样的党建活动、学生组织活动逐渐在学生社区深入开展,丰富了学生的学习生活。

(二)管理队伍比较

欧美国家高校的学生社区管理工作主要由校内外两支队伍负责。校内的教工主要为学生事务管理者,负责学生社区的分配以及对学生社区的总体管理工作。在社区内部,大部分国外高校配备了学生服务官员以及学生助理,以负责社区具体的运行管理。这部分管理人员大多具备相关学科背景,具有管理学生社区的专业经验。例如,美国的一些高校开设了学生事务管理专业,培养专业人才,为学生社区管理输送了专门人才。有的高校还设立了学生教育管理专业,专门为一些大学培养负责学生工作的专业人才。以上措施在一定程度上确保了学生社区管理的职业化、专业化、科学化。我国高校在学生社区的具体事务和服务工作中校级层面在学生社区中施加的比重比较多,主要以学校的后勤部门为主,协同学生工作部门、专业学院等深度参与,注重在学生社区中开展思想政治教育,确保学生社区的安全稳定和学生的全面发展。在社区管理人员方面,我国高校绝大多数是聘任社会人员。相较于专业的学生事务管理者,社会聘用人员在专业知识、管理经验等方面比较缺乏,从一定程度上影响了学生社区的专业化、规范化建设。

二、学生参与方面的比较

在欧美高校学生社区工作中,学生自治与参与是重要的原则,学生有更大的自由度和决定权参与寝室事务的决策和管理。与西方大学一贯倡导学生独立自主的文化传统相一致,西方大学在学生社区的管理方面,一直重视学生自我管理能力的培养,希望通过这种能力的培养,促进学生社区自我教育、自我监督、自我建设。以美国加州大学伯克利分校为例,该校校管学生社区值班室 24 小时由自愿报名的学生助理值守,负责楼宇巡查和有关学生的问题的解答,学生可以向学生助理以及学校提出自己关于更好地建设学生社区的建议和意见,教师参与和校方直接监管的比重极低。这一部分学生助理本身就是该校的学生,一方面和居住的学生很熟悉,有助于交流沟通,另一方面也提前锻炼了学生助理和居住学生的自我管理能力。值得注意的是,在这种学生深度参与的学生社区管理模式下,该校的学生社区运行得井井有条,学生之间的学习交流氛围良好。在高校的学习生活中提前模拟和适应这种独立自主的习惯,对于走向社会后尽快成熟,尽快承担起家庭和社会的责任比较有好处。

我国高校学生社区中的学生自治理念基本还在逐步发展和探索阶段,不少高校已有推动学生参与社区治理的工作举措,但从具体参与的内容来看,学生参与仍局限于协助宿舍管理人员维持秩序、点名、组织社区内部活动、处置突发事件等。居住在社区的学生参与管理建设社区的意愿有待增强、渠道有待拓宽。

通过国际比较,我们应认识到对于学生社区的管理还应多一些从容和信任,让学生在符合校纪校规的前提下,搭建更多的学生参与平台,给予学生充分的实践锻炼机会,以提前锻炼好走向社会的必备能力。

三、信息化建设方面的比较

欧美高校比较早地关注到了学生社区信息化建设的重要性。一方面,部分国外高校通过宿舍楼宇的电子屏幕实时推送高校内的学术讲座、社团活动、文体活动等信息,便于学生掌握第一手的信息;另一方面,部分国外高校已实现 APP 一网通办,将包括校内活动、餐厅菜单、故障报修、费用缴纳、宿舍调换、通勤班车时间表等与学生社区生活息息相关的信息全部推送至 APP,方便学生足不出户办理业务,甚至在假期前还会推送机票折扣信息、景点旅游信息等内容,基本上涵盖了学生除第一课堂学习外所有与学生社区有关的实用信息。

近年来,我国高校也十分注重学生社区的信息化建设,部分高校开发了学生社区 APP,推送并及时发布学生关注的各类校内外信息。此外,我国高校比较早地使用了门禁系统,有的高校还开发了人脸识别系统,便于学校对学生安全和宿舍使用情况的了解。然而,在推进以上工作的同时,我们也要看到,海量信息的集成化程度还有待提高,信息分散的情况依然存在,对学生个人隐私信息的保护以及对宿舍楼宇安全的防护等仍然需要提升。

第三节 ‖ 比较经验对我国高校学生社区育人的经验启示

高校学生社区作为大学生日常学习生活的重要场所,不仅是重要的物理空间,而且是具有丰富育人内涵的精神家园,新时代背景下高校"一站式"学生社区空间已由单一生活功能向多元综合功能拓展,日益成为集思想教育、师生交流、文化活动、生活服务于一体的教育生活园地。高校应充分借鉴欧美、日本、我国香港地区等高校学生社区育人的有益探索与实践,制定工作举措,将学生社区由"物理空间"转变为大学生成长成才的"精神空间",充分发挥学生社区空间在高校思想政治教育体系中的重要作用。①

一、整合多元育人力量下沉"一线"

从国际经验上看,以英国牛津大学和剑桥大学为代表的书院制呈现出一个共同的特点,即专业教师下沉学生社区、深度参与学生社区的建设管理,值得我们借鉴。目前,在各高校学生社区育人工作实践中,均较为重视引导党政领导干部、思政队伍深入学生社区,但如何推动专业教师队伍参与社区育人工作尚未全面铺开。就此而言,我国高校可充分借鉴国际经验,强化力度,推动专业教师与学生社区的深度融合,引导专业教师深入学生社区,充分了解学生需求、建议、困难,在学业发展、科研训练、技能实训、心理咨询、生涯规划等方面发挥作用。

从国际比较经验上看,海外高校学生社区管理人员的专业化程度较高,普遍拥有相关专业的学位,具备丰富的一线管理经验。对我国高校来说,要投入极大精力加强学生社区管理建设的理论研究,其中既要聚焦思想政治教育本身进行研究,也要聚焦管理学、教育学等方面进行研究,还要对学生管理本身进行研究,从而建构完善、科学的学生社区育人理论,建设一支学生社区管理的专业化队伍。此外,高校要加强国际交流合作,选派学校教职工、学生社区管理者到国外高校交流访学,学习国外高校学生社区运行的经验,将其创造性地转化为我国高校学生社区育人的建设经验。同时,欧美、日本、我国香港地区等高校普遍注重发挥学生参与在社区治理中作用。对我国高校来说,需要广大教育工作者善于用好学生的自我管理能力,继承经验、创新做法,提升学生在学生社区治理中的主人翁意识。

二、持续加强学生社区基础设施建设

通过国际比较我们发现,学生对于社区的认同,首先是对映入眼帘的社区环

---

① 刘润.论新时代高校学生社区空间育人功能的拓展[J].思想理论教育,2021(4):108—111.

境和基础设施建设的认同。温馨、整洁、新颖、先进的学生社区物理空间会让学生对社区的归属感和居住意愿更加强烈,这是开展学生社区日常教育工作的前提。从"一站式"学生社区建设工作推动以来,国内各高校在学生社区的建设过程中,纷纷将改善学生社区居住环境放在重要的位置。但从实际情况来看,部分高校虽然意识到了改善学生居住环境的重要性,但是解决这一问题,受制于历史、资金、空间、政策等问题,工作推进的效率无法满足学生的期待与需求。因此,在未来学生社区的建设过程中,要辩证地借鉴国外高校经验,以学生真实的学习生活需求为旨归,打造系列暖心、贴心的楼宇空间和设施,让学生感觉到居住方便、使用放心。在此过程中,高校还要持续注重学生社区的信息化建设,通过打造集成式、互动式、智慧化的学生社区信息化平台,掌握学生诉求、楼宇运行情况,为学校管理人员更好地研判学生社区状态提供决策辅助手段。

三、注重学生社区管理绩效评估

当前,我国高校学生社区育人实践虽已大范围展开,但尚缺乏对成效的评估机制和方法。部分国外高校在学生宿舍管理方面采取了学生活动成绩单、宿舍管理评估和质量保证体系等举措。如美国大学常见的"服务学习",将一段时间的高等教育(HE)课程体系纳入社区生活,特别是在护理、教育和一些社会科学课程学习中,基于学生社区的"服务学习"为专业实践提供了很好的专业培训场所。近年来,我国为加强学生社区建设投入了大量的人力、物力、财力,取得了一定成绩。但是也应该看到,一系列的学生社区工作的实施和活动,是否达到了预期的育人目标,缺乏一套科学的评价机制和直观的评价体系。

解决这一问题,关键是要在学生社区育人实践中,形成开展学生社区工作正确的评价"指挥棒"。这个"指挥棒"应解决"重场面/轻实效""重走进/轻走心"等问题,制定一套集学校决策者、学生工作管理者、社区管理工作者、学生于一体的科学评价机制,把在学生社区中所开展育人实践纳入考评体系,通过学生、教师、社会的反馈,评估工作成效,以此改进或加强学生社区育人工作实效。

综上所述，坚持新时代高校学生社区育人国际视野的关键在于正确认识中国特色与国际比较，充分了解海外高校学生社区育人的经验，结合中国高校的实际情况，辩证地将好经验、好做法应用到我国高校学生社区育人工作中，不断打造既有中国特色又兼顾国际视野的学生社区育人新模式。

第十五章　新时代高校"一站式"学生社区育人的未来展望

高校"一站式"学生社区建设是一项具有开创性、时代性的重要改革措施。党的二十大报告指出，育人的根本在于立德。要"深化爱国主义、集体主义、社会主义教育，着力培养担当民族复兴大任的时代新人。"时代新人是党和国家立足全球风雨变化、社会发展变迁、青年面貌变化的时代问答。2023年教育部将落实时代新人铸魂育人工程纳入重点工作，"高校一站式"学生社区被列入"十大行动计划"之一，至此学生社区被置于构建高校思想政治教育新生态、培育时代新人的战略高度。同时，城市社区空间也正面临着挑战和更迭，学生社区的创新与发展也将为城市社区注入新的活力，为社区和校区联动创造新的场所，提供新的动力源。

高校学生社区战略高度的新定位，将对未来高校学生社区的建设产生深远影响，也在一定程度上指引着未来高校学生社区的发展方向。本章节将围绕未来展望，从学生社区内涵和外延两个维度，就人才培养体系统合、全方位动能激活、精准育人信息化、社区管理模式创新和社区社会共建共享等方面，分析未来高校学生社区建设的创新路径和未来走向。

第一节 ‖ 高校学生社区育人功能纳入人才培养体系

站在新的历史起点上，毫不动摇地坚持和加强党对高校的全面领导，推动高校党建与教育事业深度融合，对于提高高等教育质量、办好中国特色社会主义大学具有重大意义。作为高校重要组成部分和学生主要活动场景的学生社区，在人才培养体系评价维度中理应占据"一席之地"，才能确保学生社区育人成效。

一、持续肩负育人使命，力求党建全覆盖

伴随着国内外环境的新情况、新变化以及日趋激烈的国际竞争，强国建设、教育何为的时代之问越发引人关注，高校人才培养的质量将深刻影响强国建设的人才支撑。学生社区在未来建设中，要持续坚持党的领导正确方向，发挥党建引领作用。学生社区作为青年学生高度聚集的区域，将党建和思想政治教育融入其中将是长期趋势，学生社区要成为"第一课堂"教育教学活动的延伸场地，也要成为高校创新育人方式和路径的实践园地。在未来学生社区的综合管理模式建设中，应当以党建为引领，在社区运行全过程确保党的组织和党的工作全覆盖，构建"纵到底、横到边、全覆盖"的社区党建模式，将党的建设与人才培养中心工作深度融合，推动党的领导贯穿学生社区建设的全过程、各方面，不断延伸高校党建工作的实践路径和内涵支撑，宣传党的创新理论，弘扬伟大建党精神，打造高校党的领导的坚强堡垒。[①]

二、持续完善育人职能，构建评价新维度

在传统学生班级功能弱化和高校党建向学生社区延伸的背景下，未来学生社区在学生成长过程中将会承担更多职能，人才培养重心将逐步下移。对大学生培养如何有效实现"德、智、体、美、劳"五个维度的均衡评价，学生不再囿于绩点的单一评价，评价体系不再受现实影响导致失衡，而是将思政素养、综合能力、潜能爱好、专业特长等多维元素都纳入评价体系是未来教育评价改革的趋势。在这一评价改革趋势中，学生社区将发挥独特的作用。这源于学生社区独特的育人优势，社区不只是学生的宿舍区，更是学生日常教育活动的客观独立见证者，学生是否

---

① 高校"一站式"学生社区综合管理模式建设工作研究课题组.高校"一站式"学生社区综合管理模式研究报告（2019－2022）[R].2023：7.

在社区内更具创造性、奉献力、合作意识，是否在所生活的社区内拥有更紧密的群众基础，都将成为人才培养与评价的量化大模型中的一环。一言以蔽之，高校要积极探索构建让学生在社区内的表现，与来自学生社区的评价构成人才培养与评价体系的新维度，让原本在班级背景下的人才培养发掘"脉络"延伸到未来的学生社区中。

三、持续配套培养方案，拓展育人新阵地

建设"一站式"学生社区，不能简单将社区作为生活空间，要将其作为学生认识自我、适应集体、交流合作的无形课堂。高校要深入运用系统观念整合各类育人资源，完善配套方案，打造具有社区特色的课程体系，结合各专业学科特点，将课程体系的一个部分或环节融入学生社区。如可以探索将单幢宿舍楼宇为单位的点状育人空间进行文化挖掘、延伸和辐射，组成以宿舍楼宇群落为单位的大社区，将宿舍楼宇内的育人空间与宿舍楼宇间的公共或半公开空间形成集成，以"课程＋"赋能社区空间功能，打造集"文化创享""知识共享""技能乐享"于一体的课程包，探索形成基于学生社区课堂的课程体系。同时，在学生社区建设过程中，要明确"一站式"学生社区的特色，避免简单地将社区思政与日常思想政治教育等同，将已有的活动不加区分直接搬到学生社区。在运用好原有平台载体的基础上，在学生社区打造分众化的服务设施和特色化的育人品牌，形成平台载体协同互促、育人成果叠加提升的良好局面。

第二节 ‖ 高校学生社区育人能力全方位激活

相比于以专业学习为单一培养目标的培养体系，未来学生社区更倾向于通过沉浸式的学生参与、协同式的社区关系结构来实现对社区学生的培养。学生综合能力的提升往往需要比单纯学历培养更多的投入和更细致入微的关注与调整，考

验着未来学生社区的生态塑造能力。

一、选优配强育人团队,持续推动力量下沉

全员育人意识的提升,是学生社区治理体系有机运转的前提与基础。具体而言,高校应将学生社区建设纳入学科发展规划和人事人才培养总体方案,以立德树人作为育人成效考核和评价的首要标准,注重发挥各层级、各组织、各专业综合协同作用。一是发挥专业教师育人主体作用,不断增强专业课教师育人能力,将育人知识与专业知识有机结合,发挥出社区育人在专业课教学过程中的潜移默化作用。不能单纯地以论文发表这一指标来评价教师,应制定符合学校发展需要、适应学科发展规律、适合各类人才成长的分类管理和评价体系,激发教师参与社区育人的主观能动性。二是加强思政教师队伍建设,以政治要强、情怀要深、思维要新、视野要广、自律要严、人格要正等素质为方向和目标推进思政课教师队伍建设,充分发挥辅导员身处育人一线以及在学生社区中承担的整合协同、落地生根、跟踪反馈的角色作用。三是加强行政教辅管理人员队伍建设,统筹管理服务部门资源,最大限度激发行政管理人员在高校管理工作中组织、管理、服务、教育学生的积极性、主动性,不断提高其管理育人水平。四是整合校外育人资源,鼓励社会各界参与社区育人,整合资源建立校外导师库、专家库,邀请英雄模范人物、优秀企业代表、基层一线建设者等进社区,以工作坊、圆桌对话、午餐会、结对、建立工作室、担任校外辅导员、校外导师等形式开展育人实践与探索。

二、激发学生内生潜能,沉浸式参与社区建设

立德树人强调以人为本,将人的全面发展作为目标。因此,学生社区育人要树立"以学生发展为本"的理念,坚持以学生成长为中心,发挥学生在社区建设中的主体效能,全面落实立德树人根本任务,引导学生多渠道、多方式、多维度参与社区治理。注重调动社区学生积极性,既是促进学生成长进步的需要,也是增强

高校学生社区育人功能的重要推动力。如何更好发挥学生在社区建设中的主体效能,更加凸显学生在社区的主体作用,使社区育人回归本位已成为当下亟待破局的重要命题。一是要加强对学生自我发展意识和社会参与意识的培养,主体意识反映了主体对客体的认知程度,对于主体的实践行为具有重要指导作用,要通过方式载体创新,培养学生的自我发展意识和社区参与意识,充分调动学生的主观能动性,总结促进学生自我发展意识和社区参与意识养成的经验,引导学生建立自知、自为、自控、自省的思维模式。二是要提升对学生自我发展能力的探究意识,自我发展能力对于落实主体理念具有决定性作用,培养学生的自我发展能力,是学生主动参与到社区实践的重要前提,强化以学生自治管理为动力的育人新载体建设,探索提升学生自我发展能力的实践路径,让学生主动参与社区治理,在学习、实践中积累经验,真正调动起学生的独立性、能动性和创造性。[①]

三、探索社区关系新结构,避免碎片化发展倾向

高校思想政治教育空间不仅是指特定位置和场所,还包括其中将师生、同学之间联结起来的各种社会关系。事实上,正是依托于各种社会关系,各类空间资源才得以实现优化配置。首先校院两级和社区的管理者、参与者中就社区理念形成广泛共识是处理好社区关系结构的基础,理念统一将为实践互联打下坚实基础,让提升学生综合能力这一培养目标在学生社区建设中一以贯之;其次要敢于打破在学生社区中因组织架构原因导致的多部门管理碎片化的困境,提出更具本土特色、校地特色和社群特色的调整策略和考核评价标准,改善部门之间关注点迥异、各自为政的状态,推动建立稳定的"一站式"治理机制。把握好学生社区关系新结构的重点在于将学生社区治理的核心要义领悟透、贯彻好、落实准,在于真正形成协同育人合力,为学生社区提供持续正向的凝聚力引导。

---

① 冯刚.思想政治教育研究热点年度发布2022[M].北京:团结出版社,2023:350.

第三节 ‖ 运用信息技术实现精准学生社区育人

未来的学生社区育人实践中，还应把握信息技术发展的新机遇，适应社会发展的新要求，准确识变、科学应变、主动求变。在教育方式方法上，聚焦运用大数据和人工智能技术辅助教育教学，既要整合多元化的教育资源，更要满足学生个性化的发展需求。信息技术赋能学生社区育人既要满足管理的精细化、个性化，还要实现服务保障的多维覆盖、高效运转。

一、信息技术实现学生社区管理精准化

学生社区内的学生具有不同的个体特质，传统方式中，教育者、管理者只能凭经验或有限信息开展工作，对学生基本情况、个体特征、思想动态即学生画像描摹不够精准和科学，从大数据来看社区学生个体是一幅幅特征各异的"画像"，数字工具越强大越完善，学生画像就越精准越生动。在未来学生社区的信息化语境中，基于对学生信息的掌握、录入和分析，学生社区在网络平台中能以较高的水准构建数据集和模型，它们具备满足学生社区各类信息需求的能力，是学生社区治理能力提升的网络凭依。在数据集和模型中，学生社区以网格化的模式呈现，且网格化模式以最便捷最快速的形式被构建，这一形式在效率上总体优于非集成的线下管理情境。学生画像可以在各类算法中得到不断地优化，并随着收集纳入信息的增多而逐渐呈现出贴合实际的状态。当某一学生提出相应诉求，根据学生社区网络平台的模拟画像，管理者得以作出最合理的决策并给予学生最恰当的反馈以满足诉求。学生社区的网络信息形态可以随着时间不断迭代，更加深入地描摹社区学生形象，解释学生行为，预测学生动向，还能为学生提供个性化的服务，其潜力将随着人工智能技术的发展而越来越大。

二、信息技术赋能学生社区综合管理

党的二十大报告强调要"推进教育数字化"。在学生社区建设过程中，用好信息化手段赋能学生社区综合治理，不断创新工作形式，提升学生社区治理能级将是必然趋势。具体而言，高校要聚焦多维育人、高效管理、便捷服务等方面建立全覆盖、综合性的"一站式"学生教育管理服务平台，实现信息集成共享。在教育方式上，聚焦运用大数据和人工智能技术辅助教育教学，既要挖掘多元化的教育资源，更要满足学生个性化的发展需求；在管理模式上，聚焦为学生社区管理赋能，打造集思想引领、学业发展、生活服务、志愿实践等为一体的多元化管理平台；在综合评价上，聚焦运用大数据技术，评价学生综合能力，并为学生定制成长画像，实现趋势预测及异常预警；在党建管理规范性上，信息支持使基层党务工作者可及时准确掌握大学生党员的学习情况和思想动态，进而有效提升党员日常管理教育和评议考核工作的针对性，补足学生党员教育管理时间和空间上的缺失。

三、聚焦"三个圈层"，打造思想政治教育新阵地

未来高校要主动适应数字化发展趋势，聚焦"外圈""中圈""内圈"，系统谋划，以前瞻性思维推动落实学生社区建设，着力探索打造以"三个圈层"为特征的智慧化学生社区育人生态圈。一是嵌入"外圈"，以"智慧校园"保障"智慧社区"。智慧社区的基础是智慧校园，需要智慧校园从"外圈"供给软硬设施保障。高校要以信息技术为驱动，建设"智能可持续校园"，如打造全域性数字底座，依托基础数据库、数据交互平台等信息化基础，推动跨部门业务协同、信息共享、数据共融，实现校内信息数据互联互通"一链集成"；持续建设"一网通办"师生服务门户，为师生提供一个全校范围内服务事项的总枢纽；持续建立线下"一站式"服务大厅，为师生提供多项智能自助服务等。二是深耕"中圈"，以"智慧学工"赋能"智慧社区"。智慧社区的关键是智慧学工，需要智慧学工从"中圈"供给学生数据支撑。如建立

学生"学生社区成长成绩单"、构建学生事务办理平台、注重后端数据分析运用等，通过对各类学生"数据池"的深入分析，预计、预判各类异常信息，开展精准思政教育。三是做强"内圈"，以"智慧社区"重塑育人模式。以数字化赋能学生社区建设，以精准化服务更好满足学生成长需求。高校树立正确的"智慧社区"建设理念，学生智慧社区的核心不是管理而是教育服务青年学子，要以党建为引领、以学生发展为出发点与落脚点，让教育者通过数字治理平台，高效做好育人工作；要加强学生社区智慧协作，建设信息网络和学生社区组织结构，制定校级文件，明确社区治理组织架构，推动不同主体共同履行社区责任，从而形成层层递进的网络式的行动流程；要依托驻楼导师工作站，党政领导定期深入社区，精准掌握社区学生需求和思想动态，为线上服务资源整合提供保障。

第四节 ‖ 未来学生社区适配全新治理理念和管理模式

高校"一站式"学生社区育人综合效能的提升有赖于社区边界的拓展、管理模式的革新和治理理念的创新。目前社区管理模式仍处于探索修正阶段，从"大社区"语境入手，探索由学生主导的治理模式才能从真正意义上提升学生社区建设效能。

一、共建"大社区"拓展学生社区边界

人们既往对社区空间的理解是较为封闭、刚性的学生社区空间，未来"一站式"学生社区建设需要更开阔的眼界和更广阔的边界。学生社区所在周边的居民社区、产业园区、教育校区等资源，均可为学生社区增添丰富内涵，应积极推动资源互通、共建共享实现"大社区"建设，拓展延伸学生社区边界。一方面要让学生社区周边各类社区（园区校区）资源具备向学生社区倾斜的可能，形成"环学生社区交互圈""大社区"乃至"大共同体"；另一方面也要让学生的创造性表达得到更

具社会性评价的机会,并在更大社区范畴内被更多个体共享,体现学生社区建设社会化价值。诚然,大社区概念的增释本质上是一场实践探索,要在未来学生社区的构建上摆脱既往认知,充分发挥人的主体性作用,让学生社区治理参与者具备一定的话语权和创新公共服务的能力,有效地增进大社区概念在学生社区外的推进。

二、旧模式退场引导管理模式革新

推动实现新的管理模式在学生社区中的落地生根,意味着旧的管理模式将历史性退场。所谓旧的管理模式是指完全由学校行政单位指导的学生社区管理框架,此类框架大多依照一般学生住宿管理模式,没有更新一步的诠释和扩充。新的管理模式也不意味着完全地不同于原来,而是对标适应于当下背景的管理模式,例如上海对外经贸大学的"学生居委会",这一在2005年设立的、全国第一个由大学生组成的居委会,开创了学生自治的新模式并且一直发展延续至今。其管理模式,在学校党委的领导下,在学校社区管理办公室、社区党工委和校团委的具体指导下开展学生社区工作,是由社区学生组成,代表全体社区学生对生活社区本身进行学生自我管理的学生组织。学生居委会管理模式从形式上对标一般的社会居民区居委会,并在学生社区背景下执行资产管理和活动举办等具体职能①。简而言之,此类管理模式旨在让社区学生直接参与到具体的社区治理中去,以各种途径赋予社区学生群体一定的管理权,调动他们的积极性和自主性,让学生以更多样的视角去看待自身,实现成长。

三、守正创新探索社区治理新理念

在学生社区治理理念探索中,学生社区建设者应当在守正基础上寻求创新阐

---

① 上海对外经贸大学学生处.上海对外经贸大学大学生生活社区居民委员会章程[EB/OL].(2013-10-08)[2023-06-11]. https://www.suibe.edu.cn/xxgk/_t165/2018/1112/c1284a75524/page.htm.

释,要与时俱进对学生社区治理理念进行迭代升级。比如,坚守特色化、育人系统化、运营一体化和关系社群化。在注重整合利用社会社区资源为我所用的同时,要坚持学生社区特点特色,守牢高校育人初心使命,校内校外有所同、有所不同,校内不能成为"小社会",而是要保留一点"象牙塔"的纯真和发扬一些理想主义,要坚守大学净化社会环境的价值回归。人的复杂性、需求多样性和社会环境的多变性,共同决定了人的思想教育绝不是单方面力量就能够完成的,更不是一蹴而就的。高校思想政治工作不是单纯一支队伍或一个条线的工作,而应该是全方位的。因而,学生社区育人必须树立系统思维,在关注内容和方法的同时,还要注重全方位的联合互通,打好"组合拳"。学生社区治理是空间、资源、综合教育管理和服务保障,有物质世界的秩序维护,也有精神层面的价值培育,要利用现代信息技术进行一体化社区运营,寓管理于服务、融育人于治理。应当认识到,高校学生社区不仅是指特定位置和场所,而且还包括其中将师生同学之间和学校社会之间联结起来的各种社会关系,正是依托于各种社会关系,各空间资源才得以实现优化配置。学生社区治理不能只突出物质层面的调整与改造,更要重视物理空间所蕴含的教育要素、社会因素和交往关系,发挥社群关系的育人导向作用,从而在学生从校内人到社会人的成长进程中扮演更加重要的角色。

高校"一站式"学生社区育人是构建高校思想政治工作新生态的重要举措。未来,高校要毫不动摇地坚持和加强党对高校的全面领导,因校制宜、守正创新、革新观念、协同治理,持续探索学生社区育人实践与高校人才培养、治理模式、数字化转型等领域的有机结合的实践路径,为推进高等教育治理体系和治理能力现代化、扎根中国大地办好中国特色社会主义大学延伸实践路径、夯实内涵支撑,为培育堪当民族复兴重任的时代新人提供坚强保证。

主要参考文献

一、专著

[1] 马克思,恩格斯.马克思恩格斯全集:第42卷[M].中共中央马克思恩格斯列宁斯大林著作编译局,译.北京:人民出版社,1979.

[2] 马克思,恩格斯.马克思恩格斯选集:第1卷[M].中共中央马克思恩格斯列宁斯大林著作编译局,编译.北京:人民出版社,2012.

[3] 马克思,恩格斯.马克思恩格斯选集:第1卷[M].中共中央马克思恩格斯列宁斯大林著作编译局,编译.北京:人民出版社,1995.

[4] 马克思,恩格斯.马克思恩格斯文集:第1卷[M].中共中央马克思恩格斯列宁斯大林著作编译局,译.北京:人民出版社,2009.

[5] 毛泽东.毛泽东选集:第4卷[M].北京:人民出版社,1991.

[6] 习近平.习近平谈治国理政:第2卷[M].北京:外文出版社,2017.

[7] 中国共产党章程汇编:从一大到十六大选编组.中国共产党章程汇编:从一大到十六大[M].北京:中共中央党校出版社,2006.

[8] 中共中央党史研究室.中国共产党历史.第1卷:1921—1949[M].北京:中共党史出版社,2011.

[9] 中共中央党史研究室.中国共产党历史.第2卷:1949—1978[M].北京:中共党史出版社,2011.

[10] 冯刚,等.高校思想政治教育工作质量评价研究[M].北京:人民出版社,2020.

[11] 赫尔曼·哈肯.协同学:大自然构成的奥秘[M].凌复华,译.上海:上海译文出版社,2013.

[12] 福柯.规训与惩罚:监狱的诞生[M].刘北成,杨远婴,译.北京:生活·读书·新知

三联书店,1999.

［13］哈贝马斯.交往行动理论[M].洪佩郁,蔺青,译.重庆:重庆出版社,1994.

［14］龚群.道德乌托邦的重构——哈贝马斯交往伦理思想研究[M].北京:商务印书馆,2003.

［15］斐迪南·滕尼斯.共同体与社会:纯粹社会学的基本概念[M].林荣远,译.北京:商务印书馆,1999.

［16］皮埃尔·布迪厄,华康德.实践与反思:反思社会学导引[M].李猛,李康,译.北京:中央编译出版社,1998.

［17］唐亚林,等.社区治理的逻辑:城市社区营造的实践创新与理论模式[M].上海:复旦大学出版社,2022.

［18］唐·培根,唐纳德·R·格莱叶.学校与社区关系[M].周海涛,译.重庆:重庆大学出版社,2003.

二、学位论文

［1］王小莉.革命时代中的上海大学(1922—1927)[D].上海:华东师范大学,2012.

［2］杨婧宇.革命年代的政治文化:上海大学社会学系研究(1922—1927)[D].武汉:华中师范大学,2014.

［3］任红娟.黄埔军校早期(1924—1927年)思想政治工作研究[D].长春:东北师范大学,2021.

［4］章金金.周恩来军队政治工作思想与实践研究(1924—1935)[D].长沙:湖南师范大学,2016.

［5］陈红森.锤炼革命先锋的熔炉[D].西安:陕西师范大学,2019.

［6］孙新.毛泽东与延安时期的干部教育[D].北京:中共中央党校,2018.

［7］魏凌锋.抗日军政大学军事教育研究[D].延安:延安大学,2022.

［8］苏志明.抗日根据地的高等教育研究(1937—1945)[D].北京:中共中央党校,2017.

［9］蒋璐.延安时期的学校思想政治教育及其当代价值[D].焦作:河南理工大学,2012.

[10] 张荷.延安时期鲁迅艺术学院的思想政治教育研究[D].西安:西安工业大学,2019.

[11] 段延辉.抗战时期中国女子大学学生生活研究[D].延安:延安大学,2012.

[12] 陈庭来.中国近代女子大学学生管理研究[D].金华:浙江师范大学,2009.

[13] 龙卓华.永不消逝的记忆[D].西安:陕西师范大学,2012.

[14] 褚娇娇.建国初期上海高校党的建设研究(1949—1956)[D].上海:华东师范大学,2011.

[15] 马倩.人学视域下大学生寝室场域文化研究[D].哈尔滨:哈尔滨师范大学,2017.

[16] 张劲.高校学生园区思想政治教育研究[D].重庆:西南大学,2011.

[17] 刘晓芹.德育隐性课程与高校学生社区思想政治教育研究[D].苏州:苏州大学,2011.

[18] 蒙晓辉.高校学生公寓投资项目分析与新宇集团经营策略研究[D].杭州:浙江大学,2002.

[19] 王进.高校学生住区生态化研究[D].西安:西安建筑科技大学,2004.

[20] 王爱丽.高校书院制学生管理模式研究[D].上海:华东政法大学,2017.

三、期刊文章

[1] 郭骥.上海大学(1922—1927)旧址及相关遗址考略[J].都会遗踪,2022(1):2-27.

[2] 徐倩.上海大学:中国共产党创办的第一所高等学府的初心传承[J].上海教育,2021(13):26-27.

[3] 叶根发.上海大学旧址简介[J].社会,1983(3):6-7.

[4] 冯思云,李文韬,方章东.黄埔军校时期党的思想政治教育工作探析[J].湖北师范大学学报(哲学社会科学版),2023,43(1):13-19.

[5] 本刊记者.弘扬长征精神 走好新长征路——访中共中央党校党史教研部卢毅教授[J].思想教育研究,2016(11):3-7.

[6] 谢武军.马克思共产主义学校的前身——关于中共中央党校校史中一个问题的考证[J].理论视野,2011(4):55-58.

[7] 张锋. 马克思共产主义学校和苏维埃大学:党政干部教育的摇篮[J]. 实践(思想理论版),2020(5):60-61.

[8] 晏义光,陈上海. 马克思共产主义学校的办学特点[J]. 中国党政干部论坛,2008(2):58-59.

[9]《世说新语 档案百年》第五十七集 抗日军政大学——太行山深处那团火[J]. 档案天地,2020(10):18-19.

[10] 中国人民抗日军政大学[J]. 中国延安干部学院学报,2009(1):2.

[11] 刘建德,高深. 毛泽东与抗日军政大学[J]. 延安大学学报(社会科学版),1995(1):53-57.

[12] 苑津山,程春玉,苏鸣禹. 延安时期党领导"抗大"教育管理制度的历史经验[J]. 中国高等教育,2022(9):4-6.

[13] 姜明广. 抗大:窑洞里的壮丽诗篇[J]. 奋斗,2021(Z1):63-65.

[14] 孙刚成,闫艺馨. 中国人民抗日军事政治大学办学特点、经验及启示[J]. 教育与教学研究,2018,32(10):1-11+123.

[15] 方北.《中国人民抗日军事政治大学史》评述[J]. 中共党史研究,2001(3):92.

[16] 刘艳慧. 抗日战争时期人民军队的最高学府——中国人民抗日军事政治大学[J]. 军事历史,2015(3):77.

[17] 常邯吕燕. 抗战时期延安干部学校学习制度建设论略——以陕北公学为例[J]. 延安大学学报(社会科学版),2023,45(2):34-40.

[18] 徐鹏,闫玉洁. 毛泽东在陕北公学的十二次讲话[J]. 陕西教育(综合版),2022(9):54-55.

[19] 尹恒. 革命干部培养的摇篮——简述陕北公学发展史[J]. 陕西档案,2021(1):15-17.

[20] 马光明. 不忘初心 弘扬优秀传统革命文化 牢记使命 提高人才培养质量——略论陕北公学的红色基因[J]. 南宁师范大学学报(哲学社会科学版),2020,41(1):10-16.

[21] 秦国伟,牟宗超. 中国共产党政法类院校思想政治教育的经验与启示——以抗战时期陕北公学(前期)为例[J]. 北华大学学报(社会科学版),2019,20(6):30-35.

[22] 游海华,饶泰勇. 造就抗日救国先锋:陕北公学的干部教育[J]. 党史研究与教学,

2017(2):18-29.

[23] 王仕琪.毛泽东与陕北公学[J].档案天地,2010(11):24-28.

[24] 毛泽东.在陕北公学第二期开学典礼大会上的讲话[J].教学与研究,1982(1):3-6.

[25] 李奕蕾,魏兴.延安时期文艺大众化的实践探索——以鲁迅艺术学院为中心[J].山西教育(教学),2023(6):5-7.

[26] 李建新.鲁艺50年回忆与概括——《鲁迅艺术学院院史》考察报告[J].黑龙江档案,2022(2):325-329.

[27] 延安大学鲁迅艺术学院简介[J].延安大学学报(社会科学版),2014,36(4):2+129.

[28] 鲁迅艺术学院旧址(桥儿沟天主教堂)[J].中国延安干部学院学报,2009(2):115.

[29] 毛泽东.在鲁迅艺术学院的讲话[J].美术,1994(4):4-6.

[30] 贾铁英.从延安到华北:中国共产党早期文艺教育的多元发展研究[J].中国人民大学教育学刊,2021(4):33-48.

[31] 延安大学历史沿革[J].延安大学学报(社会科学版),2017,39(5):4-5.

[32] 赵小波.抗战时期中国共产党妇女干部培养思想探析[J].毛泽东思想研究,2012,29(6):129-132.

[33] 姚春林.建国初期高校思想政治教育改革探析(1949—1952)[J].武汉理工大学学报(社会科学版),2014,27(6):1098-1102.

[34] 李立匣.建国初期教育制度变迁与私立高等教育消亡过程[J].清华大学教育研究,2005(S1):91-97.

[35] 朱凯玲.社会主义革命和建设时期青年思想政治引领的经验与启示[J].高校马克思主义理论教育研究,2023(1):45-53.

[36] 胡凯.社会主义意识形态治理新时期的思想政治教育学科建设[J].思想理论教育,2015(4):52-57.

[37] 童静菊.高校辅导员队伍建设的回顾与展望[J].学校党建与思想教育,2006(8):76-78.

[38] 彭庆红,耿品.新中国成立70年来高校辅导员队伍建设的历史进程、总体趋势与

经验启示[J].思想理论教育导刊,2019(8):132-137.

[39] 刘金霞.新中国成立初期高校院系调整及启示[J].高教论坛,2023(2):87-90.

[40] 宋晓东,孙泽斌.高校"一站式"学生社区试点建设的机制探索[J].北京教育(高教),2023(2):40-42.

[41] 陈城,李杨帆.新时代高校学生社区党建工作体系建构研究[J].学校党建与思想教育,2023(1):29-32.

[42] 李敏,张可.新时代高校"一站式"学生社区协同育人研究[J].北京教育(德育),2022(12):20-27.

[43] 王军华.高校"一站式"学生社区建设的内生价值、现实挑战与突破进路[J].思想理论教育,2022(10):108-111.

[44] 周远,张振,岳娅萍.高校"一站式"学生社区的内涵生成、结构要素和现实意义[J].中国高等教育,2022(19):53-55.

[45] 周远,张振.高校"一站式"学生社区的空间建构逻辑与路向[J].思想理论教育,2022(7):102-107.

[46] 刘润.论新时代高校学生社区空间育人功能的拓展[J].思想理论教育,2021(4):108-111.

[47] 张亦佳.高校开展"一站式"学生社区思想政治教育的重要性及实践路径[J].思想理论教育导刊,2023(5):136-141.

[48] 徐波,苍玉权.美国高校宿舍教育的历史分析——宿舍与人才培养[J].复旦教育论坛,2014(5):91-96.

[49] 吴高潮.美国普通高等院校学生管理工作简介[J].合肥工业大学学报(社会科学版),1996(2):146-148.

[50] 于伟,韩丽颖.美国高校学生事务工作的理论基础及职能[J].比较教育研究,2003(4):14-18.

[51] Pickren G. "Where Can I Build My Student Housing?": The Politics of Studentification in Athens-Clarke County, Georgia [J]. Southeastern Geographer, 2012,52(2).

[52] Kinton C. De-studentification: emptying housing and neighbourhoods of student populations [J]. Environment and Planning A, 2016,48(8).

［53］吴永平.香港高校宿舍教育管理探究和启示[J].宁波大学学报（教育科学版），2013（4）：62－64.

四、论文集

［1］李雨檬."最革命最进步"是怎样炼成的——从毛泽东在抗大的讲话看怎样做思想政治工作[C]//中央党史和文献研究院机构改革工作小组科研管理组.2017年度文献研究个人课题成果集（上）.中央文献出版社，2018：204－217.

［2］王春明.延安时期毛泽东与干部培养工作研究——从创办以抗大为代表的各类干部学校的角度[C]//中共中央文献研究室科研管理部.中共中央文献研究室个人课题成果集2011年（上）.中央文献出版社，2012：54－66.

［3］马建辉.艺术的方向——重温毛泽东《在鲁迅艺术学院的讲话》[C]//全国毛泽东文艺思想研究会.《毛泽东文艺思想研究》第十五辑暨全国毛泽东文艺思想研究会论文汇编.吉林大学出版社，2012：69－74.

五、网站

［1］上海大学上大校史 https://www.shu.edu.cn

［2］中共中央党校校史 https://www.ccps.gov.cn

［3］抗日军政大学校史 http://zggcdls.yau.edu.cn

［4］鲁迅艺术学院校史 http://lyxy.yau.edu.cn

［5］中国女子大学校史 http://dag.yau.edu.cn

［6］中国教育后勤协会 https://www.chinacacm.org

［7］中华人民共和国教育部 http://www.moe.gov.cn

［8］中国社会科学网 https://www.cssn.cn

［9］加州大学伯克利分校 https://housing.berkeley.edu

［10］剑桥大学 https://www.accommodation.cam.ac.uk

［11］牛津大学 https://www.ox.ac.uk

［12］京都大学 https://www.kyoto-u.ac.jp

［13］早稻田大学 https://www.waseda.jp

[14] 香港大学 https://www.cedars.hku.hk

[15] 香港中文大学 https://www.cuhk.edu.hk

[16] 香港科技大学 https://shrl.hkust.edu.hk

后 记

高校"一站式"学生社区育人，是一场时代性的创新行动。不仅在于从革命年代到新时代的背景转变下，高校学生社区跨越时代的历程演变和发展革新，还在于其在高校育人方面所发挥的重要作用。思想政治工作是学校各项工作的生命线，要把思想政治工作贯穿于教育教学全过程。高校"一站式"学生社区育人，从"培养什么人、怎样培养人、为谁培养人"这一根本问题出发，将思想政治工作做在社区、抓在日常，实现高质量人才培养。

本书及时应对高校学生社区育人的时代命题，依托上海市教育科学研究项目（上海高校哲学社会科学研究专项）和日常工作实践，形成了一定的研究成果。在本书的撰写过程中，多次召开研讨会、改稿会，对框架结构、重点内容进行集体攻关、优化完善。本书每一章所探讨的内容，都是每一位高校"一站式"学生社区的实践者、研究者所关心的重要话题。从中国共产党创建以来在学生社区育人的基本经验，到新时代"一站式"高校学生社区育人的实践探索，再到新时代"一站式"高校学生社区育人的创新发展，遵循"历史—当下—未来"的发展脉络，立足本土发展，融合国际视野，阐释高校"一站式"学生社区育人的真实图景和鲜明特色，探索更符合新时代要求的学生社区育人路径。

在本书的撰写过程中，杨艳红、李玲、王小莉、王鑫等在书稿的整体部署和具体落实中付出了辛勤的劳动，在此一并致谢。各章节的作者都是深耕高校学生社区的一线思想政治教育工作者，序章：杨智勇；第一章：杨智勇、张瑞玉；第二章：张瑞玉、李玲、王鑫；第三章：胡钟秀、张瑞玉、杨智勇；第四章：胡钟秀、李玲、王鑫；第五章：李卓航、杨智勇；第六章：杜源恺、李玲；第七章：杨智勇、张子茜；第八章：陆敏、李玲;第九章:沙炜娟、杨艳红;第十章:杨艳红、艾美伶;第十一章:徐岩松、克热木·阿布都米吉提;第十二章:杨智勇、刘佳煊、王小莉;第十三章:克热木·阿布都米吉提、徐岩松、王小莉;第十四章:李玲、刘佳煊;第十五章:李慧、汪菲娅、杨智勇。杨智勇同志设计策划了本书总体框架结构,完成统稿、修改和定稿。

  本书的撰写参考和借鉴了同行专家学者的相关研究、相关高校的实践做法,在此表示诚挚的感谢。本书是高校"一站式"学生社区育人理论与实践融合共进的产物,随着高校学生社区建设的全面推进,高校学生社区育人的工作实践和理论研究更加丰富。希望本书的出版,能为业界尤其是高校一线工作者提供一些可借鉴的经验做法、创新探索。同时,希望汇聚更多的力量共同关注高校学生社区的理论研究、实证研究。由于作者水平有限,本书研究难免有疏漏、偏颇之处,敬请广大读者批评指正。

  本书在撰写过程中,得到了上海市教卫工作党委、市教委闵辉、耿绍宁、朱敏、杨长亮、朱佳樑、市教育科学研究院王戎、曹宁华等同志的指导和帮助,在此谨致诚挚谢意!

  本书的出版发行,得到了华东师范大学出版社的大力支持,在此表示衷心的感谢!

著者
2023 年 8 月